UN VAISSEAU DE LIGNE

C.S. FORESTER

UN VAISSEAU DE LIGNE

Préface de Michel Le Bris

PHÉBUS

Titre original de l'ouvrage :
A Ship of the Line

Traduit de l'anglais par Louis Guilloux
et René Robert

Ouvrage publié sur les conseils
de Michel Le Bris

ISBN : 2-266-05293-4

VAISSEAUX DE LÉGENDE

C'est presque devenu aujourd'hui un cliché que de le souligner : sans doute les grands vaisseaux de la marine à voile ne nous fascinent-ils à ce point que parce qu'ils nous proposent une sorte d'image paroxystique de la société — un monde en réduction, et du même coup un espace romanesque idéal, par la contraction qu'il impose au temps comme à l'espace, mais aussi par les redoutables séries de paradoxes qu'il déploie, où paraissent se résumer ceux-là même de l'existence humaine. Par quel tour étrange de l'esprit nous obstinons-nous en effet à faire de ce lieu clos et morne qu'est un vaisseau de ligne, étroite république qui ne peut survivre que par une discipline de fer, le symbole même de l'aventure, où inscrire notre nostalgie de grands espaces, notre appétit de liberté, notre soif d'Ailleurs. Un monde — au reste, on ne croit pas si bien dire : les nefs missionnaires des moines et des pèlerins de jadis croisent dans les mêmes eaux que les négriers révoltés, tout à la fois enfer et terre promise. En eux se concentrent tous les paradoxes de l'âme comme toutes les contradictions de l'état de société — à commencer par la tentation des tables rases, des recommencements, des grandes utopies. Misson, bien sûr, l'angélique pirate qui au XVIIe *siècle édifie Libertalia comme un monde idéal, un Éden retrouvé, sur les côtes de Madagascar*[1]*, où les rudes forbans manient la charrue et pratiquent l'Évangile dans un décor digne de* Paul et Virginie... *Misson, mais aussi Joseph Salmon, Robert Rich, James Nayler, Perrot,*

1. Lire à ce propos *Les Pirates* de Gilles Lapouge, Phébus, 1987.

George et Richard Leader, George Merten, John Lilburne, William Jackson, ces invraisemblables cohortes de dissidents religieux radicaux de la vieille Angleterre, quakers, anabaptistes hérétiques et autres Mugglertonians, qui émigrèrent aux Indes Occidentales, à la Barbade, à Province Island, à la Jamaïque, au Guatemala, à Trinidad, pour vivre leur foi en paix et recommencer le monde en se faisant, tout simplement... pirates[1] *!*

Le fantôme de ces hommes perdus est encore vivant dans l'imagination des marins en cette année 1810 où Horatio Hornblower reçoit — à trente-huit ans — le commandement du Sutherland, *un vaisseau de soixante-quatorze canons peu docile à la manœuvre, servi au surplus par un équipage qui ne connaît rien à la mer : la guerre de blocus s'éternisant, l'Amirauté britannique en est à recruter ses matelots parmi les hommes de sac et de corde, quand elle n'organise pas purement et simplement des razzias chez les paysans de la côte, braves gens qui n'ont jamais mis le pied sur un bateau. Chacun se souvient, sans jamais en parler, de ce que fut naguère la République Flottante de la « Grande Mutinerie », dont l'ombre plane encore sur la Navy quand s'ouvre le présent récit... Le 15 avril 1797, à Spithead, au moment d'appareiller, l'équipage du* Royal-George *qui commande l'escadre de la Manche, au lieu de lever l'ancre, est monté dans les haubans pour lancer trois appels, auxquels ont répondu les « hourrah » des autres matelots de l'escadre. Puis les équipages ont prêté serment de fidélité à la cause commune, élu des délégués, et présenté à l'amiral Howe deux pétitions adressées à la Chambre des communes et à l'Amirauté. Parmi les revendications : de plus grosses rations, une meilleure paie, des parts de prise, des avantages pour les blessés et les infirmes, que les châtiments ne soient pas décidés par des officiers subalternes, et « la liberté, en revenant de la mer, d'aller visiter nos familles ». La mutinerie a gagné Portsmouth, Plymouth, la flotte de la Tamise, les escadres de la mer du Nord, la flotte des ports d'Irlande. On accusera plus tard une société secrète irlan-*

1. Les historiens commencent seulement à explorer cette extraordinaire aventure. Christopher Hill, là aussi, aura ouvert la voie. (*Collected Essays*, vol. 3 : *Radical Pirates ?* The University of Massachusetts Press, Amherst.)

daise, et un marin, Parker, sera pendu pour l'exemple ; mais on ne saura en fin de compte jamais qui dirigea réellement cette extraordinaire rébellion, menée en pleine guerre par des gens aussi résolus que bien organisés. L'Amirauté au reste devra céder, du moins en partie : chaque paroisse se verra taxée pour faire face à la nouvelle charge financière de ce qu'on appellera « la bounty-money *». Jusqu'à la fin de la guerre on craindra donc le pire, et l'amiral Jervis ira jusqu'à interdire que l'on parle irlandais à son bord. C'est dire le volcan sur lequel Hornblower a le sentiment d'embarquer, en cette année 1810.*

Ce télescopage de désirs et de peurs, ces rêves de grands espaces inextricablement liés à la pourriture des cales et des corps, cette évidence d'un enfer et la promesse enclose pourtant, voulons-nous croire, dans le claquement des voiles ou la musique d'une étrave dans la lame, autant de paradoxes qui ne sont pas réservés aux seuls lecteurs d'aujourd'hui : ils sont déjà à l'œuvre jusque dans la conception de ces navires, où le délire des grandeurs fait bon ménage avec une technicité hautement avisée ; ils travaillent les architectes tout autant que les équipages ; bref, ce sont eux qui feront entrer, aussitôt que construits, ces orgueilleux vaisseaux à deux et trois ponts dans la légende de la mer. Certains d'entre eux étaient de vraies cités flottantes, tel le célébrissime Victory *de quelque cent canons, que l'on peut admirer encore aujourd'hui sur les quais de Portsmouth, ou ses rivaux français, la* Montagne *ou le* Commerce de Marseille, *dont nous savons grâce à plusieurs lettres de Nelson qu'ils excitaient l'étonnement des capitaines anglais par leur masse imposante et l'épaisseur de leurs murailles qui paraissaient « impénétrables au boulet ». À quoi il faut ajouter que ces cathédrales éphémères, où chaque pièce nous paraît une manière d'œuvre d'art, sont probablement à compter parmi les plus belles créations de l'esprit humain. Comme si l'absolue contrainte de la mer, des vents et des combats avait poussé jusqu'à ses limites le génie créateur de l'architecte. Comme si l'art s'était multiplié, ici, d'être en même temps strictement nécessaire. Oui, ces bagnes flottants étaient d'une beauté à couper le souffle — à moins qu'il ne faille renverser ces deux termes, et que notre fascination se redouble de songer à tant d'horreurs encloses dans la suprême beauté. Une image en réduction de notre monde, en vérité — de nos mondes intérieurs et de leurs mystères.*

Pour eux, pour ces forteresses flottantes qu'une salve ou un coup de vent pouvait envoyer par le fond, et que la guerre de blocus obligeait à une autonomie d'au moins six mois, en vivres comme en matériel — et pour six cents hommes, au bas mot ! — on rase des forêts, on dévaste les campagnes, on épuise des régions entières. À suivre l'épopée de la construction de ces monstres, on comprend vite que la fascination qu'ils exercent entraîne les intéressés bien au-delà du « raisonnable ». Comme si chaque architecte avait la claire conscience de bâtir plus qu'un navire : un poème de bois et de toile, un analogon *de la Création, une forme où enclore toute la beauté, toute la fureur du monde. Et c'est à qui, dès lors, ira le plus loin dans cette démesure...*

Un exemple, parmi d'autres. En 1807, Napoléon décide de faire construire dans les arsenaux de Venise un vaisseau de soixante-quatorze canons, le Rivoli. *Devront suivre sur le même modèle le* Mont-Saint-Bernard *et le* Castiglione. *Le vaisseau est trop grand pour les hangars couverts ? On le construira à l'air libre, ou si nécessaire sous des toitures mobiles. Mais ce n'est rien encore : le chenal qui fait communiquer la lagune avec la haute mer ne pouvant permettre le passage d'une coque dont le tirant d'eau excède quatre mètres, on imagine de soulever le bateau par un système de vérins, de cabestans et de leviers sur un énorme ponton flottant, lui-même rempli d'eau à l'aide de grosses pompes, et l'on tirera le tout jusqu'à la passe ! Cette énorme écluse flottante, plus vaste que les cales des arsenaux, doit être construite en quatre parties que l'on assemble ensuite dans le bassin. Le 20 février 1812, après cinq années d'un labeur digne des bâtisseurs de pyramides, le* Rivoli *et son ponton s'ébranlent, tirés par quatre-vingts embarcations de toutes tailles, et franchissent enfin la passe. Cinq ans de travaux pour deux jours de mer : le 22 février, une escadre anglaise qui passait par hasard envoie prestement le vaisseau tout neuf par le fond ! Certains y auraient trouvé motif à quelque découragement — mais pas Napoléon : le* Mont-Saint-Bernard *et le* Castiglione *seront bientôt mis en chantier, sur les mêmes plans. Toute la splendeur du monde, toute la folie des hommes encloses dans ces architectures de bois...*

Le lecteur du présent volume sera peut-être surpris de découvrir que l'Angleterre, reine des mers, n'était pourtant pas équipée des meilleurs bateaux. Il est vrai que les frégates comme les vaisseaux de ligne français (mais aussi espagnols) avaient généralement de meilleures performances. Ainsi le 74 canons français L'Invincible, *capturé en 1747 par l'amiral Anson, fit longtemps l'admiration de l'Amirauté britannique pour sa vitesse (treize nœuds au portant quand les meilleurs anglais atteignaient tout juste onze nœuds) ; plusieurs navires anglais (dont le* Triumph *et le* Valiant*) seront d'ailleurs construits sur ses plans. Le formidable* Commerce de Marseille *(cent vingt bouches à feu) ainsi que le* Pompée, *confisqués à Toulon, furent conduits à Portsmouth pour servir de modèles aux architectes locaux, comme plus tard le* Franklin *et le* Tonnant, *deux vaisseaux de quatre-vingts canons capturés à Aboukir et considérés comme sans équivalent à l'époque dans le monde.*

À quoi tenait donc la supériorité des Anglais ? Toute la saga des Hornblower *est là pour répondre : à ce qu'ils étaient, tout simplement, de meilleurs marins. À ce qu'à la révolution stratégique inaugurée sur les bords du Pô et de l'Adige par Bonaparte répond une autre révolution stratégique, inaugurée, elle, sur mer par Nelson — et s'appuyant sur l'énorme et patient travail d'organisation de l'amiral Jervis. À ce qu'en fin de compte, s'il est vrai que les vaisseaux de ligne de l'époque sont des images en réduction de nos mondes intérieurs, de leurs ténèbres, de leur chaos, mais aussi de leur grandeur, l'issue de leur affrontement sera toujours une affaire* mentale. *Ce que le scrupuleux Hornblower, officier sans génie particulier mais opiniâtre et prudent comme trente-six mules d'Espagne, ne cesse de nous démontrer au long des dix romans magiques qui ont rendu son nom illustre auprès de millions de lecteurs : romans de l'ambiguïté plutôt que de la certitude, pétris d'âpre réalité plutôt que de rêverie flatteuse, et qui se lisent comme du Conrad — un Conrad revisité en l'occurrence par l'intraitable Clausewitz.*

MICHEL LE BRIS

I

RECRUTEMENT

Dans son appartement, le capitaine Horatio Hornblower lisait une épreuve maculée que les imprimeurs venaient de lui faire parvenir.

« À tous les jeunes hommes courageux : marins, terriens, jeunes gens qui voulez défendre la Liberté, et faire regretter au tyran corse d'avoir jamais osé défier la colère des îles Britanniques. Le navire à deux ponts *Sutherland* de Sa Majesté le roi d'Angleterre, portant soixante-quatorze canons, est pour l'heure en armement à Plymouth ; quelques vacances restent à pourvoir pour que son équipage soit au complet. Le capitaine Horatio Hornblower, qui le commande, vient de revenir d'une expédition dans les mers du Sud à bord de la *Lydia*, frégate de trente-six canons ; au cours de cette expédition, il a livré bataille au navire espagnol à deux ponts la *Natividad*, plus de deux fois plus fort, et l'a coulé. Les officiers, les gradés et les matelots de la *Lydia* l'ont tous rejoint sur le *Sutherland*. Quel cœur vaillant pourrait résister à cet appel et refuser de se joindre à cette troupe de héros pour partager avec eux les gloires qui les attendent ? Qui veut apprendre à M. Jean Crapaud que les mers appartiennent à l'Angleterre, et que les mangeurs de grenouilles n'ont pas à y montrer leur nez ? Qui désire un plein chapeau de louis d'or comme part de prise ? On dansera tous les soirs au son des violons ; on se verra offrir en abondance la meilleure viande, le meilleur pain, et du grog à midi, tous les jours de la semaine et le dimanche ; tout cela en plus de la solde garantie par Sa très gracieuse Majesté le roi George ! En tous lieux où cet avis sera lu, on pourra trouver un officier du navire *Sutherland*, de Sa Majesté britannique, qui enrôlera tous les volontaires assoiffés de gloire. »

Le capitaine Hornblower dut lutter contre un sentiment de désespoir en lisant cette épreuve. De tels appels allaient être lus par douzaines dans tous les bourgs. Il lui semblait peu probable qu'il pût attirer de la sorte des recrues pour un banal vaisseau de ligne, alors que des capitaines de frégate pleins d'allant et jouissant d'une réputation bien supérieure à la sienne parcouraient le pays en tous sens et pouvaient, eux, faire état des parts de prise gagnées au cours des voyages précédents. Envoyer quatre lieutenants, accompagnés chacun d'une demi-douzaine d'hommes, battre la campagne à la recherche de recrues, comme l'annonçait cette affiche, allait lui coûter à peu près tout l'argent qu'il avait gagné à la faveur de sa dernière croisière, et il craignait que cet argent ne fût dépensé en pure perte.

Cependant, il fallait faire quelque chose. La *Lydia* lui avait fourni deux cents bons matelots — son affiche oubliait de dire qu'ils avaient été transférés d'office, sans qu'il leur fût permis de poser le pied sur le sol d'Angleterre après deux ans de service en mer — ; mais pour compléter son équipage, il lui fallait encore cinquante marins, et deux cents terriens, hommes et jeunes garçons. Le stationnaire ne lui en avait fourni aucun. S'il ne parvenait pas à compléter son équipage, il perdrait peut-être son commandement ; d'où mise en non-activité, et demi-solde, huit shillings par jour jusqu'à la fin de sa vie. Il ne lui était pas possible d'apprécier en quelle estime on le tenait à l'Amirauté ; et en l'absence d'éléments d'information, il était normal qu'il crût sa situation précaire.

Pendant que, de son crayon, il tapotait l'épreuve, l'inquiétude et la fatigue nerveuse amenèrent des jurons sur ses lèvres ; il eut conscience de la stupidité de ces blasphèmes au moment même où il les prononçait. Mais il eut soin de parler à voix basse ; Maria reposait dans la chambre à coucher voisine, séparée de lui par une double porte, et il ne voulait pas la réveiller. Bien qu'il fût encore trop tôt pour qu'elle en fût certaine, Maria se croyait enceinte et Hornblower était saturé de sa tendresse fade. Son irritation augmenta à cette pensée ; il détestait d'être à terre, d'avoir à racoler ; il détestait ce petit salon étouffant, et la perte de l'indépendance dont il avait joui pendant les longs mois de sa mission précédente. Avec mauvaise humeur, il prit son chapeau et sortit sans bruit. Le garçon de course de l'imprimeur attendait dans le vestibule, le bonnet à la main. Hornblower lui rendit l'épreuve d'un geste brusque, ordonna sèchement que l'on tirât douze douzaines de ces placards, et sortit dans la rue bruyante.

Le péager de Gate Bridge, au vu de son uniforme, le laissa passer sans exiger le demi-penny ; près du bac, une demi-douzaine de mariniers le connaissaient comme étant le commandant du *Sutherland* et ils s'efforcèrent d'attirer son attention : ils pouvaient espérer un bon pourboire pour conduire un capitaine à son navire en remontant le Hamoaze sur toute sa longueur. Hornblower s'installa dans un petit bachot à deux rameurs ; il éprouva une certaine satisfaction à n'avoir pas besoin de donner d'indication lorsqu'ils poussèrent l'embarcation au large et commencèrent leur long voyage à travers l'enchevêtrement des navires. Le rameur de l'arrière changea sa chique de place, et il s'apprêtait à dire une banalité quelconque à son passager lorsque la vue de son front sombre et des sourcils froncés le fit changer d'avis et transformer le mot qu'il allait prononcer en une toux embarrassée ; Hornblower, qui n'avait rien perdu de cette petite scène, bien qu'il n'eût jamais regardé l'homme en face, en perdit un peu de sa mauvaise humeur. Il remarqua le jeu de muscles des bras bronzés, pendant que l'homme tirait sur son aviron ; il avait des tatouages aux poignets et un mince anneau d'or brillait à son oreille gauche. Il avait dû être marin avant que d'être marinier ; Hornblower brûlait d'envie de le faire hisser à bord lorsqu'ils atteindraient le *Sutherland* ; si seulement il pouvait mettre la main sur quelques douzaines de bonshommes de cette trempe, il n'aurait plus d'inquiétude. Mais, bien entendu, ce gaillard-là avait un certificat d'exemption, sans quoi il n'eût pu faire ce métier dans un endroit où un quart de la marine royale venait chercher des hommes.

Lorsqu'ils longèrent les chantiers de construction navale et les magasins d'approvisionnement, Hornblower les vit fourmiller d'hommes, eux aussi tous valides, et matelots pour la plupart : charpentiers et gréeurs ; il les regarda longuement, avec autant de convoitise et d'impuissance qu'un chat guette un poisson rouge dans son bocal. Ils dépassèrent lentement la corderie, le bâtiment de la mâture, le ponton-mâture et les cheminées fumantes de la fabrique de biscuit. Le *Sutherland* était là, se balançant sur ses ancres au large de Bull Point ; pendant qu'il l'examinait par-dessus l'eau clapoteuse, Hornblower s'aperçut qu'une demi-aversion se mêlait curieusement à la naturelle fierté qu'il éprouvait de son nouveau navire. Son étrave arrondie faisait un effet bizarre, à une époque où tous les vaisseaux de ligne construits en Angleterre avaient ce coltis auquel les yeux de Hornblower étaient habitués depuis longtemps. Ses lignes manquaient d'élégance et indiquaient clairement — Hornblower le notait instinctivement chaque fois qu'il l'abordait — que l'on avait sacrifié des qualités plus désirables au bénéfice d'un faible tirant d'eau. À l'exception des bas-mâts qui étaient de construction anglaise, tout montrait que ce bâtiment était hollandais, et qu'il avait été conçu pour franchir les bancs de sable et les estuaires peu profonds des côtes bataves. De fait, le *Sutherland* avait été autrefois le *Eendracht 74*, capturé au large du Texel ; maintenant réarmé, il était devenu le navire à deux ponts le plus laid et le moins désirable de la marine royale.

« Fasse le ciel, pensa Hornblower, qui le détaillait du regard avec une aversion accrue par la perspective d'être à court de matelots, que je ne me trouve jamais dans l'obligation de monter au vent d'une côte avec ce vaisseau ! Il serait drossé au rivage comme un bateau de papier ; et au conseil de guerre qui s'ensuivrait, personne ne croirait un seul mot des témoignages attestant son manque de qualités nautiques. »

— Doucement ! fit-il aux bachoteurs.

Les avirons cessèrent de grincer dans les tolets, et les hommes se reposèrent. Le clapotement des vagues contre les flancs de la barque devint soudain perceptible.

Tandis qu'ils flottaient au gré des vagues, Hornblower continua sans joie son examen du navire. Il était repeint à neuf, mais aussi chichement que les autorités du port avaient cru possible de le faire, le jaune et le noir, si ternes, n'étaient relevés ni par du blanc, ni par du rouge. Un capitaine et un premier lieutenant fortunés auraient remédié de leurs propres deniers à cette imperfection et auraient fait mettre çà et là quelques feuilles d'or ; mais Hornblower n'avait pas d'argent à dépenser en feuilles d'or et il savait que Bush, dont la solde devait faire vivre sa mère et ses quatre sœurs, n'en avait pas non plus, bien que son avenir dépendît en partie de l'apparence du *Sutherland*. Certains capitaines auraient réussi, d'une manière ou d'une autre, à soutirer un peu plus de peinture — et quelques feuilles d'or aussi, par la même occasion — à l'arsenal maritime, Hornblower se le dit avec tristesse. Mais il ne savait pas filouter ; il n'aurait pas pu, pour tout l'or en feuilles du monde, donner à un employé de l'arsenal une tape sur l'épaule et s'assurer ses faveurs par la flatterie et une fausse bonhomie ; ce n'était pas tellement sa conscience qui l'aurait arrêté, qu'un sentiment de gêne.

Quelqu'un sur le pont l'avait aperçu ; il entendit les coups de sifflet, et le bruit des préparatifs que l'on faisait pour le recevoir. Eh bien, qu'ils attendent encore un peu ! Il n'allait pas se laisser bousculer aujourd'hui. Le *Sutherland*, sans ses approvisionnements, était haut sur l'eau, et laissait voir une large bande de son doublage de cuivre : le doublage était neuf, Dieu merci. Vent arrière, ce vieux navire affreux pourrait encore avoir une assez bonne marche. Lorsque le vent le fit tourner et le plaça par le travers de la marée, Hornblower put examiner ses formes arrière. Il étudia ses lignes et se mit à réfléchir aux moyens de lui faire rendre son maximum. Ses vingt-deux années d'expérience des choses de la mer lui étaient de quelque secours. Il se représenta le diagramme composite formé de toutes les forces agissant sur le navire en mer, la poussée du vent sur les voiles, le gouvernail équilibrant les focs, la résistance latérale de la quille, le frottement superficiel de l'eau, le choc des vagues sur l'étrave. Hornblower esquissa un projet d'agencement préliminaire et décida de la quête qu'il donnerait aux mâts et de l'orientation des voiles, jusqu'à ce que des essais pratiques lui donnent d'autres éléments d'information. Mais il se souvint aussitôt avec amertume que pour le moment il n'avait pas d'équipage seulement capable de manœuvrer, et que s'il n'en trouvait pas un, tous ces plans seraient inutiles.

— Allez ! grogna-t-il à l'adresse des bachoteurs qui pesèrent de tout leur poids sur les avirons.

— Doucement, Jake, fit le rameur de tête à son compagnon, par-dessus son épaule.

Le bachot contourna l'arrière du *Sutherland* ; on pouvait se fier à ces hommes pour ce qui était d'amener une embarcation au flanc d'un navire de guerre ; Hornblower aperçut la galerie de l'arrière qui constituait pour lui l'un des charmes du navire. Il se réjouissait que l'arsenal ne l'ait pas supprimée, comme c'était le cas pour tant de vaisseaux de ligne. Sur cette galerie, il pourrait jouir du vent, de la mer et du soleil, dans un isolement que le pont ne pouvait offrir. Il y ferait installer une chaise longue. Il pourrait même y prendre son exercice, à l'abri des regards ; la galerie avait six mètres de long, et il n'aurait besoin de se courber légèrement qu'en passant sous la voûte en surplomb. Hornblower avait le plus ardent désir de se retrouver en mer, loin des préoccupations harcelantes de la terre, et d'arpenter sa galerie dans la solitude qui seule maintenant lui permettait de se détendre. Pourtant, sans équipage, cette heureuse perspective reculait à l'infini ; il lui fallait trouver des hommes.

Il chercha dans sa poche une pièce d'argent pour payer les mariniers, et bien qu'il fût désespérément à court, sa gêne et sa timidité le poussèrent à trop payer ces hommes, suivant ce qu'il croyait être l'habitude de ses collègues des vaisseaux de ligne.

— Merci, capitaine. Merci, dit le rameur d'arrière, la main à la casquette.

Hornblower escalada l'échelle et pénétra dans le navire par le sabord d'entrée, où une peinture terne remplaçait la dorure éclatante des Hollandais. Les sifflets des seconds maîtres se firent entendre avec énergie, la garde de l'infanterie de marine présenta les armes, les mousses se figèrent au garde-à-vous. Gray, le second de l'officier des montres — les lieutenants ne prenaient pas le quart au port —, était officier de quart ; il salua lorsque Hornblower adressa un salut au gaillard d'arrière. Hornblower ne condescendit pas à lui parler, bien que Gray fût un de ses favoris ; la surveillance étroite qu'il exerçait sur lui-même par peur de trop parler inutilement l'en empêcha. Il se contenta de regarder autour de lui en silence.

On était en train de gréer le navire, et les ponts étaient encombrés d'apparaux ; mais sous ce désordre superficiel, Hornblower ne manqua pas de le remarquer, régnait un ordre véritable. Les glènes de cordages, les groupes d'hommes occupés sur le pont, les aides du voilier travaillant à un hunier sur le gaillard d'avant, tout cela donnait une impression de confusion, mais c'était une confusion disciplinée. Les ordres rigoureux qu'il avait donnés à ses officiers avaient porté fruit. Lorsqu'ils avaient appris qu'ils allaient être transférés en masse sur le *Sutherland* sans même passer un jour à terre, les matelots de la *Lydia* s'étaient presque révoltés. Maintenant, on les avait de nouveau bien en main.

— Le capitaine d'armes désire faire son rapport, capitaine, dit Gray.

— Envoyez-le chercher, dans ce cas, répondit Hornblower.

Le « capitaine d'armes » était le premier maître responsable de la discipline à bord. Il s'appelait Price ; Hornblower le connaissait depuis peu.

Il conclut que Price avait des accusations d'indiscipline à porter, et soupira, tout en donnant à son visage une expression d'impitoyable sévérité. Il allait probablement falloir donner le fouet, et la pensée du sang et de la souffrance lui faisait horreur. Mais au début d'un voyage comme celui-ci, avec un équipage récalcitrant sous ses ordres, il ne devait pas hésiter à appliquer le fouet si c'était nécessaire, à enlever peau et chair du dos des délinquants.

Price s'avançait maintenant le long du passavant, à la tête de la plus étrange procession. Derrière lui venait une colonne de trente hommes : deux par deux, chaque homme attaché à son voisin par le poignet, sauf les deux derniers qui marchaient tristement dans un bruit de métal, des fers aux chevilles. Presque tous étaient en haillons, et ces haillons n'évoquaient en rien la marine. La plupart étaient vêtus de toile à sac, quelques-uns de velours à côtes, et en les regardant de plus près, Hornblower en vit un qui portait un pantalon de velours de coton en lambeaux. Un autre enfin arborait les restes de ce qui avait autrefois été un vêtement respectable en drap noir de première qualité — un accroc à l'épaule laissait voir la peau blanche. Tous avaient une barbe de plusieurs jours, noire, châtain, blonde ou grise ; et ceux qui n'étaient pas chauves exhibaient des cheveux outrancièrement longs et hirsutes. Les deux caporaux du bord fermaient la marche.

— Halte ! ordonna Price. Découvrez-vous !

La procession s'arrêta dans un glissement de pieds, et les hommes restèrent immobiles sur le gaillard d'arrière, l'air renfrogné. Certains tenaient les yeux baissés vers le pont, tandis que les autres, décontenancés, regardaient autour d'eux, bouche bée.

— Qu'est-ce que c'est que tout ça ? demanda Hornblower d'un ton sec.

— Des nouveaux matelots, capitaine, dit Price. J'ai signé une décharge aux soldats qui les ont amenés, capitaine.

— D'où les ont-ils amenés ? fit Hornblower d'une voix rauque.

— De la cour d'assises d'Exeter, répondit Price en tirant une liste de sa poche. Quatre sont des braconniers. Waites, celui qui a le pantalon en velours de coton, a été condamné pour avoir volé des moutons. Celui-là, en noir, son crime, c'est la bigamie, capitaine ; avant que ça lui arrive, il dirigeait une brasserie. Pour les autres, il s'agit surtout de vol, capitaine, sauf les deux par-devant qui ont mis le feu à des meules, et les deux qui ont des fers aux pieds ; pour ces deux-là, il s'agit de vols qualifiés accompagnés de voies de fait.

— Hum, hum ! fit Hornblower qui pour le moment ne trouvait rien à dire.

Les nouveaux venus le regardaient en clignant des yeux, les uns avec espoir, d'autres avec haine, quelques-uns avec indifférence. Ils avaient préféré le service en mer à la potence, à la déportation ou à la prison. Les mois qu'ils avaient passés derrière les barreaux en attendant d'être jugés expliquaient leur aspect minable. C'était là un fameux complément à l'équipage du navire, pensa Hornblower avec amertume : mutins en puissance, tireurs au flanc, paysans bornés. Mais c'étaient des hommes, et il devait s'en arranger. Ils étaient apeurés, maussades, aigris. Cela vaudrait la peine d'essayer de gagner leur affection. Son tempérament pitoyable lui dicta la conduite qu'il décida d'adopter, après un instant de réflexion rapide.

— Pourquoi ont-ils encore leurs menottes ? demanda-t-il, assez fort pour que tous l'entendent. Enlevez-les-leur immédiatement.

— Je vous demande pardon, capitaine, s'excusa Price. Je n'ai pas voulu le faire sans ordre, capitaine, étant donné ce qu'ils sont, et la façon dont ils sont venus ici.

— Cela n'a rien à voir, répliqua sèchement Hornblower. Ils sont maintenant au service de Sa Majesté. Et je ne veux pas voir d'hommes aux fers dans mon navire, à moins qu'ils ne m'aient donné, à moi, des raisons de les y faire mettre !

Hornblower ne laissa pas son regard errer sur les nouveaux arrivés ; il adressa son petit discours au seul Price ; c'était plus efficace de cette façon, il le savait, bien qu'il se méprisât d'employer ces artifices de rhéteur.

— Je ne veux plus voir de nouvelles recrues à la garde du capitaine d'armes, continua-t-il avec feu. Ils appartiennent maintenant à un service honorable, et ils ont un avenir honorable devant eux. Je vous prie de vous en souvenir une autre fois. Et maintenant allez me chercher l'un des aides-commissaires et veillez à ce que chacun de ces hommes soit habillé convenablement conformément à mes ordres.

Normalement, il était préjudiciable à la discipline de tancer un subordonné en présence des hommes ; mais dans le cas présent, Hornblower savait que le dommage ne serait pas grand. De toute façon, les hommes en viendraient tôt ou tard à détester le capitaine d'armes : ses privilèges de garde et de solde lui étaient accordés afin qu'il accumulât sur sa tête toutes les rancunes de l'équipage. Hornblower pouvait maintenant adoucir le ton et s'adresser directement aux hommes.

— Celui qui fait son travail de son mieux, dit-il avec bonté, n'a rien à craindre à bord de ce navire, et tous les espoirs lui sont permis. Et maintenant, j'aimerais voir comme vous allez être chic dans votre nouveau costume, une fois débarrassés de la crasse où on vous a laissés. Rompez les rangs.

Il avait au moins gagné la sympathie de quelques-uns de ces pauvres diables, se dit-il. Certains des visages où il avait lu un désespoir sombre rayonnaient d'espérance, maintenant que, pour la première fois depuis des mois — sinon pour la première fois de leur existence —, on les avait traités comme des hommes, et non comme des brutes. Il les regarda quitter le passavant. Pauvres diables ! À son avis, ils avaient fait un marché de dupe en échangeant la prison pour la marine du roi. Du moins représentaient-ils trente des deux cent cinquante paires de bras dont il avait besoin pour haler les cordages et virer au cabestan afin de faire prendre la mer à ce vieux *Sutherland*.

Le lieutenant Bush arriva d'un pas rapide sur le gaillard d'arrière, et salua son capitaine. Le visage de Bush s'éclaira d'un sourire qui, comme ses yeux bleus, semblait peu en harmonie avec cette figure basanée aux traits austères. Hornblower éprouva une bizarre impression, un remords presque, à voir le plaisir évident que Bush témoignait à sa vue. C'était étrange de se sentir admiré — on aurait même pu dire « aimé » — par ce marin très compétent, cet officier à la discipline admirable, ce combattant intrépide qui possédait tant des heureuses qualités dont Hornblower croyait manquer.

— Bonjour, Bush, dit-il. Avez-vous déjà vu le dernier contingent ?

— Non, capitaine, et je viens seulement de me lever. D'où sortent-ils, capitaine ?

Hornblower le lui dit, et Bush se frotta les mains de contentement.

— Trente ! dit-il. C'est merveilleux. Je n'aurais jamais espéré en obtenir plus de douze des assises d'Exeter. Et la cour d'assises de Bodmin siège aujourd'hui. Plaise à Dieu que nous en obtenions encore trente là-bas !

— Nous n'en obtiendrons toujours pas des gabiers, dit Hornblower, incroyablement réconforté par la sérénité avec laquelle Bush considérait l'introduction de ces gibiers de potence dans l'équipage du *Sutherland*.

— Non, capitaine. Mais le convoi des Antilles est attendu cette semaine ; les gardes en pinceront bien deux cents, et nous en obtiendrons vingt si on nous donne notre dû.

— Hum ! fit Hornblower.

Il s'éloigna d'un air gêné. Il n'appartenait pas à cette sorte de capitaines — ni à la sorte distinguée, ni à la sorte cajoleuse — qui pouvait être assurée des faveurs du préfet maritime. « Je dois faire un tour en bas », conclut-il pour lui-même. C'était un bon moyen de changer de sujet.

— Les femmes commencent à s'agiter, dit Bush. Il vaut mieux que je vous accompagne, capitaine, si vous n'y voyez pas d'inconvénient.

Le premier pont, vaguement éclairé par la demi-douzaine de sabords laissés ouverts, présentait un spectacle étrange. Il y avait là cinquante femmes ; trois ou quatre étaient encore dans leurs hamacs, couchées sur le côté, et regardaient les autres. Quelques-unes étaient assises par groupes et bavardaient bruyamment. Par les sabords ouverts, une ou deux marchandaient de la nourriture avec les occupants des barques de passage ; les filets destinés à empêcher les désertions avaient des mailles assez larges pour permettre de passer la main. Deux autres, qui avaient chacune son groupe de partisans, se querellaient violemment. Elles offraient un contraste étrange : l'une était grande et brune, si grande qu'elle devait se baisser et courber comme un arc sa longue carcasse, alors que les poutres du pont supérieur étaient à cinq pieds du sol ; l'autre était petite, ronde et blonde, et faisait face hardiment à l'avance menaçante.

— C'est ce que j'ai dit, maintenait-elle fermement. Et je le redirai encore. J'ai pas peur de vous, « madame Dawson », comme vous vous faites appeler.

— Ah ! ah ! hurla la brune sous cette suprême insulte.

Sur quoi elle bondit en avant. Ses mains avides saisirent l'autre aux cheveux et lui secouèrent la tête de droite et de gauche comme si elle voulait l'arracher. En retour, son visage fut égratigné et ses tibias endoloris par les coups de pied de sa courageuse adversaire. Elles tourbillonnaient dans une envolée de jupons, lorsque l'une des femmes couchées dans les hamacs cria pour les avertir.

— Arrêtez, bande de garces ! V'là l'capitaine !

Elles se séparèrent, dépeignées, hors d'haleine. Tous les yeux se tournèrent vers Hornblower qui s'avançait, traversant l'une après l'autre les plages de lumière et d'ombre, la tête courbée sous les poutres du pont.

— La première femme qui se montre violente sera débarquée immédiatement ! grogna-t-il.

La brune écarta les cheveux de ses yeux et renifla avec mépris.

— Vous n'aurez pas besoin de me débarquer, moi, capitaine, dit-elle. Je m'en vais. On ne peut pas tirer un sou de ce bateau de meurt-de-faim !

Apparemment, elle exprimait un sentiment partagé par bon nombre de ces femmes, car ce discours fut suivi d'un petit murmure d'approbation.

— Les hommes vont-y donc jamais toucher leur solde ? demanda la femme du hamac.

— Assez ! rugit Bush tout à coup — et il s'avança, soucieux de protéger son capitaine contre les insultes auxquelles il était exposé, par la faute d'un gouvernement qui n'avait pas encore payé ses marins après un mois au port ! Et vous, là-bas, qu'est-ce que vous faites dans votre hamac après huit heures du matin ?

Mais cette tentative de contre-offensive aboutit à un désastre.

— Je vais en sortir si vous voulez, monsieur le lieutenant, fit la gueuse en rejetant ses couvertures et en se laissant glisser sur le pont. Je me suis défait de ma robe pour acheter une saucisse à mon Tom, et contre mon jupon, je lui ai procuré quelques pintes de bière. Voudriez-vous me voir sur le pont en chemise, monsieur le lieutenant ?

Un rire étouffé parcourut le pont.

— Retournez dans votre hamac et soyez convenable, bégaya Bush, que la confusion rendait écarlate.

Hornblower riait aussi. Peut-être était-ce parce qu'il était marié : il était infiniment moins ému que son premier lieutenant à la vue d'une femme à moitié nue.

— Je ne serai plus jamais convenable maintenant, ronchonna la femme en glissant ses jambes dans le hamac et en drapant posément la couverture autour d'elle, tant que mon Tom n'aura pas sa feuille de paie !...

— Et quand il l'aura, ricana la blonde, qu'est-ce qu'il en fera, sans permission d'aller à terre ? Il la vendra à un de ces voleurs des bateaux à provisions, pour le quart de ce qu'elle vaut !

— Cinq livres pour vingt-trois mois de paie ! ajouta une autre. Et moi déjà enceinte d'un mois !

— En voilà assez ! dit Bush.

Hornblower battit en retraite, renonçant à l'objet de sa visite d'inspection, ou plutôt l'oubliant. Il ne pouvait pas affronter ces femmes lorsqu'elles soulevaient cette question d'argent. La façon dont on avait traité les hommes était proprement scandaleuse ; on les avait littéralement emprisonnés à bord, en vue du rivage, et leurs femmes avaient de bonnes raisons de se plaindre ; certaines étaient vraiment leurs femmes, bien que le règlement de l'Amirauté eût prévu qu'une simple déclaration verbale, affirmant l'existence du mariage, pût suffire à les faire admettre à bord. Personne, pas même Bush, ne savait que les quelques guinées parcimonieusement distribuées à l'équipage représentaient une grande partie des arrérages de solde de Hornblower — tout ce dont il avait pu disposer, à vrai dire, mis à part l'argent nécessaire au paiement des dépenses de ses officiers lorsqu'ils entreprendraient leurs tournées de recrutement.

Sa vive imagination et sa sensibilité absurde conjuguées lui faisaient peut-être grossir exagérément les malheurs de ses hommes. Il était horrifié à la pensée de la promiscuité qui régnait dans l'entrepont, où chaque homme avait droit à un pied et demi d'espace pour suspendre son hamac, avec sa femme pareillement logée, tous agglutinés en rang d'oignons, célibataires, hommes mariés et filles. La pensée que des femmes devaient se contenter de la nourriture révoltante des matelots l'horrifiait également. Peut-être ne tenait-il pas assez compte de l'endurcissement de ces gens, né d'une longue habitude.

Il déboucha sur le pont, assez à l'improviste, par l'écoutille avant. Thompson, l'un des chefs du gaillard d'avant, s'occupait des nouvelles recrues.

— P't'être ben que vous ferez des marins, p't'être ben que vous n'en ferez pas ! Par-dessus bord avec un boulet aux pieds avant qu'on soye en vue d'Ouessant, c'est plus probable ! Et ça sera encore malheureux de gaspiller un boulet pour ça ! Avancez un peu à la pompe là-bas ! Qu'on voie la couleur de vot'cuir, bande de piliers de prison ! Quand le martinet vous chatouillera, on verra la couleur de votre échine, espèce de...

— En voilà assez, Thompson ! rugit Hornblower.

Conformément à ses ordres permanents, on était en train de débarrasser les nouvelles recrues de leur vermine. Ils étaient groupés sur le pont, nus et grelottants. On en tondait deux à ras ; une douzaine d'autres, qui avaient déjà subi ce traitement (et que la pâleur de la prison faisait paraître curieusement malades et effarés), étaient conduits par Thompson vers la pompe d'étrave que deux marins ricanants manœuvraient. Ils tremblaient de frayeur autant que de froid ; aucun d'entre eux n'avait jamais pris une douche de sa vie, probablement, et cette perspective, ajoutée aux réflexions menaçantes de Thompson et au dépaysement, les rendait pitoyables à voir.

Tout cela exaspéra Hornblower qui n'avait jamais oublié les souffrances de ses premiers jours en mer. La brutalité lui répugnait, comme lui répugnait toute cruauté gratuite, et il n'avait aucune espèce de sympathie pour la méthode employée par tant de ses collègues capitaines : abrutir les hommes placés sous leurs ordres, pour avoir la paix. Un de ces jours, sa réputation professionnelle et sa carrière dépendraient peut-être de la bonne volonté et de l'entrain avec lesquels ces mêmes hommes risqueraient leur vie, la sacrifieraient si besoin était, et il ne pouvait se représenter des marins amorphes et découragés faisant cela. Il était nécessaire de doucher les hommes et de leur raser les cheveux, si l'on voulait que le navire ne fût pas envahi par les puces, les punaises et les poux qui pouvaient faire de la vie à bord un martyre ; mais il n'allait pas laisser abrutir ses précieux matelots plus qu'il n'était indispensable. Chose curieuse, Hornblower, qui n'était jamais arrivé à se considérer comme un entraîneur d'hommes, préférait toujours entraîner que pousser.

— Allons, les gars, sous la pompe ! lança-t-il avec douceur — et comme ils hésitaient encore : quand nous serons en mer, vous me verrez moi aussi sous cette pompe, tous les matins à sept heures et demie !... pas vrai, les anciens ?

— Si, si, capitaine, répondirent ensemble les servants de la pompe.

Cette étrange habitude de leur capitaine de se faire pomper de l'eau de mer froide sur tout le corps chaque matin avait fait l'objet de nombreux commentaires à bord de la *Lydia*.

— Allez-y donc, et peut-être qu'un de ces jours vous serez tous capitaines. Toi, là-bas, Waites, montre donc aux autres que tu n'as pas peur.

C'était un bonheur extraordinaire que Hornblower pût non seulement se souvenir du nom de cette recrue, mais encore reconnaître dans cet homme nu Waites, le voleur de moutons au pantalon de velours. Les autres regardèrent en écarquillant les yeux ce capitaine, resplendissant de broderies d'or, dont le ton était cordial et qui ne croyait pas contraire à sa dignité de prendre une douche froide tous les matins. Waites prit son courage à deux mains, plongea sous la manche à eau et, haletant, tourna héroïquement sous la trombe d'eau froide. Quelqu'un lui jeta un morceau de brique à pont pour se frotter, tandis que les autres se bousculaient pour avoir leur tour ; ces pauvres types étaient comme des moutons, il n'y avait qu'à en mettre un en branle pour que tous les autres s'empressent de suivre.

Hornblower remarqua une méchante marque rouge sur une épaule blanche. Il fit signe à Thompson de le suivre, de façon à ne pas être entendu des hommes.

— Vous avez été bien généreux avec cette corde, Thompson, dit-il.

Thompson eut un sourire forcé et promena ses doigts sur le bout de corde d'un demi-mètre, noué à son extrémité, avec lequel les gradés de toutes les marines du monde stimulaient l'activité de leurs hommes.

— Je ne veux pas à mon bord, reprit Hornblower, d'un gradé qui ne sache pas quand il doit se servir du fouet, et quand il ne le doit pas. Ces hommes-là n'ont pas encore repris leurs esprits, et les battre n'y changera rien. Encore une erreur comme ça et je vous casse, Thompson. Rompez !

Thompson s'éloigna timidement, déconcerté par ce véritable accès de colère.

— Ayez-le à l'œil, Bush, s'il vous plaît, ajouta Hornblower. À la suite d'une réprimande, un sous-officier est quelquefois plus dur encore avec les hommes pour se venger. Et je ne veux pas de ça.

— Bien, capitaine, fit Bush avec philosophie.

Hornblower était bien le seul capitaine à sa connaissance qui se souciât de ce bout de corde. Les coups faisaient autant partie de la vie de marin que la mauvaise nourriture, les hamacs suspendus dans moins de deux pieds d'espace et les dangers de la mer. Bush ne pourrait jamais comprendre les méthodes disciplinaires de Hornblower ; il avait été absolument horrifié lorsqu'il avait entendu son capitaine reconnaître publiquement que lui aussi prenait sa douche sous la pompe d'étrave ; cela lui paraissait folie, de la part d'un capitaine, de permettre à ses hommes de deviner que lui et eux étaient de la même race. Mais deux années passées sous les ordres de Hornblower lui avaient appris que les méthodes étranges de ce dernier obtenaient quelquefois des résultats surprenants. Il était prêt à lui obéir, loyalement bien qu'aveuglément ; il était résigné — ce qui n'empêchait pas l'admiration.

— Bien, capitaine, fit Bush avec plus de souplesse.

II

L'INVITATION

La logeuse frappa à la porte du petit salon.

— Le petit commissionnaire de l'auberge a apporté un mot, monsieur, dit-elle, lorsque Hornblower lui eut crié d'entrer. Il attend la réponse.

Hornblower éprouva un choc en lisant l'adresse, tant lui était chère cette écriture féminine si nette qu'il reconnut aussitôt, bien qu'il n'eût pas lu cette prose-là depuis des mois. Il s'efforça de cacher son émotion lorsqu'il parla à sa femme.

— C'est adressé à nous deux, ma chérie, dit-il. Veux-tu que je l'ouvre ?

— Comme tu voudras, dit Maria.

Hornblower rompit le cachet et déplia la lettre.

De l'auberge de l'Ange

Plymouth, le 4 mai 1810.

« Le contre-amiral sir Percy et lady Barbara Leighton seraient heureux que le capitaine et madame Horatio Hornblower leur fissent l'honneur de dîner avec eux à cette adresse, demain 5 mai à 4 heures. »

— L'amiral est à l'auberge de l'Ange. Il voudrait que nous dînions avec lui demain, dit Hornblower d'un air aussi détaché que le lui permettaient les battements précipités de son cœur. Lady Barbara est avec lui. Je crois que nous devons accepter, ma chérie.

Il tendit le mot à sa femme.

— Je n'ai que ma robe bleue toute droite, soupira Maria, levant les yeux vers lui après avoir lu.

La première pensée qui vient à une femme en recevant une invitation est toujours : qu'est-ce que je vais mettre ? Hornblower essaya d'amener son esprit à penser à la robe bleue, alors que son cœur chantait de savoir lady Barbara à deux cents pas de lui.

— Elle te va admirablement, ma chérie, répondit-il. Et tu sais comme elle m'a toujours plu.

Il aurait fallu une robe d'une autre classe pour conserver un peu d'allure sur le petit corps grassouillet de Maria. Mais Hornblower savait qu'ils devaient — qu'ils devaient à tout prix — accepter cette invitation, et c'était simple bonté que de rassurer Maria ; peu importait la robe qu'elle aurait, pourvu qu'elle crût qu'elle lui allait bien. Elle sourit, heureuse, en entendant ce compliment, ce qui mit la conscience de Hornblower mal à l'aise. Il eut l'impression d'être un judas. Maria aurait l'air vulgaire, mal habillée, et sotte, à côté de lady Barbara, et pourtant il savait que tant qu'il ferait semblant d'être amoureux d'elle, sa femme serait heureuse et inconsciente de ses insuffisances.

Il rédigea soigneusement son acceptation et sonna pour qu'on remît la lettre au commissionnaire. Puis il boutonna sa vareuse.

— Il faut que j'aille au bateau, dit-il.

Le regard de Maria, chargé de reproches, lui fit mal. Il savait bien qu'elle s'était fait une joie de passer l'après-midi avec lui, et à vrai dire, il n'avait pas eu d'abord l'intention de se rendre à son navire aujourd'hui. Ce n'était qu'une excuse pour être seul. Il ne pouvait pas supporter l'idée de rester cloîtré dans cette pièce, confronté à Maria et à ses platitudes. Il voulait être seul, chérir dans la solitude la pensée que lady Barbara était dans la même ville que lui, qu'il allait la voir demain. Il était incapable de rester assis calmement pendant que ces pensées bouillonnaient en lui. Il aurait pu chanter tant il était joyeux, en descendant d'un pas alerte vers le bac ; il écartait le souvenir de la soumission avec laquelle Maria avait accepté son départ ; elle savait bien le travail énorme que l'armement d'un vaisseau de ligne imposait au capitaine.

Dans sa hâte de se trouver seul, il pressa les rameurs au point de les faire transpirer. Sur le pont, il fit un salut des plus brefs au gaillard d'arrière et à l'officier de quart, puis se précipita vers sa cabine, vers la paix et la sécurité qu'il désirait si ardemment. Il y avait cent questions auxquelles il aurait pu consacrer son attention, mais il ne voulut s'attarder à aucune. À grandes enjambées, il traversa la cabine, jonchée de tous les effets qui attendaient sa venue à bord, franchit la porte-fenêtre et fit irruption sur la grande galerie de poupe. Là, à l'abri de toute intrusion, il s'appuya à la lisse et laissa son regard vide errer sur l'eau.

La marée descendait et, le vent étant légèrement au nord-est, la galerie du *Sutherland* faisait face au sud ; son regard prenait d'enfilade tout le Hamoaze. À sa gauche était l'arsenal maritime, bourdonnant d'activité comme une ruche. Devant lui l'eau scintillait, parsemée de navires, de barques allant dans toutes les directions. Au loin, au-delà des ports et des magasins d'approvisionnement, il apercevait le mont Edgecumbe ; Plymouth, derrière la Pointe du Diable, n'était pas visible ; il n'aurait pas la joie de regarder le toit qui abritait lady Barbara.

Malgré tout, elle était là, et il la verrait demain. Dans son ravissement, il étreignit la main courante au point que ses doigts lui firent mal. Il s'éloigna, et se mit à arpenter la galerie, les mains derrière le dos pour contrebalancer la voussure de ses épaules, commandée par l'encorbellement du gaillard au-dessus de lui. La douleur qu'il avait ressentie au début, trois semaines plus tôt, en apprenant le mariage de lady Barbara avec l'amiral Leighton, avait maintenant disparu. Il n'éprouvait plus que de la joie à la pensée qu'elle se souvenait encore de lui. Hornblower caressa l'idée que peut-être elle avait accompagné son mari à Plymouth dans l'espoir de le revoir, lui. C'était possible ; Hornblower ne voulait pas s'arrêter à penser qu'elle avait pu être influencée par le désir de passer quelques jours de plus auprès de celui qui était depuis si peu de temps son époux. Elle avait dû obtenir à force de cajoleries que sir Percy envoyât cette invitation dès son arrivée ; Hornblower ne voulait pas tenir compte du fait que n'importe quel amiral devait saisir avidement la première occasion qui se présentait d'étudier un capitaine inconnu placé sous ses ordres. Elle avait dû suggérer à sir Percy de demander à l'Amirauté ses états de service : cela expliquerait qu'on lui eût trouvé un nouveau navire et un nouveau commandement sans qu'il eût à en attendre ne serait-ce qu'un seul mois en demi-solde. C'était à lady Barbara qu'il devait ce supplément de solde, si appréciable, de dix shillings par jour, que comportait le commandement d'un vaisseau de ligne.

Il était maintenant au quart de l'échelle des capitaines... Dans moins de vingt ans — avant qu'il eût atteint la soixantaine —, s'il continuait à obtenir des commandements de cette façon, il pourrait hisser son pavillon d'amiral. Alors l'Amirauté pourrait bien le laisser tomber si elle en avait envie ; le grade d'amiral lui suffirait. Avec une demi-solde d'amiral, il pourrait habiter Londres et obtenir l'appui d'un haut personnage qui lui ferait avoir un siège au Parlement. Il connaîtrait la sécurité, la puissance, les honneurs. Tout cela était possible, et lady Barbara se souvenait encore de lui, nourrissait des pensées affectueuses à son égard, était impatiente de le revoir, malgré la façon grotesque dont il s'était conduit envers elle. La joie et l'espérance se mirent à bouillonner en lui de nouveau[1].

Une mouette qui tournoyait, planant dans le vent, battit soudain des ailes, demeura immobile dans l'espace, et se mit à pousser des cris rauques, juste sous son nez. Elle longea la galerie en criant, dans un grand bruit d'ailes, puis, toujours sans motif, s'éloigna en planant de nouveau. Hornblower la suivit des yeux, et lorsqu'il reprit sa promenade, le cours de ses pensées était interrompu. Aussitôt lui revint obscurément à la conscience la pensée de ces terribles difficultés de recrutement avec lesquelles il était aux prises. Il lui faudrait demain faire à son amiral cette confession lamentable : qu'il s'en fallait encore de cent cinquante hommes que l'équipage du *Sutherland* fût complet. On le trouverait en défaut à propos du premier devoir d'un capitaine. Un officier pouvait bien être le meilleur marin du monde, le combattant le plus intrépide (et Hornblower ne croyait être ni l'un ni l'autre), ses qualités ne servaient à rien s'il ne pouvait armer son navire.

Leighton n'avait probablement jamais demandé ses états de service, et c'était la malice du sort qui l'avait attaché à l'escadre de cet amiral. Ce dernier le soupçonnerait d'avoir été l'amant de sa femme, il serait dévoré de jalousie et

1. Lire à ce propos *Retour à bon port*, chez le même éditeur. *(N.d.E.)*

saisirait la première occasion de ruiner sa carrière. Il lui rendrait la vie insupportable, le harcèlerait à le rendre fou, et finirait par le faire casser et renvoyer de la Marine ; n'importe quel amiral pouvait casser n'importe quel capitaine s'il y était résolu. Peut-être était-ce Barbara qui avait formé le projet de le mettre ainsi au pouvoir de Leighton et de ruiner sa carrière pour se venger de la façon dont il l'avait traitée. Cela semblait bien plus plausible que ses divagations antérieures, pensa Hornblower, de plus en plus refroidi.

Elle avait dû deviner exactement le genre de femme qu'était Maria, et n'envoyer cette invitation que pour avoir le plaisir de faire des gorges chaudes de tous ses petits travers. Le dîner de demain serait pour lui une longue humiliation. Il ne pouvait se risquer à se faire avancer de l'argent sur sa prochaine solde trimestrielle avant au moins dix jours ; sans cela il aurait emmené Maria acheter la plus belle robe de Plymouth, bien qu'une robe de Plymouth ne dût pas faire beaucoup d'impression sur la fille d'un comte qui achetait sans aucun doute toutes ses robes à Paris. Il ne possédait pas vingt livres en tout, maintenant qu'il avait envoyé ses quatre lieutenants, Bush, Gérard, Rayner et Hooker en campagne de recrutement. Ils avaient emmené trente hommes avec eux, les seuls dignes de confiance de tout le navire. Si bien qu'il y aurait sans doute du grabuge dans l'entrepont, et la chose se produirait probablement demain, pendant qu'il dînerait avec son amiral !

Il ne pouvait pénétrer plus avant dans le domaine des sombres prévisions. Dans son irritation, il redressa la tête et se cogna brutalement à l'une des poutres de l'encorbellement. Puis il serra les poings et maudit la marine, comme il l'avait maudite mille fois auparavant. Cela le fit sourire. Si Hornblower n'avait pas eu la faculté de rire de lui-même, il serait devenu depuis longtemps aussi fou que certains de ses collègues capitaines de la marine royale. Il lui fallait contrôler plus fermement ses émotions et se mettre à réfléchir sérieusement à l'avenir.

Les ordres qui l'avaient attaché à l'escadre de l'amiral Leighton indiquaient brièvement qu'il était désigné pour opérer dans la Méditerranée occidentale, et ç'avait été pure gentillesse de la part des lords de l'Amirauté que de lui donner cette indication. Il avait en effet entendu parler de capitaines qui s'étaient ruinés à réunir force provisions personnelles en prévision d'une mission aux Antilles, pour découvrir par la suite qu'on les avait attachés au convoi de la Baltique. La Méditerranée occidentale, cela signifiait le blocus de Toulon, la protection de la Sicile, le harcèlement des cabotiers génois, et, probablement, la participation à la guerre d'Espagne. Au moins c'était là une vie plus variée que de participer au blocus de Brest, bien que maintenant, l'Espagne étant l'alliée de l'Angleterre, les chances de se faire des parts de prise fussent bien moins nombreuses.

Le fait que Hornblower sût parler espagnol semblait indiquer que le *Sutherland* serait utilisé sur la côte catalane de concert avec l'armée espagnole. Lord Cochrane s'y était distingué, mais Cochrane semblait être en disgrâce pour le moment. Le conseil de guerre qui avait suivi le combat dans les eaux basques faisait encore l'objet de commentaires dans la marine, et Cochrane aurait de la chance s'il obtenait jamais un autre navire : il était l'exemple classique de l'officier d'active sottement fourvoyé dans la politique. Peut-être, pensait Hornblower — essayant de lutter à la fois contre l'optimisme et le pessimisme — était-il destiné par l'Amirauté à prendre la place de Cochrane. Si tel était le cas, cela signifiait que sa réputation professionnelle était bien plus grande qu'il n'osait l'espérer. À cette pensée, il dut lutter énergiquement contre le mouvement de son cœur, songeant soudain avec un sourire narquois qu'un excès d'émotion venait d'avoir pour résultat de le faire se cogner aux poutres placées juste au-dessus de sa tête.

Cette pensée l'apaisa, et il se dit avec philosophie qu'il se donnait une peine inutile à vouloir prévoir l'avenir de cette façon ; tôt ou tard il saurait à quoi s'en tenir, et tout le souci qu'il pouvait se faire ne modifierait pas son destin d'un iota. Il y avait cent vingt vaisseaux de ligne en mer, et presque deux cents frégates, et sur chacun de ces trois cent vingt navires se trouvait un capitaine qui était un dieu pour son équipage et, selon toute vraisemblance, un pantin pour l'Amirauté. Il devait agir en homme de bon sens, purger son esprit de toutes ces chimères, rentrer chez lui, et passer auprès de sa femme une soirée paisible, sans se laisser troubler par la pensée de son avenir.

Pourtant, comme il quittait la galerie de poupe et s'apprêtait à commander le petit canot qui devait le ramener à terre, une nouvelle vague de joie délirante le bouleversa, à la pensée de revoir lady Barbara le lendemain.

III

L'AUBERGE DE L'ANGE

— Est-ce que je suis belle ? demanda Maria, sa .oilette achevée.

Hornblower était en train de boutonner sa tunique de cérémonie ; il la regarda et se força à sourire avec admiration.

— Admirable, ma chérie, dit-il. Cette robe fait valoir votre tournure mieux qu'aucune autre.

Un sourire le récompensa de son tact. Il ne servait à rien de dire la vérité à Maria, de lui faire remarquer que cette nuance particulière de bleu s'accordait aussi mal que possible avec le rouge cerise de ses joues. Avec sa taille épaisse, ses cheveux rudes et noirs et son méchant teint, Maria ne pourrait jamais paraître bien habillée. Dans ses meilleurs jours, elle évoquait l'épouse de quelque boutiquier ; dans ses moins bons, on l'eût prise pour une femme de charge revêtue d'oripeaux abandonnés par sa patronne. Ses mains rouges et courtaudes, pensa Hornblower en les regardant, étaient tout à fait celles d'une femme de charge.

— J'ai mes gants de Paris, dit Maria, remarquant la direction de son regard.

Rien n'était plus exaspérant que cet empressement qu'elle mettait à aller au-devant de chacun de ses désirs. Il était en son pouvoir de la faire cruellement souffrir, et cela le rendait mal à l'aise.

— De mieux en mieux, dit-il galamment — sur quoi il se mit devant la glace et arrangea sa tunique.

— La tenue de cérémonie te va bien, lança Maria d'un ton admiratif.

Le premier souci de Hornblower, lorsqu'il était rentré en Angleterre avec la *Lydia*, avait été de s'acheter de nouveaux uniformes ; des incidents pénibles s'étaient produits au cours du voyage précédent, provoqués par la pauvreté de sa garde-robe. Il se regarda dans la glace avec une certaine approbation. Cette tunique était en drap bleu de la plus belle qualité. Les lourdes épaulettes étaient en or véritable, ainsi que le large liséré qui bordait le vêtement et les boutonnières. Boutons et parements étincelaient à chaque mouvement ; il était agréable de poser les yeux sur les lourds galons d'or de ces parements, qui désignaient ses trois ans d'ancienneté comme capitaine. Sa cravate était en soie de Chine épaisse. Il apprécia la coupe de sa culotte de casimir blanc. Les bas de soie blancs étaient les plus beaux qu'il eût trouvés ; il se souvint avec remords, en les contemplant, que Maria portait, cachés sous sa jupe, des bas de coton bon marché à quatre shillings la paire. De la tête aux chevilles, il était habillé comme un gentilhomme devait l'être ; il n'avait d'inquiétude que pour ses souliers. Leurs boucles étaient en simili, et il redoutait que leur apparence « toc » ne fût rendue plus sensible par contraste avec l'or véritable des autres parties de l'uniforme ; les fonds avaient commencé à baisser quand il les avait achetés, et il n'avait pas osé dépenser vingt guinées en boucles d'or. Il devrait veiller, ce soir, à ne rien faire qui attirât l'attention sur ses chaussures. Il était regrettable que le sabre de cent guinées que lui avait attribué la Caisse patriotique pour son combat avec la *Natividad* ne lui fût pas encore parvenu. Il lui fallait encore porter celui de cinquante guinées qui lui avait été offert huit ans plus tôt, après la capture de la *Castilla*, alors qu'il était simple lieutenant.

Il prit son bicorne — là aussi, bouton et liséré étaient d'or — et ses gants.

— Es-tu prête, ma chérie ?

— Tout à fait prête, Horatio.

Elle avait vite appris combien il détestait l'inexactitude et, en bonne épouse, prenait soin de ne jamais lui faire de peine à cet égard.

Dans la rue, tout son or resplendissait au soleil de l'après-midi : ils croisèrent un sous-lieutenant de la milice qui le salua respectueusement. Hornblower remarqua que la femme au bras du sous-lieutenant s'intéressait plus vivement à

Maria qu'à lui-même, et il crut lire dans son regard l'amusement apitoyé qu'il escomptait y trouver. Maria n'était assurément pas la sorte de femme que l'on s'attendait à voir au bras d'un officier distingué. Mais elle était sa femme cependant, son amie d'enfance, et il fallait bien payer, maintenant, cette espèce de bonté indulgente qui l'avait poussé à l'épouser. Le petit Horatio et la petite Maria, seuls enfants qu'ils eussent eus, étaient morts de la petite vérole dans un meublé de Southsea ; il lui devait dévouement pour cela, si ce n'était pour autre chose. Et voici qu'elle croyait porter un autre enfant de lui ! Cela avait été de la folie, bien entendu, mais une folie excusable chez un homme dont le cœur s'était trouvé dévoré de jalousie à la nouvelle du mariage de lady Barbara. Quoi qu'il en fût, il n'y avait plus qu'à payer, en témoignant encore un peu plus de dévouement à Maria ; ce qu'il y avait de meilleur en lui, aussi bien que sa bonté ou que son irrésolution, l'obligeait à lui rester fidèle, à lui donner de la joie, à agir comme s'il était un mari vraiment très attaché.

Et ce n'était pas tout. Son orgueil ne lui permettrait jamais de reconnaître publiquement qu'il avait commis en l'épousant une erreur, une bévue stupide digne de n'importe quel jeune sot. Et pour cette seule et unique raison — même s'il pouvait se cuirasser contre la pitié et briser le cœur de Maria —, il n'en viendrait jamais à une rupture ouverte. Hornblower se souvenait encore des commentaires ignobles qui couraient la marine à propos des histoires conjugales de Nelson, et de celles de Bowen et de Samson, plus récemment. Tant qu'il resterait loyalement aux côtés de sa femme, on n'en dirait jamais autant de lui. Les gens toléraient l'excentricité, mais riaient de la faiblesse. On s'étonnerait peut-être de sa dévotion, mais les choses n'iraient pas plus loin. Aussi longtemps qu'il agirait comme si Maria était la seule femme au monde qui existât pour lui, les gens seraient contraints de supposer qu'elle possédait des qualités qu'un étranger ne pouvait apprécier.

— C'est bien à l'auberge de l'Ange que nous sommes conviés, n'est-ce pas, mon chéri ? demanda Maria, interrompant ses pensées.

— Mais... oui.

— Nous l'avons dépassée sans nous arrêter. Tu n'as pas entendu lorsque je t'ai parlé tout à l'heure...

Ils rebroussèrent chemin, et une accorte servante du Devonshire les conduisit dans les profondeurs sombres et fraîches de l'établissement. Il y avait plusieurs personnes dans la pièce aux lambris de chêne où on les introduisit ; mais pour Hornblower il n'y en avait qu'une. Lady Barbara était là, en robe de soie bleue, gris-bleu, l'exacte couleur de ses yeux. Une chaînette d'or autour de son cou soutenait un pendentif de saphirs ; mais les saphirs semblaient ternes, comparés à son regard. Hornblower s'inclina et balbutia en présentant Maria. Les contours de la pièce disparaissaient, fondus dans la brume ; seule lady Barbara apparaissait clairement à ses yeux. Le hâle doré que Hornblower avait vu sur ses joues lors de leur dernière entrevue avait disparu ; son teint avait cette blancheur laiteuse qui convient à une grande dame.

Hornblower s'aperçut que quelqu'un d'autre lui parlait depuis un certain temps déjà.

— Une occasion bien agréable, capitaine Hornblower, disait la voix. Puis-je vous présenter ? Capitaine Hornblower, madame Elliott. Capitaine Hornblower, madame Bolton. Mon capitaine de pavillon, capitaine Elliott, du *Pluton*. Et le capitaine Bolton, du *Caligula*, qui me dit avoir servi avec vous sur ce vieil *Infatigable*.

Le brouillard qui obscurcissait la vue de Hornblower se dissipait. Il parvint à balbutier quelques mots ; par bonheur, l'entrée de l'aubergiste annonçant que le dîner était servi lui donna le temps de reprendre ses esprits. La table où ils prirent place était une table ronde. Devant lui était assis Bolton, avec ses joues rouges et hâlées, son visage honnête et ouvert. Hornblower sentait encore sur sa paume la poignée de main de Bolton, et il se souvenait de la callosité de cette main. Bolton était loin d'être un modèle d'élégance ; sa femme aussi d'ailleurs, assise à la droite de Hornblower entre l'amiral et lui. Elle était aussi quelconque et fagotée que Maria elle-même, au grand soulagement de Hornblower.

— Je dois vous féliciter, capitaine, pour votre désignation au commandement du *Sutherland*, dit Barbara à sa gauche.

Une bouffée de parfum lui arriva en même temps que ses paroles, et la tête lui tourna. Sentir son parfum, entendre à nouveau sa voix, était pour lui comme un poison romantique. Il ne sut pas ce qu'il avait répondu.

— Notre aubergiste ici présent, annonça l'amiral à toute la compagnie, en plongeant la louche dans la soupière d'argent en face de lui, m'a juré qu'il avait le secret de la soupe à la tortue, et je lui ai confié une tortue. Dieu fasse qu'il ait dit la vérité ! Quant au vin de Xérès — George, le xérès ! — je pense que vous le trouverez passable.

Hornblower prit imprudemment une cuillerée de soupe beaucoup trop chaude, et la douleur qu'il éprouva en l'avalant contribua à le ramener à la réalité. Il tourna la tête pour examiner cet amiral auquel il allait devoir obéissance pendant les deux ou trois années à venir, et qui avait obtenu la main de lady Barbara après une cour qui n'avait pas pu durer plus de trois semaines. C'était un bel homme brun, grand et fortement charpenté. L'étoile et le ruban rouge de l'Ordre du Bain rehaussaient l'éclat de son uniforme. Il ne devait guère avoir plus de quarante ans — un an ou deux seulement de plus que Hornblower — de sorte qu'il avait dû atteindre le grade de capitaine de vaisseau très jeune, dès que l'influence de sa famille avait pu le lui faire obtenir. Mais il avait les joues nettement trop pleines, ce qui, aux yeux de Hornblower, était un signe de sybaritisme ou de stupidité ; des deux, peut-être.

Telles furent les impressions de Hornblower après ces quelques secondes d'examen ; puis il fit un effort pour penser aux exigences du savoir-vivre, bien qu'en présence de lady Barbara et de l'amiral, il fût difficile pour lui de penser clairement.

— J'espère que vous êtes en excellente santé, lady Barbara ? hasarda-t-il.

Un écho étrange de cette raideur qui lui était coutumière sur le gaillard d'arrière donna à sa voix quelque chose de rauque, tandis qu'il essayait de trouver exactement le ton qu'exigeait, pensait-il, cette situation compliquée. Il vit Maria, que le capitaine Elliott séparait de lady Barbara, sourciller légèrement. Maria était toujours très sensible à ses réactions.

— Oui, certes, fit lady Barbara, d'un ton détaché. Et vous, capitaine ?

— Horatio n'a jamais été mieux portant, interrompit Maria.

— Voilà une excellente nouvelle, reprit lady Barbara, se

tournant vers elle. Ce pauvre capitaine Elliott se ressent encore quelquefois de la fièvre qu'il avait attrapée à « Flushing ».

C'était très habile ; aussitôt Maria, lady Barbara et Elliott furent engagés dans une conversation où Hornblower n'avait pas sa place. Il écouta un moment, puis avec un effort, il se tourna vers madame Bolton. Cette dernière n'avait aucune conversation ; apparemment, elle ne savait dire que « oui » ou « non » ; de l'autre côté, l'amiral était en grande conversation avec madame Elliott. Hornblower retomba dans un silence mélancolique. Maria et lady Barbara se trouvaient engagées dans une grande conversation dont Elliott se retira bientôt, et qui fut poursuivie, par-delà sa personne docile, avec une constance que ne put même pas interrompre l'arrivée du service suivant.

— Puis-je vous couper une tranche de bœuf, madame Elliott ? demanda l'amiral ; Hornblower, voulez-vous avoir la gentillesse de vous occuper de ces canards, en face de vous ? Ceci, c'est de la langue de bœuf, Bolton, une spécialité de la région, comme vous le savez, bien sûr. En voulez-vous ? À moins que ce bœuf n'obtienne vos suffrages ? Elliott, voulez-vous offrir du ragoût à ces dames ? Elles aiment peut-être la cuisine étrangère. Pour moi les plats cuisinés ne sont pas de mon goût. Il y a sur le buffet du pâté de bœuf froid qui, m'assure le patron, est celui même qui a fait sa réputation, et un gigot de mouton salé et fumé comme on n'en trouve que dans le Devonshire. Madame Hornblower ? Barbara, ma chérie ?

Hornblower, qui découpait les volailles, éprouva une véritable douleur au cœur en entendant prononcer ce prénom — sacré pour lui — avec autant de désinvolture. Pendant un instant, cela compromit l'adroit découpage qu'il était en train d'opérer sur les aiguillettes de canard. Il fit un effort pour achever son travail, et comme personne d'autre ne semblait désirer de canard rôti, il prit l'assiettée qu'il avait découpée. Cela lui évita d'avoir à rencontrer le regard des autres. Lady Barbara et Maria parlaient toujours entre elles. Il sembla à son imagination surexcitée qu'il y avait certaine affectation dans la façon dont lady Barbara lui tournait le dos. Peut-être avait-elle conclu que son affection pour elle n'était guère flatteuse, maintenant qu'elle avait découvert, par la femme qu'il s'était choisie, combien son goût était fruste. Il espérait que Maria ne se montrait pas trop sotte ni trop gauche, il n'entendait pas grand-chose de leur conversation. Il mangea peu de toutes les bonnes choses dont la table était couverte ; son appétit, toujours capricieux, avait entièrement disparu. Il but avidement le vin qu'on lui versait, jusqu'à ce qu'il se rendît compte de ce qu'il faisait, et s'arrêta ; il détestait s'enivrer, plus encore que trop manger. Il se mit à chipoter dans son assiette ; heureusement, sa voisine, madame Bolton, avait bon appétit et trouvait son plaisir à le satisfaire en silence ; sans cela ils auraient fait un couple bien triste !

Puis on débarrassa la table avant d'apporter le fromage et le dessert.

— Ces ananas ne valent pas ceux que nous avons savourés à Panama, capitaine Hornblower, lança lady Barbara en se tournant vers lui au moment où il s'y attendait le moins. Peut-être voudrez-vous quand même les goûter ?

Il était si troublé qu'il eut bien de la peine à ouvrir le fruit avec le couteau d'argent, tant il avait été pris au dépourvu. Il finit par servir maladroitement lady Barbara. Maintenant qu'il avait de nouveau son attention, il désirait ardemment lui parler, mais les mots ne voulaient pas venir ; ou plutôt, lorsqu'il s'aperçut que la question qu'il avait sur les lèvres était « aimez-vous la vie conjugale ? », il eut juste assez de bon sens pour ne pas la poser, et pas assez de sang-froid pour la remplacer par une autre.

— Le capitaine Elliott et le capitaine Bolton, poursuivit-elle, ne cessent de m'accabler de questions concernant le combat de la *Lydia* et de la *Natividad*[1]. Mais la plupart de ces questions sont trop techniques pour que j'y puisse répondre ; d'autant que, je le leur ai dit, vous m'aviez cloîtrée dans le faux pont où je n'ai rien pu voir de la bataille ! Mais tout le monde semble m'envier même cette expérience-là...

— Madame a raison, tonna Bolton de l'autre côté de la table — sa voix était encore plus puissante que lorsque Hornblower l'avait connu, jeune lieutenant. Racontez-nous ça, Hornblower.

1. Cf. *Retour à bon port. (N.d.E.)*

Ce dernier rougit et tripota sa cravate, conscient d'être le centre des regards.

— Allez-y, mon vieux, insista Bolton.

Ce n'était pas un homme galant et il se sentait mal à l'aise en compagnie ; c'est à peine s'il avait ouvert la bouche jusque-là, mais la perspective d'entendre raconter un combat lui rendait l'usage de la parole.

— Les Espagnols se sont mieux battus que d'habitude ? demanda Elliott.

— Eh bien... commença Hornblower qui se laissa entraîner à expliquer les conditions dans lesquelles il avait combattu.

Tout le monde écoutait ; des questions pertinentes posées par l'un ou l'autre l'entraînèrent de plus en plus loin. Peu à peu le récit se développa et la loquacité contre laquelle Hornblower luttait en général devint bientôt de l'éloquence. Il raconta le long duel dans le Pacifique désert, il dit la peine, la souffrance, le massacre, jusqu'au moment où, sans force, appuyé à la lisse du gaillard, il avait connu le triomphe en voyant son ennemi battu s'enfoncer dans les ténèbres des eaux.

À ce moment il s'arrêta, gêné ; il eut une bouffée de chaleur en s'apercevant qu'il s'était rendu coupable du crime impardonnable de vanter ses propres exploits. Son regard alla de visage en visage ; il s'attendait à y lire de l'embarras, ou une franche désapprobation, ou de la pitié, ou même du mépris. Il fut stupéfait de constater qu'au contraire, ils n'exprimaient rien d'autre que de l'admiration. En face de lui, Bolton, qui avait au moins cinq ans d'ancienneté de grade de plus que lui, et qui était son aîné de dix ans, semblait le regarder comme on regarde un héros. Elliott, qui avait commandé un vaisseau de ligne sous Nelson, opinait de sa lourde tête, d'un air de profonde appréciation. Lorsque Hornblower put couler un regard vers son amiral, il le vit immobile, comme pétrifié. Il y avait peut-être sur son beau visage brun une trace de regret : toute sa vie passée dans la marine royale ne lui avait fourni aucune occasion semblable de gloire. Mais le simple héroïsme du récit de Hornblower l'avait fasciné, lui aussi ; il fit un mouvement, et son regard admiratif rencontra le regard du jeune capitaine.

— Voici le toast que je propose, dit-il en levant son

verre : Que les exploits du capitaine du *Sutherland* rivalisent avec ceux du capitaine de la *Lydia* !

On but à la gloire de Hornblower dans un murmure approbateur, tandis que ce dernier rougissait et bégayait. L'admiration de ces hommes dont il appréciait le jugement le confondait ; surtout qu'il commençait à se dire qu'il avait gagné cette admiration par fraude. Maintenant seulement il se souvenait de la peur et de la nausée qu'il avait ressenties pendant qu'il attendait les bordées de la *Natividad*, de l'horreur de la mutilation qui l'avait hanté pendant tout le combat. Il appartenait à la race peu nombreuse des êtres vils, et non à celle des Leighton, des Elliott et des Bolton qui ignoraient ce qu'était la peur. S'il avait dit toute la vérité, s'il avait parlé de ses émotions aussi bien que des manœuvres et des incidents du combat, ils le plaindraient comme on plaint un homme à qui manque un membre, et la gloire de la victoire de la *Lydia* s'évanouirait. Il fut délivré de son embarras lorsque lady Barbara se leva de table et que les autres femmes suivirent son exemple.

— Ne restez pas trop longtemps à boire votre vin, dit-elle, lorsque par politesse les hommes se furent levés. Le capitaine Hornblower est un joueur de whist de renom, et les cartes nous attendent.

IV

NUIT D'INSOMNIE

Lorsqu'ils quittèrent l'auberge et s'engagèrent dans la rue où régnait une obscurité totale, Maria se cramponna avidement au bras de Hornblower.

— Une charmante soirée, mon chéri, susurra-t-elle. Lady Barbara semble être une personne fort distinguée.

— Je suis bien content que tu te sois amusée, répondit Hornblower.

Il ne savait que trop combien Maria prenait plaisir, lorsqu'ils avaient assisté ensemble à une réception, à parler des autres invités. Il eût voulu se dérober à l'inévitable dissection de lady Barbara qui allait suivre.

— On sent la race chez elle, continuait Maria inexorablement, bien plus que je n'avais été amenée à le penser d'après ce que tu m'avais dit à son sujet.

Hornblower scruta sa mémoire et s'aperçut qu'il avait mis l'accent sur le beau courage de lady Barbara et sur son aptitude à se mêler aux hommes sans embarras. À l'époque, il n'avait pas déplu à Maria de se représenter la fille d'un comte comme une espèce de garçon manqué ; aujourd'hui, elle était tout aussi contente de revenir à l'attitude traditionnelle, d'admirer son éducation et de se sentir flattée par sa condescendance.

— C'est une femme tout à fait charmante, dit-il, entrant prudemment dans les vues de Maria.

— Elle m'a demandé si j'allais t'accompagner pendant ton voyage maintenant tout proche, et je lui ai expliqué qu'étant donné l'espoir que nous commencions à caresser, ce serait imprudent.

— Tu lui as dit ça ? interrompit Hornblower avec brusquerie — et il parvint tout juste à empêcher sa voix de trahir son angoisse.

— Elle m'a souhaité toute sorte de bonheur, poursuivit Maria, et m'a priée de te con... congratuler.

Hornblower était ennuyé au-delà de toute expression à la pensée de Maria évoquant sa grossesse devant lady Barbara. Il ne voulait pas en approfondir la raison. Mais l'idée que lady Barbara *savait* accentuait encore le tourbillon de ses pensées, et il n'y avait pas d'espoir qu'il pût calmer l'agitation de son cerveau pendant le court trajet qu'ils avaient à accomplir pour rentrer chez eux.

— Oh ! s'écria Maria lorsqu'ils furent dans leur chambre à coucher. Comme ces souliers me serrent !

Elle était assise sur la chaise basse et se frictionnait les pieds par-dessus ses bas de coton blanc ; la bougie était posée sur la coiffeuse et son ombre dansait sur le mur en face d'elle, tandis que l'ombre du baldaquin formait au plafond un rectangle noir, menaçant.

— Accroche soigneusement ta belle tunique, fit-elle encore en commençant à ôter ses épingles à cheveux.

— Je n'ai pas envie de dormir, dit Hornblower avec tristesse.

Il avait l'impression qu'il aurait volontiers donné n'importe quelle somme pour pouvoir s'échapper vers la solitude de son navire. Mais il n'en était évidemment pas question ; l'heure tardive ferait paraître une telle visite bien étrange, et son grand uniforme la rendrait absurde.

— Pas envie de dormir ? — c'était tellement dans la manière de Maria de répéter tout ce qu'il disait. Comme c'est curieux, après cette soirée fatigante ! Aurais-tu mangé trop de canard rôti ?

— Non, fit Hornblower.

Il était inutile d'essayer d'expliquer à Maria la fébrile activité de son cerveau, inutile d'essayer de s'échapper. Toute tentative dans ce sens ne ferait que la blesser, et il savait par expérience qu'il était incapable de la blesser délibérément. En soupirant, il déboucla le ceinturon de son sabre.

— Tu n'as qu'à te coucher calmement et tu t'endormiras, reprit Maria, exprimant son expérience quotidienne. Il ne nous reste pas tellement de nuits à passer ensemble, mon chéri.

C'était vrai ; l'amiral Leighton leur avait appris que le *Pluton*, le *Caligula* et le *Sutherland* avaient l'ordre d'escorter jusqu'au Tage le convoi à destination des Indes qui était dès maintenant en formation. Voilà qui soulevait une fois de plus cette maudite question du manque d'hommes ; comment diable allait-il pouvoir compléter son équipage à temps ? Les assises de Bodmin lui enverraient peut-être quelques criminels de plus. Ses lieutenants, qu'il attendait d'un jour à l'autre, lui ramèneraient peut-être quelques volontaires. Mais il lui fallait encore cinquante gabiers, et il ne trouverait pas de gabiers dans les prisons, ni sur les places de marché.

— C'est un dur métier, soupira Maria en pensant à la séparation prochaine.

— Moins dur que d'apprendre aux enfants à compter, pour huit pence par semaine, répondit Hornblower en s'efforçant de parler légèrement.

Avant leur mariage, Maria avait enseigné dans une école à tarifs progressifs : on payait quatre pence pour apprendre à lire, six pence pour apprendre à écrire, et huit pence pour apprendre à compter.

— C'est bien vrai, approuva Maria. Je te dois beaucoup, Horatio. Tiens ! voilà ta chemise de nuit toute préparée. Quand je pense aux tourments que j'ai supportés lorsque miss Wentworth s'aperçut que j'avais enseigné la table de multiplication à Alice Stone, alors que ses parents ne payaient que quatre pence ! Et après cela, cette friponne, cette ingrate poussa le petit Hopper à lâcher des souris dans la salle de classe ! Mais je repasserais volontiers par toutes ces épreuves, mon chéri, si cela pouvait te faire rester près de moi !

— Pas quand le devoir m'appelle, mon petit, répondit Hornblower en plongeant dans sa chemise de nuit. Mais je reviendrai avant deux ans, avec un plein sac de guinées de parts de prise ; tu verras.

— Deux ans ! répéta Maria, pitoyablement.

Hornblower bâilla avec application et Maria mordit à l'hameçon adroitement lancé, juste comme il l'avait prévu.

— Et tu disais que tu n'avais pas envie de dormir ! soupira-t-elle.

— Le sommeil vient de me prendre. Peut-être que le porto de l'amiral commence à faire son effet. C'est à peine si je puis tenir les yeux ouverts. Je vais te dire bonsoir, ma chérie.

Maria était assise devant sa coiffeuse ; il l'embrassa et, se détournant rapidement, grimpa dans le grand lit. Couché sur l'extrême bord, il demeura dans une immobilité absolue jusqu'à ce que Maria, ayant soufflé la bougie, se fût installée à côté de lui et que sa respiration fût devenue paisible et régulière. Alors seulement, il put se détendre, changer de position et donner libre cours aux pensées qui galopaient dans son cerveau.

Il se souvenait de ce que Bolton lui avait dit, avec un mouvement de la tête et un clignement d'œil, lorsqu'ils s'étaient trouvés tous les deux, à un certain moment de la soirée, dans un coin où on ne pouvait pas les entendre.

— Il représente six votes pour le Gouvernement, avait glissé Bolton en désignant l'amiral d'un mouvement de la tête.

Bolton était bon marin, mais stupide au possible. Il se trouvait qu'ayant été à Londres récemment, il avait assisté à une réception royale et avait écouté les bavardages. Le pauvre vieux roi était en train de redevenir fou[1], une régence était imminente, et avec la régence il était possible que les tories s'en aillent et que les whigs reviennent ; les six votes que représentait l'influence de Leighton étaient donc importants. Avec le marquis de Wellesley comme ministre des Affaires étrangères, Henry Wellesley comme ambassadeur en Espagne, et sir Arthur Wellesley (quel était donc son nouveau titre ? Lord Wellington, voyons) comme commandant en chef dans la péninsule, il n'était pas surprenant de voir lady Barbara Wellesley épouser sir Percy Leighton, et encore moins surprenant de voir attribuer à ce dernier un commandement en Méditerranée. La virulence de l'opposition augmentait de jour en jour et l'histoire du monde restait en balance.

À cette pensée, Hornblower se retourna fiévreusement dans son lit, à quoi Maria répondit par un léger mouvement

1. George III, qui n'avait jamais eu toute sa tête, sombra définitivement dans la démence en 1810. (N.d.E.)

qui le raidit de nouveau dans une immobilité totale. Seul un petit groupe d'hommes — dont les plus importants étaient les Wellesley — se trouvaient encore résolus à continuer la lutte contre la domination du Corse. Le plus petit échec, sur terre, sur mer ou au Parlement, pouvait les priver de leurs hautes situations, mettre leur tête sérieusement en danger, et précipiter toute l'Europe dans la ruine.

À un certain moment de la soirée, tandis que lady Barbara versait le thé, Hornblower s'était trouvé seul près d'elle, attendant sa tasse remplie.

— J'ai été bien heureuse, avait-elle murmuré, lorsque mon mari m'a dit qu'on vous avait donné le *Sutherland*. L'Angleterre en ce moment a besoin de tous ses meilleurs capitaines.

Il devait y avoir dans ses paroles un sens qui lui échappait. Elle avait probablement fait allusion à la nécessité qu'il y avait de conserver son commandement à Leighton. Quoi qu'il en fût, cela ne voulait pas dire qu'elle se fût employée en faveur de Hornblower. Tout de même, il était satisfaisant de pouvoir s'imaginer qu'elle n'avait pas épousé sir Percy par amour ; Hornblower ne pouvait pas supporter la pensée que lady Barbara pût être amoureuse de qui que ce fût. Il essaya de se rappeler tout ce qu'elle avait dit à son mari, tous les regards qu'elle lui avait adressés. À coup sûr, elle ne donnait pas du tout l'impression d'être en adoration devant lui. Il n'en était pas moins vrai qu'elle était la femme de Leighton, qu'en ce moment même elle était couchée près de lui. À cette pensée, Hornblower fut torturé par de nouvelles souffrances.

Puis il se reprit, se disant avec bon sens qu'il courait à la folie et à la ruine s'il se laissait aller à penser à tout cela ; il s'accrocha résolument au premier souvenir qui lui revint à l'esprit, et se mit à analyser la partie de whist qu'il avait jouée. S'il n'avait pas tenté cette impasse malencontreuse sur l'attaque d'Elliott, il aurait sauvé le robre. Son jeu avait été correct — les chances étaient en sa faveur : trois contre deux — mais un véritable joueur, un joueur d'argent, ne se serait pas arrêté à cela ; il se serait lancé tête baissée, n'aurait considéré que le résultat et dans ce cas particulier, aurait réussi. Seul un joueur d'argent aurait couru le risque de tomber sur un roi non gardé. Hornblower était fier de la précision et de la science de son jeu. Quoi qu'il en fût, le bilan de cette soirée était qu'il se trouvait plus pauvre de deux guinées, et la perte de deux guinées était une affaire diablement sérieuse en ce moment.

Il voulait acheter une portée de cochons, deux douzaines de volailles — et aussi une paire de moutons — avant que le *Sutherland* ne lève l'ancre. Il y avait aussi le vin dont il avait besoin ; il pourrait en acheter plus tard, et à meilleur compte, en Méditerranée ; mais il était sage d'en avoir cinq ou six douzaines de bouteilles à bord, pour commencer. Du point de vue de la discipline, cela pourrait faire un très mauvais effet sur les officiers et les hommes, s'il n'était pas pourvu de toutes les superfluités qui conviennent à un capitaine ; et si le voyage était long et lent, il lui faudrait recevoir ses collègues capitaines — et l'amiral aussi, très probablement — et ils le regarderaient de travers s'il leur offrait l'ordinaire du navire, dont il se contentait. La liste des articles dont il avait besoin devenait de plus en plus longue à mesure qu'il y réfléchissait. Porto, xérès et madère. Pommes et cigares. Raisins secs et fromages. Une douzaine de chemises au moins. Quatre autres paires de bas de soie, pour le cas où il y aurait beaucoup de visites officielles à rendre à terre, ce qui semblait probable. Une caisse de thé. Poivre, clous de girofle et quatre-épices. Pruneaux et figues. Chandelles de cire. Toutes ces choses étaient nécessaires à sa dignité de capitaine, et à son propre orgueil, car il détestait l'idée qu'on pût le croire pauvre.

Il pouvait très bien sacrifier à ces achats sa prochaine solde trimestrielle, et ne pas en avoir assez. Maria devrait tirer le diable par la queue pendant tout le prochain trimestre ; heureusement, elle était habituée à la pauvreté, et savait faire patienter les créanciers. C'était pénible pour elle, mais s'il était un jour amiral, il la remercierait de sa fidélité en lui faisant mener grande vie. Puis il voulait aussi acheter des livres ; non pas pour son amusement (il avait un coffre plein de livres, tous de vieux amis, entre autres *Le Déclin et la Chute de l'Empire romain*, de Gibbon, comme lectures de chevet) mais pour acquérir les connaissances nécessaires à sa prochaine campagne. Dans le *Morning Chronicle* de la veille, on annonçait la publication d'un *Exposé sur la guerre d'Espagne* qu'il aimerait avoir ; et il y en avait une demi-douzaine d'autres. Il allait se battre sur les côtes de la péninsule ibérique ; mieux il la connaîtrait, mieux il connaîtrait les chefs de ce pays, qu'il devait aider, et mieux cela vaudrait. Mais les livres coûtaient cher et il ne savait pas où trouver l'argent.

Il se retourna dans le lit et réfléchit à la malchance qui l'avait toujours poursuivi en matière de parts de prise. L'Amirauté avait refusé de payer un sou pour la *Natividad* coulée. Depuis la prise de la *Castilla*, lorsqu'il était jeune lieutenant, il n'avait jamais eu la moindre aubaine, tandis qu'il connaissait des capitaines de frégate qui s'étaient fait des milliers de livres. C'était enrageant, surtout que son état actuel d'extrême pauvreté entravait les efforts qu'il faisait pour compléter son équipage. Ce manque d'hommes était le plus accablant de tous ses soucis ; cela, et la pensée de lady Barbara dans les bras de Leighton. Hornblower revenait à son point de départ et tout recommençait. Mille soucis l'agitèrent et le tinrent éveillé tout au long de cette pénible nuit, jusqu'à l'heure où l'aube commença à blanchir les rideaux : élucubrations fantastiques concernant l'état d'esprit de lady Barbara, plans pratiques destinés à augmenter la valeur nautique du *Sutherland*...

V

« ORDRES À L'ESCADRE CÔTIÈRE... »

Le *Sutherland* se préparait à appareiller ; au milieu de toute cette agitation de la dernière minute, le capitaine Hornblower arpentait le gaillard d'arrière. Il bouillait intérieurement en pensant à tout le temps que nécessitaient ces préparatifs finals, bien qu'il n'ignorât point que chacune des causes de retard était susceptible d'une explication raisonnable. Les deux tiers des hommes qui s'affairaient sur les ponts — aiguillonnés par la canne de Harrison, et les bouts de cordage de la maistrance — étaient des terriens qui, en majeure partie, n'avaient vu la mer pour la première fois que tout dernièrement ; à plus forte raison n'étaient-ils jamais montés à bord d'un navire. L'ordre le plus simple leur faisait perdre la tête et il fallait leur montrer ce qu'ils devaient faire, et positivement leur mettre les cordages dans les mains ; même alors, leur travail rendait beaucoup moins bien que celui des marins expérimentés, parce qu'ils n'avaient pas encore acquis l'habitude de tirer tous ensemble, de tout leur poids sur une écoute, et de partir avec. Et après les avoir mis à haler sur une manœuvre, il était bien difficile aux gradés de se rappeler qu'un « Tiens bon ! » ou un « Amarrez ! » n'avaient pas de sens pour eux. Plus d'une fois, les quelques marins qui se trouvaient parmi eux, et qui obéissaient plus vite, avaient été jetés à terre et piétinés par ces gens qui continuaient à haler de toutes leurs forces après le signal. En semblable occasion, un tonneau d'eau que l'on hissait à bord au moyen d'un palan installé au bout de la grand-vergue s'était échappé brusquement, et seule la merci de la Providence l'avait empêché de défoncer la chaloupe placée le long du navire.

C'était en exécution des ordres particuliers de Hornblower que l'on avait tant tardé à monter l'eau à bord. L'eau qui restait en tonneaux pendant des mois devenait si fétide, si grouillante de choses vivantes, qu'il avait attendu le tout dernier moment pour la faire embarquer. Gagner ne fût-ce qu'un ou deux jours était souhaitable. Si douze tonnes de biscuit de mer arrivaient également avec retard, cela était dû à l'incompétence habituelle des docks de ravitaillement, dont les fonctionnaires semblaient incapables de lire, d'écrire ou de compter. La confusion provoquée à la dernière minute par le déchargement du bateau apportant les provisions du capitaine, précieuse cargaison qu'il fallait descendre soigneusement par l'écoutille de poupe, provenait de ce que la Caisse patriotique avait tardé à envoyer à Hornblower le sabre de cent guinées qui lui avait été décerné pour son combat avec la *Natividad*. Aucun commerçant, aucun fournisseur de navires ne consentait à faire crédit à un capitaine partant pour une nouvelle expédition. Le sabre n'était arrivé que la veille, tout juste à temps pour qu'il l'engageât chez Duddingstone, le fournisseur, et ce dernier ne lui avait fait crédit que de mauvaise grâce, obligeant Hornblower à lui promettre formellement de retirer son sabre aussitôt qu'il le pourrait.

— Y a bien trop d'écriture là-dessus pour mon goût, avait dit Duddingstone, en désignant de son gros doigt la longue inscription que la Caisse patriotique avait fait graver à grands frais sur l'acier bleu de la lame.

Seuls l'or de la garde et du fourreau et le semis de perles du pommeau avaient une valeur intrinsèque. Duddingstone, il devait le reconnaître, avait eu parfaitement raison de dire qu'il valait à peine quarante guinées à ses yeux, même si l'on tenait compte de son bénéfice et si l'on admettait que Hornblower rachèterait probablement l'objet à son retour. Mais il avait tenu parole et avait envoyé les marchandises le lendemain à l'aube, complication de plus dans les préparatifs de départ.

Le long du passavant, Wood, le commissaire aux vivres, piétinait de colère et d'inquiétude.

— La peste soit de ces rustres maladroits ! rageait-il. Et vous, là-bas, jeune homme, cessez de ricaner et faites plus attention, ou je vous fais flanquer à fond de cale et vous partirez avec nous tout à l'heure ! Doucement là-bas, doucement ! Bon Dieu, du rhum à sept guinées le quartaut ne doit pas se manipuler comme des gueuses de fonte !

Wood surveillait l'embarquement du précieux liquide. Les anciens matelots faisaient de leur mieux pour que la maladresse des nouveaux eût pour résultat de défoncer un ou deux baricauts et leur permît de profiter abondamment des fuites, et les bateliers, le visage épanoui, leur prêtaient assistance. Hornblower voyait bien, à leur visage rouge et à leur rire convulsif, que certains des hommes avaient réussi à dénicher de l'alcool, en dépit de l'œil d'aigle de Wood et des fusiliers marins placés en sentinelles ; mais il n'avait pas l'intention d'intervenir. Il ne ferait que compromettre sa dignité en essayant d'empêcher des marins de voler du rhum si la moindre occasion s'en présentait ; personne n'y était jamais parvenu.

De la position avantageuse qu'il occupait près de la lisse du gaillard, il put observer une petite scène curieuse qui se jouait sur le pont principal. Un jeune géant tout ahuri — ouvrier d'une mine d'étain, estima Hornblower, à en juger d'après ses biceps — s'était retourné contre Harrison ; la bordée de jurons et d'ordres qui lui étaient lancés l'avait probablement mis hors de lui. Mais Harrison, à quarante-cinq ans, avait pris part à des centaines de bagarres de ce genre avant de parvenir au grade de maître de manœuvre et, dans sa jeunesse, il aurait pu disputer les plus hauts titres sur le ring des professionnels. Il évita le coup de poing malhabile du Cornouaillais et le terrassa d'un direct formidable à la mâchoire. Puis, sans autre cérémonie, il l'attrapa par la peau du cou et le ramena à coups de pied dans le derrière au palan où on l'attendait. Tout abasourdi, le Cornouaillais saisit le cordage et se mit à haler avec les autres, tandis que Hornblower approuvait de la tête.

En levant la main sur son supérieur, l'homme s'était rendu « passible de la mort ou d'une peine similaire », selon le Code de justice maritime. Mais ce n'était pas le moment de faire appel au Code, encore qu'on en eût lu les articles au Cornouaillais la veille au soir, lorsqu'on l'avait enrôlé de force. Gérard était parti en expédition avec la chaloupe et avait fait une rafle dans les villages de Redruth, Camborne et Saint-Yves ; il était arrivé à l'improviste dans chacun de ces endroits et en avait ramené cinquante solides Cornouaillais ; on ne pouvait guère s'attendre à ce qu'ils apprécient déjà le fonctionnement administratif du service dans lequel ils venaient d'entrer. Dans un mois peut-être, lorsque chacun à bord aurait compris l'énormité d'une semblable offense, il serait sans doute nécessaire, si le fait se représentait, de convoquer un conseil de guerre et de condamner le coupable au fouet — à la mort peut-être —, mais pour le moment il était préférable d'agir comme Harrison l'avait fait : un bon coup de poing dans la figure, et au travail ! Hornblower trouva le temps de remercier le Ciel d'être capitaine, et à l'abri des bagarres, car il savait que s'il essayait, lui, de casser la figure de quelqu'un, il irait à un échec lamentable.

Il changea de position et s'aperçut qu'il était horriblement fatigué. Il avait passé plusieurs nuits de suite sans dormir, et ses journées avaient été consacrées aux nombreuses occupations exigées par l'armement d'un vaisseau de ligne. La tension nerveuse provoquée par ses soucis d'argent, par les ennuis du recrutement et par le tourment qu'il se donnait au sujet de lady Barbara et de Maria l'avait empêché de laisser Bush et Gérard s'occuper des détails, bien qu'il les sût parfaitement capables de régler toutes ces questions. Ses soucis, son inquiétude ne lui avaient pas permis de se reposer, et l'avaient incité à agir. Il se sentait las, hébété, malade. Jour après jour, il avait aspiré au moment où il prendrait la mer, où il pourrait jouir de la solitude agréable qui entoure un capitaine de vaisseau, et laisser derrière lui, à terre, tous ses soucis, y compris lady Barbara.

Il avait assez de bon sens pour comprendre que cette nouvelle rencontre l'avait bouleversé. Il avait abandonné comme étant insoluble le problème de savoir si c'était ou non lady Barbara qui avait obtenu sa désignation au commandement du *Sutherland* ; il avait lutté de toutes ses forces contre la jalousie qui le dévorait lorsqu'il pensait à son mari. Il s'était persuadé en fin de compte que ce qu'il désirait par-dessus tout était de s'éloigner d'elle, tout comme il désirait fuir la gentillesse affadissante et l'aimable stupidité de Maria, fuir toutes les pénibles complications de la vie à terre. Il avait soupiré après la mer comme un naufragé soupire après un verre d'eau. Deux jours plus tôt, la perspective de se trouver sur le pont comme il l'était à présent, au milieu de l'agitation du départ, lui avait paru merveilleusement désirable. Maintenant, il comprenait tout à coup qu'il n'en était plus aussi sûr. C'était comme si on lui arrachait un membre que quitter lady Barbara de cette façon. Et, chose curieuse, cela l'affligeait également de quitter Maria. Avant qu'il pût revenir en Angleterre, un enfant serait né, un enfant qui aurait bien plus d'un an, qui trotterait, qui peut-être dirait ses premiers mots. Maria devrait le porter et le mettre au monde sans son soutien moral, et il savait bien, en dépit de la bravoure avec laquelle elle avait écarté le sujet, en dépit de son courageux adieu, combien il lui manquerait — raison pour laquelle il était si pénible de la quitter.

Malgré tout son courage, ses lèvres avaient tremblé et ses yeux s'étaient remplis de larmes lorsqu'elle avait levé son visage vers lui, dans le petit salon de leur appartement ; d'un commun accord ils avaient décidé depuis longtemps qu'il était stupide qu'elle l'accompagnât à bord : c'était prolonger inutilement le chagrin de la séparation. Même alors, il était si impatient de se retrouver en mer qu'il s'était arraché à ses bras sans douleur ; mais ce n'était plus la même chose maintenant. En lui-même, Hornblower se traita de vieux fou sentimental, et leva impatiemment les yeux vers la girouette en haut du mât. Sans aucun doute le vent tournait au nord. S'il venait au nord, ou au nord-est, l'amiral presserait le départ. Le convoi, encadré par le *Pluton* et le *Caligula*, était maintenant rassemblé, ou presque, dans la baie de Cawsand ; si l'amiral décidait de ne pas attendre les traînards, il serait irrité par le retard du *Sutherland*, pour inévitable qu'il fût.

— Ne les laissez pas s'endormir, Bush ! cria Hornblower.

— Bien, capitaine, répondit Bush patiemment.

Le ton patient irrita Hornblower un peu plus ; il impliquait un léger reproche, un reproche que seul Bush et lui pouvaient sentir. Il savait que Bush travaillait tant qu'il pouvait, et qu'il faisait travailler les hommes tant qu'ils pouvaient. L'ordre qu'il avait donné n'était qu'une manifestation d'impatience et Bush le savait. Hornblower s'en voulait d'avoir si inconsidérément rompu la règle qu'il s'était imposée de ne jamais dire un mot inutile à ses officiers ; pour justifier un peu la remarque qu'il avait faite, il descendit dans sa cabine, ce qu'il n'avait pas eu d'abord l'intention de faire.

La sentinelle s'écarta lorsqu'il franchit le seuil de la cabine où était sa couchette, sur le demi-pont. Cette cabine était très spacieuse ; même la présence d'un canon de douze livres laissait une place bien suffisante pour sa couchette, son bureau et son coffre. Polwheal avait déjà tout mis en ordre dans la pièce. Hornblower passa dans la cabine principale ; elle aussi était très spacieuse ; les Hollandais qui avaient tracé les plans du *Sutherland* se faisaient une haute idée du confort dû à un capitaine. La pièce prenait toute la largeur de l'arrière, et les grandes fenêtres de poupe donnaient une lumière abondante. La peinture couleur pierre rendait les lieux clairs et plaisants, et la masse sombre des canons de douze sur chaque bord complétait cette heureuse combinaison de couleurs. Deux marins se tenaient près de Polwheal qui, à plat ventre, rangeait dans les coffres les caisses de vin. Hornblower leur lança un regard furieux ; il comprenait qu'il ne pouvait pas encore se retirer dans la solitude de la galerie arrière, où ces hommes pourraient l'observer par les fenêtres de poupe.

Il revint dans la première cabine, et se laissa tomber sur sa couchette en poussant un soupir ; mais sa nervosité le remit debout, et il alla vers son bureau. Il en sortit un papier craquetant, et s'assit pour le parcourir à nouveau.

« Ordres adressés à l'escadre côtière de la Méditerranée occidentale par sir Percy Gilbert Leighton, chevalier du Bain, contre-amiral de la Flotte, commandant l'Escadre Rouge. »

Ces ordres ne comportaient rien d'extraordinaire : signaux de nuit, signaux particuliers, anglais, espagnols et portugais ; lieu de rendez-vous en cas de séparation ; une ou deux lignes concernant la tactique à adopter pour le cas où l'on rencontrerait une escadre ennemie d'une certaine force avant d'avoir quitté le convoi. Le navire amiral remonterait le Tage jusqu'à Lisbonne en compagnie des transports de troupe — pour y prendre des ordres, probablement ; le *Caligula* accompagnerait les ravitailleurs *Harriet* et *Nancy* jusqu'à Port-Mahon, le *Sutherland* escorterait les navires des Indes jusqu'au trente-cinquième degré de latitude nord avant de se diriger vers le détroit de Gibraltar pour se rendre au rendez-vous définitif, au large de la pointe de Palamos. On informait les capitaines des vaisseaux de Sa Majesté que la côte andalouse, à l'exception de Cadix et de Tarifa, était aux mains des Français, de même que la côte catalane, de la frontière à Tarragone. En outre, les capitaines se présentant devant un port espagnol, quel qu'il fût, devaient prendre les plus grandes précautions pour le cas où les Français l'occuperaient. Le document annexe, qui donnait des instructions aux capitaines des navires du convoi, était en grande partie la répétition des ordres précédents.

En réfléchissant à ces ordres, Hornblower déchiffrait l'histoire complexe qu'ils laissaient deviner. Il comprenait que l'Angleterre devait déployer tous ses efforts dans cette lutte, bien qu'elle eût en mer la plus grande flotte que le monde eût jamais vue, et que la bataille de Trafalgar eût été gagnée cinq ans plus tôt. Le Corse construisait inlassablement des bâtiments dans presque tous les ports d'Europe : Hambourg, Anvers, Brest, Toulon, Venise, Trieste et vingt autres endroits ; si bien qu'au large de chacun de ces ports, des escadres de vaisseaux de ligne anglais battus par les tempêtes devaient monter une garde incessante ; sans parler des autres tâches, cent vingt vaisseaux auraient pu être employés au seul blocus, si on avait pu en disposer. De plus, chaque anse, chaque port de pêche tout le long de la moitié des côtes d'Europe abritait des corsaires, qui sans doute n'étaient guère parfois que de grandes barques pleines d'hommes, mais toujours prêts à fondre sur les navires marchands anglais, impuissants, que l'on trouvait dans toutes les mers, et à les capturer. Pour se garder de ces pillards, les frégates anglaises devaient patrouiller sans cesse, et aucun navire de guerre ne pouvait être envoyé en mission, où que ce fût, sans que l'on en profitât pour lui faire escorter des navires marchands pendant une partie au moins de leur voyage. Dans cette guerre contre le monde entier, seule pouvait l'emporter la répartition des forces la mieux étudiée, la plus scientifique, et voilà que, rassemblant toutes ses énergies, l'Angleterre prenait l'offensive. Ses armées étaient en marche en Espagne, et l'on envoyait trois vaisseaux de ligne, enlevés à d'autres services où il était tout juste possible de se passer d'eux, attaquer le flanc vulnérable que Bonaparte avait imprudemment exposé en avançant dans la péninsule. Le *Sutherland* était l'extrême pointe de la lance qui allait porter un coup à la tyrannie dominant l'Europe.

« Tout cela est très bien », se dit Hornblower ; machinalement il faisait les cent pas, la tête courbée sous les poutres du pont, sa marche limitée aux quatre pas séparant le canon de la porte. C'était un poste plein de responsabilité et d'honneur, mais il n'avait pas un équipage suffisant pour manœuvrer les voiles de la façon qui convenait à un navire de guerre, ou plutôt avec la rapidité et l'aisance qui pouvaient faire toute la différence entre la défaite et la victoire ; deux cent cinquante marins expérimentés étaient nécessaires. Et si tous les hommes expérimentés étaient dans la mâture en même temps, il n'y en aurait plus aux canons. Pour servir les canons, lorsque les deux bordées étaient engagées ensemble, il fallait quatre cent cinquante hommes — Hornblower convenait que deux cents d'entre eux pouvaient être inexpérimentés — et presque cent autres pour transporter la poudre et accomplir les différentes tâches auxiliaires.

Il avait à bord cent quatre-vingt-dix marins accomplis, provenant de la *Lydia*, et cent quatre-vingt-dix terriens inexpérimentés. Pendant que l'on armait le *Sutherland*, vingt anciens seulement de la *Lydia* avaient déserté, abandonnant deux années de solde et courant le risque d'être condamnés à mille coups de fouet, et il savait qu'il avait de la chance de n'avoir pas eu plus de déserteurs. Certains capitaines auraient perdu les deux tiers de leur équipage pendant un aussi long séjour au port d'attache. Mais ces vingt absents auraient été joliment utiles maintenant ; il lui manquait cent soixante-dix hommes — cent soixante-dix hommes capables — pour que son équipage fût complet. En six semaines, il pouvait instruire ses nouvelles recrues, à l'exception des indécrottables, malades, bancals ou simples d'esprit, dont il y avait toujours une certaine proportion, et en faire des marins et des canonniers passables. Mais dans moins de six semaines, peut-être même dans moins de trois, il se battrait sur les côtes d'Espagne. Bien plus, il pouvait très bien demain soir être aux prises avec l'ennemi ; le vent tournait à l'est et pouvait faire sortir de Brest une escadre de vaisseaux de ligne français bondés d'hommes, qui, déjouant la vigilance des forces du blocus, attaqueraient cette proie si tentante que représentait le convoi des Indes orientales. Quelle chance de succès aurait le *Sutherland*, vergue à vergue avec un vaisseau français de premier rang, disposant à peine des deux tiers de son équipage réglementaire, et la moitié des hommes souffrant du mal de mer ?

Hornblower serra de nouveau les poings, bouillant d'exaspération à cette seule pensée. C'était lui que l'on tiendrait pour responsable en cas de désastre, lui qui devrait essuyer le mépris ou la pitié — aussi épouvantables l'un que l'autre — de ses collègues capitaines. Il désirait des hommes, il voulait des hommes avec plus de passion que l'avare ne soupire après l'or ou l'amant après sa maîtresse. Et maintenant il n'avait plus aucun espoir d'en trouver. Le raid de Gérard sur Saint-Yves et Redruth avait été sa dernière tentative ; il savait qu'il avait eu de la chance d'en ramener cinquante hommes. Il n'y avait pas d'espoir qu'il pût en obtenir du convoi. Transports du Gouvernement vers Lisbonne, ravitailleurs du Gouvernement vers

Port-Mahon, navires de la Compagnie des Indes, il ne pouvait enlever un marin à aucun de ces bateaux. Il se sentait enfermé dans une cage.

Il retourna à son bureau et en tira sa copie personnelle du rôle des quarts ; Bush et lui avaient passé presque toute la nuit précédente à l'établir. C'était en grande partie de ce rôle des quarts qu'allait dépendre la bonne marche du navire, étant donné le manque de personnel ; les bons marins avaient été répartis équitablement à tous les points stratégiques ; on leur avait adjoint des nouvelles recrues en nombre tel que leur instruction en fût facilitée, sans pour cela gêner la manœuvre du navire. Hune de misaine, grand-hune, hune d'artimon, gaillard d'avant, gaillard d'arrière ; il fallait assigner à chaque homme sa fonction de telle sorte que, quelle que fût la manœuvre — par beau ou mauvais temps, le jour ou la nuit —, il se rendît à sa place sans confusion et sans perte de temps, sachant exactement ce qu'il aurait à faire. Et il fallait attribuer à chaque homme une place aux canons, sous les ordres de l'officier de sa division.

Hornblower parcourut une fois de plus le rôle des quarts. Il était satisfaisant dans une certaine mesure ; il était équilibré, un peu à la façon d'un château de cartes, assez solide à première vue, mais incapable de supporter la moindre poussée ou le plus léger changement ; que des hommes meurent. ou soient malades, et toute la construction tombait en morceaux. Il jeta le rôle sur son bureau, se rappelant que, même si l'état sanitaire restait satisfaisant pendant toute l'expédition, il pouvait s'attendre à un décès — accidentel ou naturel — tous les dix jours, sans tenir compte des pertes au combat. Heureusement, c'étaient les hommes non amarinés qui avaient le plus de chances de mourir.

Hornblower dressa l'oreille en entendant le vacarme sur le pont principal. Les ordres rauques, les sifflets des seconds maîtres et le martèlement d'innombrables pieds lui apprirent que l'on hissait la chaloupe à bord. Il comprit tout à coup que les « couics » étranges — différents du grincement des rouets de poulie — qui lui parvenaient depuis quelque temps et qu'il n'avait pu encore identifier provenaient des différentes familles de cochons qui venaient enfin d'arriver à bord, bestiaux destinés au capitaine et au carré des officiers. Il entendit un mouton bêler, un coq chanter. en même temps que lui parvenaient de grands éclats de rire. Hornblower n'avait pas amené de coq avec ses poules ; ce devait être l'acquisition d'un officier ou d'un aspirant.

On frappa bruyamment à la porte de la cabine ; il rassembla vivement ses papiers et se laissa tomber sur une chaise. Il n'aurait voulu pour rien au monde qu'on le trouvât debout, en train d'attendre l'heure du départ dans un état d'évidente agitation.

— Entrez ! hurla-t-il.

Un jeune aspirant apeuré passa la tête à la porte ; c'était Longley, le neveu de Gérard, marin depuis peu.

— Le lieutenant Bush dit que l'on est en train de hisser à bord les dernières provisions, capitaine, fit-il d'une voix flûtée.

Hornblower le regarda avec une indifférence glaciale pour ne pas sourire d'un air narquois à ce pauvre gosse effrayé.

— Très bien, grogna-t-il, et il se replongea dans ses papiers.

— Voilà, capitaine, bredouilla l'enfant qui se retira après un moment d'hésitation.

— Longley ! rugit Hornblower.

Le visage enfantin réapparut à la porte, plus terrifié que jamais.

— Entrez, jeune homme ! lança Hornblower, avec humeur. Entrez et ne bougez plus. Qu'est-ce que vous avez dit en dernier ?

— Euh... capitaine, j'ai dit... le lieutenant Bush...

— Non, non, il ne s'agit pas de ça. Qu'avez-vous dit *en dernier* ?

La figure plissée de l'enfant exprima une extrême perplexité ; puis son visage s'éclaira lorsqu'il comprit l'objet de la question.

— J'ai dit « Voilà, capitaine ».

— Et qu'auriez-vous dû dire ?

— J'aurais dû dire « Bien, capitaine ».

— Bon. Très bien.

— Bien, capitaine.

Cet enfant possédait une certaine vivacité d'esprit, et ne se laissait pas priver de tous ses moyens par la peur ! S'il apprenait assez vite la façon de parler aux hommes, il ferait un bon gradé. Hornblower rangea ses papiers et ferma son bureau à clef ; il fit encore quelques pas dans sa cabine pour ne pas compromettre sa dignité en ayant l'air d'être trop pressé, puis grimpa sur le gaillard.

— Appareillez dès que vous serez prêt, Bush, dit-il.

— Bien, capitaine. Doucement avec les garants, là-bas, espèce de...

Même Bush avait atteint ce point où l'on n'éprouve plus aucun plaisir à jurer. Le navire était dans un état de confusion épouvantable, les ponts étaient sales, l'équipage exténué. Hornblower resta là, les mains derrière le dos, dans une attitude de détachement olympien, lorsque tout l'équipage reçut l'ordre de manœuvrer les voiles et que les gradés conduisirent les hommes, stupides de fatigue, à leurs places respectives. Savage, le plus ancien des aspirants, que Hornblower avait vu grandir et devenir un homme, vint appeler à grands cris la garde de l'arrière pour manœuvrer les drisses du grand hunier. Il était pâle, avec des yeux éraillés ; une nuit de débauche dans quelque bouge infâme de Plymouth ne l'avait pas laissé en très bonne forme. Pendant qu'il criait, il mit la main à sa tempe : de toute évidence, les cris qu'il poussait le faisaient horriblement souffrir. Hornblower sourit en le voyant : il suerait assez pendant les prochains jours pour éliminer toute cette saleté qui lui encombrait le sang.

— Chef de garde de l'arrière ! hurlait Savage, dont la voix se cassait. Je ne vois pas venir la garde de l'arrière ! Plus vite que ça, vous autres ! Aux drisses du grand hunier ! Dites donc, capitaine d'armes, envoyez donc à l'arrière ceux qui n'ont rien à faire. Vous entendez, vous, là-bas ?

Un groupe conduit par un second maître se précipita vers les haubans d'artimon, tout près de Hornblower. Ce dernier vit le jeune Longley hésiter pendant une seconde et lever les yeux vers les hommes qui le précédaient ; puis, le visage tordu par l'effort de volonté qu'il faisait, l'enfant sauta dans les enfléchures et se mit à grimper derrière les autres. Hornblower comprenait bien les différentes influences qui agissaient sur le gamin : la peur d'accéder à ces hauteurs, puis le désir stoïque de suivre les autres, partout où ils pourraient s'aventurer. On pourrait faire quelque chose de cet enfant.

Bush regardait sa montre et exhalait sa colère à l'adresse de l'officier de navigation.

— Déjà neuf minutes ! Bon Dieu, regardez-les ! Les soldats de l'infanterie de marine ont davantage l'air de marins.

Les fusiliers marins étaient plus à l'arrière, aux drisses du perroquet de fougue. Leurs pieds lourdement chaussés martelaient le pont. Ils faisaient leur ouvrage comme des soldats, avec une raideur toute militaire, comme s'ils étaient à l'exercice. Les marins se moquaient toujours de cela ; mais on ne pouvait nier que, pour l'instant, c'étaient les soldats qui travaillaient le plus efficacement.

Les hommes galopèrent des drisses aux bras de vergue. À l'avant, un cri de Harrison annonça que le corps-mort était filé, et Hornblower jetant un dernier regard à la girouette vit que le vent était venu vers l'est à tel point qu'il n'allait pas être facile de contourner la Pointe du Diable. Avec ses vergues contre-brassées, le *Sutherland* tourna sur sa quille et lentement prit de la vitesse. Des cris de femmes, des mouchoirs qu'on agite : certaines des filles que Hornblower avait chassées du navire vingt-quatre heures plus tôt avaient poussé au large dans les barques du rivage pour dire au revoir à leurs hommes. Tout près du *Sutherland*, il vit une femme à l'arrière d'une barque, qui pleurait bruyamment sans vergogne, la bouche grande ouverte, les larmes ruisselant sur ses joues. Elle avait cinquante chances sur cent de ne jamais revoir son homme.

— Regardez donc par ici, vous autres ! hurla Harrison qui avait vu un membre de l'équipage faire un signe d'adieu.

Il ne fallait laisser distraire l'attention de personne du travail en cours.

Hornblower sentit le navire s'incliner lorsque Bush dirigea sa course aussi près du vent que le *Sutherland* voulait y rester ; avec la Pointe du Diable devant eux, et un navire qui leur était peu familier, il était évidemment préférable de gagner dans le vent autant qu'il serait possible. Cette inclinaison du vaisseau éveilla tout un flot de souvenirs. Lorsque le navire était sous voile, que l'on sentait le pont remuer sous ses pieds, que l'on entendait le grincement familier des poulies et le chant du gréement, alors seulement les mille et un détails de la vie en mer devenaient de nouveau vivants et reconnaissables. Hornblower sentit sa gorge se serrer d'émotion.

Ils étaient en train de doubler la pointe de l'arsenal, aussi près qu'il était possible. La plupart des ouvriers avaient interrompu leur travail pour les regarder avec flegme ; il n'y en eut pas un qui poussa une acclamation. En dix-sept années de guerre, ils avaient vu trop de navires prendre la mer pour s'agiter en voyant passer celui-ci. Hornblower savait bien qu'il aurait dû avoir un orchestre à bord, pour jouer *Anglais, frappez au but* ou *Allons, les gars, courage ! c'est vers la gloire que nous allons !* mais il n'avait pas d'orchestre, il n'avait pas assez d'argent pour cela, et il n'allait pas faire venir maintenant le joueur de fifre de l'infanterie de marine, ou le violoneux de l'équipage, pour s'encourager d'un brin de musique. Stonehouse Pool s'ouvrait devant eux, et au-delà s'apercevaient les toits de Plymouth. Maria était là, quelque part ; peut-être voyait-elle les huniers blancs au plus près serrés devant le vent. Peut-être lady Barbara était-elle là, cherchant des yeux le *Sutherland*. De nouveau Hornblower sentit sa gorge se serrer.

Une petite rafale de vent balaya Stonehouse Pool. Le *Sutherland* fut presque pris vent dessus et roula jusqu'à ce que le timonier le laissât abattre. Hornblower regarda à tribord. Ils approchaient dangereusement de Cremyll ; il ne s'était pas trompé en supposant que le *Sutherland* dériverait considérablement. Il étudia le vent et la direction de la marée au large de la pointe et observa la Pointe du Diable par tribord devant. Il serait peut-être nécessaire de virer de bord d'une minute à l'autre et de remonter le vent vers le nord avant d'affronter la marée à nouveau. Au moment même où il comprit qu'ils pourraient doubler la pointe, il vit Bush relever la tête pour donner l'ordre de virer de bord.

— Laissez-le continuer comme ça, Bush, dit-il — cet ordre tranquille signifiait qu'il avait pris le commandement de la manœuvre et Bush referma la bouche.

Ils doublèrent la bouée, à quarante brasses à peine du point dangereux ; l'eau écumait le long du *Sutherland*, du côté sous le vent, maintenant qu'il s'inclinait sous la brise fraîche. Hornblower n'était pas intervenu pour démontrer la supériorité de son jugement ni de ses qualités de manœuvrier, mais simplement parce qu'il ne pouvait supporter de voir manœuvrer un peu moins élégamment qu'il n'était possible. Pour ce qui était de calculer froidement les probabilités, il était supérieur à Bush, comme en témoignait son habileté au whist. Hornblower était bien inconscient des motifs qui l'avaient fait agir ; en réalité, c'est à peine s'il se rendait compte de ce qu'il avait fait, la pensée qu'il était bon marin ne lui venait jamais à l'esprit.

Ils se dirigeaient en plein vers la Pointe du Diable, et il ne la perdit pas de vue lorsqu'ils pénétrèrent dans le Sound.

— Vous pouvez mettre la barre à tribord, maintenant, dit-il, et établir les voiles de perroquet, Bush.

Avec le vent par le travers, ils s'enfoncèrent dans le Sound, ayant les hauteurs anguleuses de Staddon à bâbord et le mont Edgecumbe à tribord. À mesure qu'ils avançaient vers la pleine mer, le vent fraîchissait, et le chant du gréement devenait plus aigu. Le *Sutherland* commençait à sentir la mer et montait sensiblement au passage des vagues sous son étrave. À mesure que croissait la vitesse, les craquements de la coque devenaient mieux perceptibles, assez légers sur le pont, plus sonores en bas, jusqu'à ce que l'oreille habituée fût devenue insensible à ce bruit.

— Le diable emporte ces maudits culs-terreux ! grogna Bush qui surveillait la façon dont on larguait les perroquets.

On dépassa l'île de Drake du côté au vent ; le *Sutherland* tourna son arrière vers elle en descendant le Sound, le vent sur sa hanche de bâbord. Avant que fussent établis les perroquets, ils étaient à la hauteur de la pointe de Picklecomb, et entraient dans la baie de Cawsand. Le convoi était là : les six navires des Indes, avec leurs sabords peints qui les faisaient ressembler à des vaisseaux de guerre, battant tous le pavillon à gril de l'Honorable Compagnie des Indes orientales, l'un d'eux arborant un guidon de commandement exactement semblable à celui d'un commodore de la marine royale ; les deux ravitailleurs et les quatre transports en partance pour Lisbonne. Un bâtiment à trois ponts, le *Pluton* et le *Caligula* roulaient sur leurs ancres, du côté du large.

— Le vaisseau amiral fait des signaux, monsieur Vincent, dit Bush, la lunette à l'œil. Il y a déjà une minute que vous auriez dû en rendre compte, jeune homme.

Il n'y avait pas plus de trente secondes que le *Pluton* était en vue, mais il était nécessaire de répondre immédiatement à ce premier signal de l'amiral.

— Numéro du *Sutherland*, capitaine, dit l'infortuné aspirant préposé aux signaux, en regardant dans sa lunette. Triangle, non. Numéro sept. Le numéro sept est : Mouillez, capitaine.

— Faites l'aperçu, dit sèchement Hornblower. Serrez les perroquets et coiffez le grand hunier, Bush.

Hornblower voyait dans sa lunette les hommes grimper aux manœuvres des navires. En cinq minutes, le *Pluton* et le *Caligula* avaient tous deux une grande partie de leurs voiles carguées.

— Ils ont complété leur équipage au Nore, sacredié ! grogna Bush.

Au Nore, entrée du port le plus actif du monde, les bateaux de la marine royale avaient la meilleure chance de compléter leur équipage avec d'excellents marins pris aux navires marchands qui rentraient au port, et n'avaient plus besoin que d'une demi-douzaine d'hommes à bord pour conduire le navire jusqu'à la Tamise. De plus, le *Pluton* et le *Caligula* avaient eu l'avantage de pouvoir exercer leur équipage pendant leur voyage dans la Manche. Ils étaient déjà sortis de la baie. Les signaux montaient aux drisses du vaisseau amiral.

— Au convoi, capitaine, dit Vincent. Dépêchez-vous. Levez l'ancre. Établissez la voilure com... compatible avec le temps, capitaine. Mon Dieu, ça c'est un coup de canon !

Une violente détonation et un panache de fumée indiquèrent que l'amiral attirait particulièrement l'attention sur ses signaux. Les navires des Indes, avec leur équipage abondant et leur routine de navires de guerre, étaient déjà en marche. Les ravitailleurs et les transports étaient plus lents, comme on pouvait s'y attendre. Les autres bâtiments coiffèrent et servirent leurs voiles pendant un temps qui parut interminable, avant que le dernier d'entre eux sortît lentement de la baie.

— Un autre signal de l'amiral, capitaine ! cria Vincent qui lisait les signaux et consultait rapidement son code. Rendez-vous aux postes précédemment indiqués.

Cela signifiait au vent du convoi et à l'arrière-garde, puisque le vent soufflait sur l'arrière. De cette façon, les navires de guerre pourraient toujours voler au secours si un vaisseau français essayait de couper un des bâtiments du convoi à leur barbe. Hornblower sentit fraîchir la brise sur sa joue. L'amiral avait établi ses perroquets et pendant que Hornblower regardait, il vit que l'on établissait également les cacatois ; il allait devoir en faire autant par discipline, mais le vent augmentant, il pensait que dans peu de temps il faudrait de nouveau les serrer. Avant la nuit on prendrait des ris dans les huniers. Il donna l'ordre à Bush d'établir les cacatois et regarda l'équipage se rassembler aux cris de Harrison : « Tout le monde aux voiles ! » Il vit les terriens reculer, ce qui était assez naturel : la vergue de grand cacatois était à soixante-cinq mètres au-dessus du pont et elle décrivait des orbes vertigineux, maintenant que le navire commençait à tanguer sous les lames de houle de la Manche.

Hornblower dirigea son attention vers le vaisseau amiral et

le convoi ; il ne pouvait supporter de voir des hommes apeurés escalader les haubans sous la menace des garcettes des chefs. C'était nécessaire, il le savait. La marine de guerre n'admettait pas — ne pouvait pas admettre par nécessité — l'existence de verbes tels que : « Je ne peux pas » ou : « J'ai peur ». On ne pouvait faire aucune exception, et c'était bien le moment qui convenait pour persuader à des hommes qui n'avaient encore jamais connu la contrainte qu'il fallait obéir à un ordre quel qu'il fût : si ses officiers usaient de douceur au début, les hommes compteraient toujours sur la douceur, et dans un service qui pouvait à chaque instant exiger d'un homme le sacrifice volontaire de sa vie, on ne pouvait employer la douceur qu'auprès d'un équipage discipliné, qui avait eu le temps d'acquérir la compréhension nécessaire. Mais Hornblower comprenait, parce qu'il les connaissait, la terreur et la nausée qu'éprouvent des hommes que l'on fait grimper de force à la pomme des mâts d'un vaisseau de ligne, alors qu'auparavant ils ne sont jamais allés plus haut que le sommet d'une meule de foin. La marine était un service cruel, impitoyable.

— La paix sera signée, grommela Bush à Crystal, le navigateur, avant que nous fassions des marins de ces culs-terreux !

Trois jours plus tôt, la plupart des culs-terreux en question vivaient paisiblement dans leurs chaumières, sans penser une seule seconde à aller en mer. Et ils étaient là, sous un ciel gris, à tanguer sur une mer grise, avec autour d'eux un vent plus âpre qu'ils n'en avaient jamais connu, au-dessus de leur tête la hauteur terrifiante du gréement, et à leurs pieds un navire titubant dont la charpente gémissait.

Ils étaient déjà bien au large ; le phare d'Eddystone était visible du pont et, sous la pression de sa voilure augmentée, le *Sutherland* commençait à s'animer. Il affronta sa première grosse lame de houle, se souleva lorsqu'elle atteignit son étrave, roula en tire-bouchon lorsqu'elle passa sous lui, puis plongea enfin à donner le vertige lorsqu'elle s'éloigna par l'arrière. Un gémissement désespéré monta de l'embelle.

— Pas sur les ponts, nom de Dieu ! hurla Harrison, furieux. Pas sur les ponts !

Déjà les hommes vomissaient, avec cet abandon des gens qui sont pris tout à fait à l'improviste. Hornblower vit une douzaine de marins blafards se diriger en chancelant et en titubant vers la lisse du côté sous le vent. Un ou deux autres s'étaient assis brusquement sur le pont, les mains aux tempes. De nouveau, le navire se souleva et tire-bouchonna, parut monter à une hauteur vertigineuse, puis s'enfoncer dans un abîme insondable, et les gémissements d'horreur reprirent. Le regard fixe, comme fasciné, Hornblower regardait un malheureux paysan vomir dans les dalots. Par sympathie son estomac se souleva et il avala sa salive à plusieurs reprises ; son visage était couvert de sueur, bien qu'il se sentît soudain transi de froid.

Il allait être malade, lui aussi, et bientôt. Il voulait être seul et vomir dans une solitude discrète, loin des regards amusés de tous ces hommes sur le pont. Il fit un gros effort pour parler de son ton habituel, sévère, indifférent ; mais son oreille lui dit qu'il ne réussissait pas, que son petit ton guilleret sonnait faux.

— Continuez, Bush, dit-il. Appelez-moi si c'est nécessaire.

Et puis, il n'avait plus le pied marin, conséquence de ce séjour au port ; il traversa le pont d'un pas incertain et dut se cramponner des deux mains à la rampe de l'escalier. Il atteignit le demi-pont sans encombre et se dirigea comme un homme ivre vers la porte de sa cabine, butant contre l'hiloire. Polwheal mettait la table pour le dîner.

— Sortez ! gronda-t-il, haletant. Sortez !

Polwheal disparut, et, toujours titubant, Hornblower passa dans la galerie de poupe, et vomit, appuyé à la lisse, la tête penchée par-dessus bord, dans le sillage écumant du navire. Il haïssait le manque de dignité du mal de mer, autant qu'il en détestait les souffrances. Il ne lui servait de rien de se répéter — comme il le faisait désespérément, en se cramponnant à la lisse — que Nelson, lui aussi, était toujours malade au début d'un voyage ; de se dire que, par une coïncidence malheureuse, il partait toujours en mission à un moment où il était si épuisé par l'énervement, par la fatigue mentale et physique, que de toute façon il était prêt à être malade. Tout cela était vrai, mais pour le moment, appuyé contre la lisse, gémissant, fouetté par le vent, il ne trouvait aucun réconfort à se le dire.

Le vent soufflait du nord-est et Hornblower grelottait de froid ; son veston chaud était dans sa cabine-couchette, mais il était incapable de faire l'effort d'aller le chercher, et il ne voulait pas non plus demander à Polwheal de le lui apporter. C'était donc là, se dit-il avec une ironie amère, la calme solitude qu'il avait tant désirée quand il était aux prises avec toutes les complications de la vie à terre ! Sous lui, les aiguillots du gouvernail grinçaient dans les femelots ; la mer bouillonnait et se couvrait d'écume blanche sous la voûte d'arcasse. Il se rappela que le baromètre baissait depuis la veille ; de toute évidence une tempête du nord-est se préparait. Hornblower se voyait chassé devant elle à travers la baie de Biscaye, sans répit, pendant des jours, alors qu'il aurait donné tout ce qu'il possédait au monde pour retrouver le calme du Hamoaze.

Il pensa avec ressentiment que ses officiers n'étaient jamais malades ; ou que, s'ils l'étaient, ils étaient tout simplement malades, mais n'éprouvaient pas cette effroyable torture morale. Et à l'avant, deux cents hommes souffrant du mal de mer étaient impitoyablement contraints de retourner à leur travail par des gradés autoritaires. C'était rendre service à un homme que de le forcer à travailler en dépit de son mal de mer, pourvu bien entendu que la discipline n'en souffrît pas, comme ce serait le cas pour lui. Et il était absolument certain que personne à bord ne se sentait aussi malheureux qu'il l'était, ni même à moitié aussi malheureux ; de nouveau il se pencha sur la lisse, gémissant et blasphémant. L'expérience lui disait que dans trois jours tout cela serait fini et qu'il se sentirait aussi bien portant que jamais ; mais pour l'instant, la perspective de passer trois jours dans cet état lui paraissait aussi terrible que s'il se fût agi d'une éternité. Et la charpente craquait, le gouvernail grinçait, le vent sifflait, la mer chuintait ; tous ces bruits se confondaient en un vacarme infernal, tandis que Hornblower frissonnant s'agrippait à la liste.

VI

« DEUX LOUGRES PAR BÂBORD AVANT ! »

La première crise passée, Hornblower fut en mesure de remarquer que la brise fraîchissait indiscutablement. De plus, elle soufflait par rafales, et des bourrasques soudaines de vent et de pluie parvenaient jusqu'à la galerie de poupe où il se tenait. Il fut tout à coup dévoré d'inquiétude en imaginant ce qui se passerait dans la mâture si le *Sutherland* rencontrait un grain un peu plus violent que d'habitude, avec un équipage peu habile à serrer les voiles. La pensée de la honte qu'il y aurait à perdre voiles ou espars à la vue de tout le convoi lui fit complètement oublier ses malaises. Machinalement, il rentra dans sa cabine, revêtit sa jaquette de drap pilote et grimpa sur le pont. Gérard avait remplacé Bush.

— Le vaisseau diminue de toile, capitaine, dit-il, la main au chapeau.

— Très bien. Serrez les cacatois, répondit Hornblower en se tournant pour observer l'horizon avec sa lunette.

Le convoi se conduisait exactement comme le font tous les convois, et les navires s'éparpillaient au vent comme s'ils avaient vraiment envie de se faire enlever par un corsaire. Les navires des Indes formaient un groupe assez régulier à un mille de là, sous le vent du *Sutherland*, mais les six transports étaient déjà coques noyées et dispersées bien au-delà des autres.

— L'amiral a fait des signaux au convoi, capitaine, dit Gérard.

Hornblower fut sur le point de dire : « Ça ne m'étonne pas » mais il se retint à temps et limita sa réponse à un simple « oui ». À ce moment une nouvelle série de signaux montait aux drisses du *Pluton*.

— Numéro du *Caligula*, lut l'aspirant. Augmentez la voilure. Placez-vous en tête du convoi.

Bolton était donc envoyé en avant pour faire respecter les ordres que les transports avaient ignorés. Hornblower vit le *Caligula* rétablir ses cacatois et plonger de l'avant sur la mer grise à la poursuite des transports. Il lui faudrait parvenir à portée de voix et peut-être même tirer un ou deux coups de canon avant d'arriver à un résultat ; les capitaines de navires marchands ne manquaient jamais à se moquer éperdument des signaux, même quand ils savaient les lire. Les navires des Indes étaient en train de rentrer également leurs perroquets ; ils avaient la confortable habitude de réduire la voilure à la tombée de la nuit. Heureux de posséder le monopole du commerce oriental, ayant à bord des passagers qui exigeaient tout le luxe possible, ils n'avaient pas besoin de se soucier de la lenteur des traversées et pouvaient veiller à ce que le sommeil de leurs passagers ne courût pas le risque d'être troublé, en cas de changement de temps, par le piétinement et le remue-ménage que provoque toujours la manœuvre des voiles. Quoi qu'il en fût, selon toute apparence, le fait de serrer les perroquets semblait délibérément calculé pour éparpiller encore un peu plus le convoi. Hornblower se demanda comment l'amiral allait réagir et tourna sa lunette vers le *Pluton*.

Comme il s'y attendait, ce dernier se mit à lancer frénétiquement signaux sur signaux, accablant d'instructions les navires des Indes.

— Je parie qu'il voudrait bien pouvoir les faire passer en conseil de guerre, gloussa un aspirant à son camarade.

— Cinq mille livres que ces capitaines-là rapportent de chaque voyage, répondit l'autre. Ils se soucient bien d'un amiral ! Bon Dieu ! A-t-on idée d'être dans la marine de guerre !

Avec la nuit qui venait et le vent qui fraîchissait, il y avait beaucoup de chances pour que le convoi fût dispersé dès les premières heures du voyage. Hornblower commençait à penser que son amiral ne faisait pas très bonne figure. Il aurait fallu à tout prix empêcher le convoi de se disséminer ; dans un service qui n'admettait pas d'excuses, sir Percy Leighton était déjà condamné. Il se demanda ce qu'il aurait fait à la place de l'amiral, et laissa la question sans réponse, se répétant vaguement cette vérité profonde, que la discipline ne dépendait pas du pouvoir de traduire les gens devant un conseil de guerre ; il ne pensait pas qu'il aurait pu faire mieux.

— Le numéro du *Sutherland*, dit l'aspirant des signaux, interrompant sa rêverie. Prenez — position — de nuit.

— Faites aperçu, dit Hornblower.

C'était un ordre facile à exécuter. Sa position de nuit était à un quart de mille au vent du convoi ; en ce moment, il gagnait rapidement sur les bateaux marchands, et aurait bientôt atteint sa position exacte. Il regarda le *Pluton* dépasser les navires des Indes, dans les eaux du *Caligula* ; apparemment l'amiral avait décidé d'utiliser le navire amiral comme trait d'union entre les deux moitiés de son convoi. La nuit tombait rapidement et le vent fraîchissait toujours.

Il essaya de faire les cent pas sur le pont qui tanguait, de façon à rendre un peu de chaleur à son corps grelottant ; avec cette nouvelle période d'attente, son estomac lui redonnait de terribles inquiétudes. Il atteignit la lisse et s'y cramponna tandis qu'il essayait de vaincre sa faiblesse. Gérard, beau, sarcastique et capable, était de tous ses officiers celui devant lequel il redoutait le plus de vomir. La tête lui tournait tant à cause du mal de mer que de la fatigue, et il se disait que si seulement il pouvait s'étendre, il dormirait peut-être, et oublierait en dormant les mouvements douloureux de son estomac. La perspective d'être douillettement installé dans sa couchette, bien au chaud, devint de plus en plus pressante, de plus en plus séduisante.

Hornblower serra les dents et tint bon, jusqu'au moment où il vit, dans le jour qui s'éteignait rapidement, qu'il avait atteint la position désignée. Il se tourna alors vers Gérard.

— Rentrez les perroquets, Gérard.

Il prit l'ardoise et rédigea péniblement, tout en luttant contre son estomac en révolte, les ordres les plus stricts qu'il pût imaginer pour l'officier de quart, lui enjoignant de rester en vue du convoi, et au vent par rapport à lui.

— Voici vos ordres, Gérard, dit-il.

Il prononça le dernier mot en chevrotant et n'entendit pas le « Bien, capitaine » que Gérard lui lança alors qu'il dévalait déjà l'escalier.

Cette fois, vomir fut une torture, car son estomac était complètement vide. Polwheal entra dans la cabine au moment où Hornblower y revenait en titubant ; il l'injuria férocement et l'envoya promener. Il se laissa tomber en travers de sa couchette, et resta là pendant vingt minutes avant de pouvoir faire l'effort de se mettre sur son séant. Il enleva jaquette et manteau, conserva sa chemise, son gilet et sa culotte, et se glissa sous les couvertures en gémissant. Le navire, qui courait vent arrière, tanguait impitoyablement, et toutes les pièces de sa charpente geignaient en un chœur convulsif. Hornblower serrait les dents chaque fois que le navire se soulevait ; sa couchette s'élevait de vingt pieds ou davantage au passage des lames successives, puis plongeait affreusement. Néanmoins, comme il lui était impossible de penser avec suite, sa lassitude eut facilement le dessus ; il avait l'esprit si vide, il était si épuisé, qu'il s'endormit en quelques minutes, en dépit du tangage, du bruit, du mal de mer.

Il dormit si profondément que lorsqu'il s'éveilla, il lui fallut un moment de réflexion avant de savoir où il était. Les mouvements du navire, dont il prit conscience en premier lieu, étaient familiers, et pourtant inattendus. La porte donnant dans sa deuxième cabine était maintenue ouverte par un crochet et laissait entrer un filet de lumière grise, à la faveur duquel il regarda autour de lui en clignant les yeux. Puis, en même temps que lui revenait la mémoire, son estomac se souleva de nouveau. Il se mit debout avec des gestes hésitants, traversa la deuxième cabine en chancelant, et atteignit le pavois de la galerie ; fouetté par le vent, horriblement malheureux, il scruta la mer grise à la première lueur indécise de l'aube. Aucune voile n'était en vue de l'endroit où il se tenait et l'appréhension qu'il en éprouva l'aida à reprendre ses esprits. Il remit jaquette et capot et monta sur le gaillard.

Gérard était de service ; il n'était donc pas encore quatre heures. Hornblower répondit sèchement à son salut par un signe de tête, et regarda la mer grise tachetée de blanc. Dans le gréement, le chant de la brise était aigu ; il n'y avait pas tout à fait assez de brise pour qu'il fût nécessaire de prendre des ris dans les huniers ; le vent soufflait sur l'arrière, chantait aux oreilles de Hornblower, debout sur le gaillard, les mains sur le pavois sculpté. En avant d'eux étaient quatre des navires des Indes, en ligne irrégulière, puis il aperçut le cinquième et le sixième à un mille environ des autres. Du vaisseau amiral, des transports, des ravitailleurs, du *Caligula*, nulle trace. Hornblower prit le porte-voix.

— Ohé du mât ! Voyez-vous quelque chose du vaisseau amiral ?

— Rien, capitaine. Rien en vue nulle part, sauf le convoi des Indes, capitaine.

Et voilà ! pensa Hornblower posant le porte-voix. Un beau début de voyage ! Le renard indiquait que le *Sutherland* avait maintenu fidèlement sa route pendant la nuit et l'ardoise portant les indications du loch faisait état de vitesses de huit et neuf nœuds. Avant peu, Ouessant serait en vue, par ce temps clair ; il avait fait tout son devoir en ne perdant pas de vue les navires des Indes, en les maintenant sur leur route, sous une voilure compatible avec le temps. Il aurait seulement souhaité que ses nausées ne l'empêchassent pas d'être tout à fait sûr qu'il avait fait son devoir, car le sombre abattement que lui valait le mal de mer le remplissait d'appréhension. S'il fallait une victime, ce serait lui, il en était bien sûr. Il mesura la force du vent, et décida qu'il serait peu sage d'augmenter la toile dans l'espoir de rattraper le reste du convoi. Après quoi, étant parvenu à la conclusion satisfaisante qu'il ne pouvait rien faire pour éviter le blâme, si le blâme devait venir, il se sentit de meilleure humeur. La vie en mer lui avait appris à accepter l'inévitable avec philosophie.

La cloche piqua quatre heures et il entendit l'appel du quart en bas. Bush arriva sur le gaillard d'arrière pour relever Gérard. Hornblower sentit sur lui le regard scrutateur de Bush ; il l'ignora et s'enferma dans un silence maussade. Il s'était fait une règle de ne jamais parler sans nécessité, et il en avait été si satisfait qu'il était bien décidé à ne la point transgresser. Il éprouvait un certain plaisir à ne pas prêter attention à Bush, qui ne cessait de lancer vers lui des regards furtifs, inquiets, prêt à répondre comme un bon chien à la première invite de son maître. Puis Hornblower s'avisa qu'il devait avoir l'air bien peu digne : la barbe non faite, les cheveux ébouriffés, le visage d'une pâleur verdâtre. Sa mauvaise humeur lui revint, et il redescendit vers ses appartements.

Dans la cabine, où il s'assit, la tête dans les mains, tout ce qui était accroché ou suspendu se balançait au rythme lent marqué par le craquement de la charpente. Mais tant qu'il ne regardait pas ces objets, il n'était pas trop malade. Quand on aurait reconnu Ouessant, il se coucherait et fermerait les yeux. Polwheal entra, portant un plateau en équilibre avec l'habileté d'un prestidigitateur.

— Déjeuner, capitaine, lança-t-il — puis avec une extraordinaire loquacité : Je ne savais pas que vous étiez levé, capitaine ; pas avant que les bâbordais ne me le disent quand ils sont descendus. Café, capitaine. Pain frais. Le feu de la cuisine est bien clair, capitaine, et je pourrais vous le faire griller en deux temps trois mouvements, si vous le préfériez comme ça ?

Hornblower, soudain pris de soupçons, regarda Polwheal. Celui-ci n'essayait de lui offrir — à l'exception du pain — aucune de ces bonnes choses fraîches qu'il avait fait envoyer à bord ; ni côtelette, ni bifteck, ni tranches de lard grillé, ni aucune des friandises qu'il avait achetées si inconsidérément. Et cependant Polwheal savait qu'il n'avait pas dîné hier et il insistait en général pour le faire manger, et même trop manger. Dans ces conditions, il se demandait pourquoi Polwheal lui offrait un déjeuner français comme celui qu'il apportait. Sous la fixité du regard posé sur lui, le steward perdit un peu de son impassibilité, ce qui confirma les soupçons de Hornblower. Polwheal avait deviné le secret de son capitaine.

— Posez ça là ! fit-il d'une voix rauque, incapable d'en dire plus à ce moment.

Polwheal posa le plateau sur la table, et s'attarda.

— ... Je vous appellerai quand j'aurai besoin de vous ! ajouta Hornblower d'un ton rude.

La tête entre les mains, il rappela tous ses souvenirs de la veille. Il comprenait maintenant que non seulement Polwheal, mais Bush et Gérard — et tout le monde à bord d'ailleurs — savaient qu'il souffrait du mal de mer. De petits détails insignifiants de leur attitude le montraient, maintenant qu'il y réfléchissait. D'abord cette pensée ne fit que l'accabler, et il se remit à geindre. Puis elle l'irrita. Finalement, son sens de l'humour l'emporta et il sourit. L'agréable parfum du café chatouilla alors ses narines. Il le respira, indécis, car il réagissait de deux façons opposées, conscient à la fois de son besoin impérieux de manger et de boire, et de la révolte de son estomac. La faim et la soif l'emportèrent en fin de compte. Il se versa du café et le but à petites gorgées, évitant résolument de regarder tout ce qui balançait dans la cabine. Lorsqu'il sentit dans son estomac la chaleur bienfaisante du breuvage fort et sucré, il se mit machinalement à manger le pain, et ce ne fut pas avant d'avoir fait plat net qu'il commença d'éprouver des inquiétudes quant à la sagesse de son geste. Mais sa chance ne l'abandonna pas, car avant que les nausées ne l'accablent, on frappa à la porte pour lui annoncer que la terre était en vue, et cette nouvelle, en le forçant à agir, lui fit oublier son malaise.

Ouessant n'était pas visible du pont, mais seulement du mât, et Hornblower n'essaya pas de grimper dans le gréement pour l'apercevoir. Debout, fouetté par le vent qui sifflait autour de lui et faisait chanter le gréement, il regardait vers l'est par-delà la mer grise, vers la France au-delà de l'horizon. Ouessant était peut-être, de tous les points de la terre, celui qui occupait le premier plan dans l'histoire navale anglaise. Drake, Blake, Shovel, Rooke, Hawke, Boscawen, Rodney, Jervis et Nelson étaient tous restés là, debout comme lui, à regarder vers l'est. Les trois quarts des navires marchands anglais doublaient Ouessant à l'aller et au retour. Quand il était lieutenant à bord de l'*Infatigable* commandé par Pellew, il avait bataillé pendant maintes journées monotones en vue de l'île, au cours du blocus de Brest. C'était dans ces mêmes eaux que l'*Infatigable* et l'*Amazone* avaient drossé le *Droit-de-l'Homme* dans les brisants, et conduit mille hommes à leur perte. Les détails de ce combat farouche, vieux de treize ans, étaient aussi nets dans sa mémoire que la bataille avec la *Natividad*, vieille de neuf mois seulement ; c'était signe que la vieillesse approchait.

Hornblower secoua cette sombre méditation qui descendait sur lui, et se consacra à la tâche de tracer une nouvelle route vers le cap Finisterre et d'obliger les bâtiments des Indes à la suivre ; la première partie de ce programme était plus facile à exécuter que la seconde. Il fallut une heure de signaux et de coups de canon avant que tous les navires confiés à sa garde eussent répété convenablement ses ordres ; il semblait à Hornblower que les capitaines de ces navires prissent plaisir à le mal comprendre, à l'ignorer et à répéter ses directives avec inexactitude. Le *Lord-Mornington* laissa un signal à mi-drisse pendant dix minutes, comme pour indiquer qu'il n'avait pas compris ; il fallut que le *Sutherland* s'approchât presque à portée de voix — Hornblower bouillant de rage — pour que le *Lord-Mornington* réussisse à libérer les drisses étrivées et à hisser le signal convenablement.

À ce spectacle, Bush eut un petit rire sardonique et fit remarquer à son capitaine que les navires des Indes eux-mêmes étaient aussi mal manœuvrés que les vaisseaux de ligne au début d'un voyage. Mais Hornblower s'éloigna d'un pas courroucé hors de portée de la voix, laissant Bush le regarder avec des yeux ronds. Cet incident ridicule ennuyait Hornblower, à cause de la peur qu'il avait de paraître lui-même ridicule ; mais il eut pour effet de l'empêcher encore un peu plus longtemps de penser au mal de mer. Ce fut seulement après être resté un moment seul à tribord — pendant que Bush donnait les ordres qui ramenèrent le *Sutherland* au vent du convoi — qu'il reprit son calme et recommença d'éprouver des inquiétudes pour son estomac. Il était sur le point de redescendre lorsqu'un cri soudain de Bush lui fit regagner le gaillard d'arrière.

— Le *Walmer-Castle* serre le vent au plus près, capitaine !

Hornblower porta sa lunette à l'œil. Le *Walmer-Castle* était en tête du convoi et le plus éloigné à bâbord. Il était à environ trois milles du *Sutherland* ; il était évident qu'il avait fait demi-tour et qu'il faisait des efforts désespérés pour gagner dans le vent et se rapprocher d'eux.

— Il fait des signaux, capitaine, dit Vincent, mais je ne peux pas les lire. Ça pourrait être le numéro vingt-neuf, mais le vingt-neuf veut dire « cessez le feu ! ». Ça ne peut pas être ça !

— Ohé du mât ! hurla Bush. Que voyez-vous par bâbord avant ?

— Rien, lieutenant.

— Ils ont amené leur signal maintenant, continua Vincent. En voilà un autre ! Numéro onze, capitaine. Ennemi en vue !

— Savage, dit Bush. Prenez votre lunette et grimpez là-haut.

Le second navire de la ligne irrégulière formée par le convoi était venu dans le vent lui aussi. Savage était à mi-hauteur du gréement lorsque la vigie du ton de mât cria :

— Je les vois maintenant, capitaine. Deux lougres, par bâbord avant !

Des lougres au large d'Ouessant ne pouvaient être que des corsaires français. Rapides, faciles à manœuvrer, bondés d'hommes possédant une expérience de la mer qui n'avait d'égale que celle de la marine anglaise, ils étaient prêts à braver n'importe quel danger pour s'emparer d'un navire des Indes plein de belles et bonnes marchandises. Une telle capture ferait de leurs capitaines des hommes riches. Bush, Vincent, tous les officiers du gaillard d'arrière se tournèrent vers Hornblower. S'il lui arrivait de perdre un de ces navires confiés à sa garde, il perdrait du même coup tout le crédit qu'il pouvait avoir à l'Amirauté.

— Tout le monde sur le pont, Bush ! lança Hornblower.

Dans l'excitation de l'action immédiate, il ne pensa pas à l'aspect dramatique de la situation ; il oublia de prendre une attitude, et n'essaya pas d'impressionner ses subordonnés par son calcul. Et il fut d'un seul coup si absorbé par les innombrables problèmes qu'il avait à résoudre, qu'il ne trahit pas le moindre énervement, comme ses officiers purent le constater.

Les bâtiments des Indes portaient tous des canons — le *Lord-Mornington* en avait bel et bien dix-huit sur chaque bord — et pouvaient repousser à longue distance l'attaque d'un petit corsaire. Aussi la tactique des lougres serait-elle de se précipiter le long d'un de ces bâtiments et de l'aborder ; ce n'étaient pas des filets d'abordage défendus par l'équipage d'un navire des Indes qui pourraient contenir cent Français possédés du démon de l'or. Ils manœuvraient déjà de façon à couper la route d'un navire situé au vent du *Sutherland* ; pendant que ce dernier tirerait des bordées, ils pourraient en trois minutes bondir à l'assaut du vaisseau marchand et l'emmener à son nez et à sa barbe. Hornblower ne devait pas permettre à la situation d'évoluer dans ce sens ; mais le convoi était lent, l'équipage du *Sutherland* était novice, et les lougres français viraient de bord comme l'éclair ; de plus, il y en avait deux, et il lui faudrait parer deux attaques à la fois.

Maintenant, on les voyait du pont : leurs deux mâts et leurs voiles sombres apparaissaient sur l'horizon ; ils naviguaient à l'allure du plus près. Leurs voiles carrées étaient lourdes de menaces et, aux yeux de Hornblower, ils représentaient autre chose qu'une silhouette dramatique se détachant sur l'horizon clair. Ils étaient petits et ne portaient pas plus de vingt canons chacun — des petits canons de neuf, d'ailleurs. Une ou deux bordées du *Sutherland* les couleraient, s'ils avaient la sottise de s'approcher à courte portée. Mais ils étaient rapides ; déjà leur coque était visible, et Hornblower apercevait l'écume blanche sous leur étrave, et ils serraient le vent d'au moins un quart plus près que le *Sutherland* pourrait jamais le faire. Chacun d'eux devait avoir au moins cent cinquante hommes à bord, car les corsaires français se souciaient peu du confort de leur équipage ; ce n'était pas nécessaire, d'ailleurs, puisqu'ils se proposaient seulement de bondir hors du port, de capturer un navire, et de rentrer précipitamment à l'abri.

— Dois-je faire sonner le branle-bas de combat, capitaine ? demanda Bush, bien audacieux.

— Non ! répondit Hornblower d'un ton sec. Envoyez les hommes à leur poste et éteignez les feux.

Il n'était pas nécessaire d'abattre les cloisons, de risquer d'abîmer ses affaires personnelles et de mettre le bétail en danger, car il n'y aurait pas de bataille rangée. Mais un boulet pouvait aller se perdre dans le foyer de la cuisine et mettre le feu à tout le navire. Les hommes gagnèrent leur poste — ou plutôt y furent conduits ou poussés, car certains confondaient encore tribord et bâbord —, accompagnés des menaces et des jurons que les gradés leur dispensaient à voix basse.

— Je voudrais voir les canons chargés et en batterie, s'il vous plaît, Bush.

Plus de la moitié des hommes n'avaient jamais vu tirer un coup de canon de leur vie. C'était même la première fois qu'ils entendaient l'étrange, la folle musique des affûts roulant près du bordage. Hornblower ne l'entendit pas sans émotion ; elle lui rappelait tant de souvenirs. Les corsaires ne bronchèrent pas le moins du monde lorsque le *Sutherland* montra ses dents, comme Hornblower, qui les observait attentivement, le constata. Ils poursuivaient régulièrement leur route, naviguant au plus près à la rencontre du convoi. Hornblower fut heureux de constater que leur apparition avait fait plus que tous les ordres qu'il avait donnés pour maintenir groupés les navires marchands. Ils formaient maintenant une masse compacte, et seule la peur avait pu décider chacun de leurs capitaines à naviguer aussi près de ses voisins. Hornblower les voyait installer leurs filets d'abordage et mettre leurs canons en batterie. Ils ne pourraient guère offrir qu'une faible défense, mais le fait qu'ils pussent se défendre, si peu que ce fût, était très important dans l'état actuel des choses. Une bouffée de fumée et une détonation sourde provenant du plus avancé des lougres indiquèrent qu'il avait ouvert le feu ; Hornblower ne vit pas où était tombé le coup ; le drapeau tricolore monta au grand mât de chacun des corsaires, et sur un ordre de Hornblower, le pavillon rouge de la marine royale monta à la corne du *Sutherland*, en réponse à cette impertinente provocation. L'instant d'après, les lougres se rapprochèrent du *Walmer-Castle*, qui était le premier à bâbord, dans l'intention évidente de l'accoster.

— Établissez les perroquets, Bush, ordonna Hornblower. La barre à bâbord ! Rencontrez ! Droite la barre !

Le *Walmer-Castle* s'était replié peureusement et avait presque abordé son voisin de droite qui avait été forcé, lui aussi, de changer la barre. Puis le *Sutherland* arriva comme le vent, à point nommé. Les lougres redressèrent la barre et s'éloignèrent pour éviter la menace de sa bordée ; leur première tentative maladroite avait été repoussée.

— Masquez le grand hunier ! hurla Hornblower.

Il était d'une importance capitale pour lui de conserver sa position favorable au vent du convoi, de façon à pouvoir se précipiter vers le point menacé. Lentement le convoi dépassa le *Sutherland* ; les lougres étaient en avant d'eux. Hornblower les observait attentivement ; des années de pratique lui permettaient de les conserver au centre de sa lunette, malgré les mouvements du pont. Soudain, avec un ensemble parfait, les corsaires firent demi-tour, coururent tribord amures, et se préparèrent à bondir sur le *Lord-Mornington* placé à l'aile droite, comme des chiens à la gorge d'un cerf. Le *Lord-Mornington* dévia de sa route, le *Sutherland* arriva sur lui à toute allure et les lougres virèrent de bord instantanément, mettant de nouveau le cap sur le *Walmer-Castle*.

— Tribord toute ! cria Hornblower.

À son grand soulagement, le *Walmer-Castle* réussit à masquer ses huniers, et le *Sutherland* l'atteignit juste à temps. Il le passa à poupe ; Hornblower aperçut près de la roue son capitaine en redingote bleue de cérémonie, favoris au vent, et sur le pont une demi-douzaine de lascars dansant comme des fous. Les lougres s'éloignèrent, juste hors de portée des canons du *Sutherland*. Des tourbillons de fumée entouraient l'un des autres navires des Indes ; apparemment il avait lâché sa bordée en plein ciel.

— Ils sont en train de gaspiller la poudre par là, capitaine ! s'écria Bush spontanément — mais Hornblower, trop occupé par ses calculs, ne répondit pas.

— Tant qu'ils auront le bon esprit de ne pas s'éparpiller... observa Crystal.

C'était là une considération importante. Si le convoi se divisait, ils ne pourraient pas espérer en défendre les différentes unités. Il n'y avait ni honneur ni gloire à tirer de cette lutte entre un vaisseau de ligne et deux petits corsaires ; s'il les repoussait, le monde n'y attacherait aucune importance, tandis qu'il ne savait que trop quelles clameurs d'indignation s'élèveraient si l'un des navires du convoi était perdu. Il pensa signaler à ses ouailles de se tenir groupées, mais n'en fit rien. Cela ne ferait que les embrouiller et, d'ailleurs, la moitié lirait probablement mal le signal. Il valait mieux se fier à leur instinct de conservation naturel.

De nouveau les corsaires s'étaient effacés dans le lit du vent et louvoyaient juste à l'arrière du *Sutherland*. À les voir ainsi, à voir leur coque fine et noire, leurs mâts très penchés, Hornblower devina qu'ils avaient concerté quelque nouveau plan. Il se tourna vers l'arrière et les observa attentivement. L'instant d'après, le plan se dévoilait. Il vit l'avant du premier s'incliner vers tribord, celui du second vers bâbord. Ils divergeaient et faisaient force de voiles, avec un vent grand largue ; inclinés sous la forte brise, l'eau écumait sous leur étrave et ils semblaient l'image même de la malignité et de la compétence. Dès qu'ils auraient dépassé le *Sutherland*, ils convergeraient à nouveau et attaqueraient les ailes opposées du convoi. Il était peu probable que Hornblower eût le temps de repousser le premier, puis de revenir chasser l'autre.

Un moment, il eut la folle pensée d'essayer d'amener tout le convoi dans le vent à la fois, mais il écarta immédiatement cette idée. Il était probable que les navires se disperseraient, s'ils n'entraient pas en collision, et dans les deux cas, éparpillés ou endommagés, ils seraient une proie facile pour l'ennemi. Tout ce qu'il pouvait faire était d'essayer de s'attaquer successivement aux deux lougres. Cela pouvait paraître sans espoir ; mais il n'y avait rien à gagner à abandonner la seule tactique possible. Il jouerait la partie jusqu'au bout, jusqu'à la dernière seconde.

Il posa sa lunette sur le pont et grimpa sur le pavois, en se tenant aux haubans d'artimon. Tournant la tête d'un côté puis de l'autre, il observa ses ennemis, calcula leurs vitesses respectives, étudia leur direction, le visage tendu sous l'effet d'intense concentration. Le lougre à tribord était légèrement plus rapproché, il arriverait donc le premier au convoi. Hornblower disposerait à peu près d'une minute de plus pour revenir vers l'autre, s'il s'occupait de celui-ci d'abord. Un autre coup d'œil confirma sa décision, et sur cette décision il risqua sa réputation, sans accorder une seule pensée, maintenant qu'il était dans le feu de l'action, à cette réputation qui tant le préoccupait d'ordinaire.

— Tribord deux quarts, dit-il.

— Tribord deux quarts, répéta le timonier.

Le *Sutherland* vira, quitta les eaux du convoi, et marcha de façon à couper la route du lougre de tribord. Pour éviter la pesante bordée qui le menaçait, ce dernier laissa porter en dépendant, s'éloignant de plus en plus à mesure que le *Sutherland* se rapprochait de lui. En vertu de sa vitesse bien supérieure, il gagnait et sur le convoi et sur son poursuivant ; ce dernier, qui s'efforçait de rester entre le corsaire et le convoi, était attiré de plus en plus vers tribord, loin de la position d'où il aurait pu contrarier les projets de l'autre lougre. Hornblower avait conscience de cela, mais c'était un risque qu'il était obligé d'accepter, et il savait désespérément que si les Français jouaient le jeu convenablement, il serait battu. Il ne pourrait jamais chasser le premier lougre assez loin sous le vent pour le rendre inoffensif, et avoir encore assez de temps pour revenir s'occuper de l'autre. Il était déjà dangereusement éloigné, mais il maintenait son cap ; il se trouvait presque au niveau du convoi et du lougre à tribord.

C'est alors qu'il vit l'autre lougre virer pour s'élancer sur le convoi.

— Au bras de vergue, Bush ! appela-t-il. À bâbord toute !

Le *Sutherland* vint dans le vent, en donnant de la bande ; il avait la brise par le travers et portait un peu plus de toile que ne le commandait la prudence. Il semblait dévorer la mer dans sa hâte à rejoindre le convoi qui virait en désordre pour éviter l'attaque de l'étranger. À travers une forêt de mâts et de voiles, Hornblower voyait les voiles noires du corsaire fondre sur le *Walmer-Castle* impuissant ; ce dernier devait obéir lentement à sa barre, ou être mal commandé, car il restait en arrière des autres. Une douzaine de problèmes se présentèrent à la fois à l'esprit de Hornblower, qui fonctionnait comme une machine complexe. Il lui fallait calculer la route du lougre et des six navires marchands et tenir compte des variations qui pourraient résulter du caractère de leur capitaine ; il devait penser à la vitesse du *Sutherland* et à la dérive que lui valait l'abondance de ses voiles. Faire le tour du convoi qui s'éparpillait prendrait trop de temps et lui enlèverait toute chance de surprise. Il donna tranquillement ses ordres au timonier et mit le cap sur l'intervalle qui séparait deux des navires et qui diminuait rapidement. Le *Lord-Mornington* vit le *Sutherland* se précipiter vers lui, il s'écarta comme Hornblower l'avait prévu.

— À vos pièces, là-bas ! hurla-t-il. Lieutenant Gérard ! Tirez une bordée sur le lougre lorsque nous le passerons !

Le *Lord-Mornington* fut dépassé et disparut en un clin d'œil ; après lui venait l'*Europe* : il avait tourné légèrement et se dirigeait en plein sur le *Sutherland* ; l'abordage semblait inévitable.

— La peste soit de cet animal ! rugit Bush. La peste...

Le *Sutherland* avait rasé la proue de l'*Europe* dont le bout-dehors de foc avait presque frôlé les haubans d'artimon du vaisseau de ligne. L'instant d'après, le *Sutherland* avait franchi l'intervalle séparant deux autres navires. Au-delà était le *Walmer-Castle*, et le long de son bord, le lougre, pris complètement au dépourvu devant cette apparition inattendue. Dans le silence qui régnait à bord du *Sutherland*, ils entendirent des coups de feu ; les Français étaient en train de grimper sur le pont élevé du navire des Indes. Lorsqu'il vit le navire à deux ponts se précipiter vers lui comme un bolide, le capitaine français tenta de s'échapper. Hornblower vit le peloton d'abordage sauter dans le lougre et son immense grand-voile s'élever lourdement sous les efforts frénétiques de deux cents bras. Sur quoi le corsaire s'éloigna du *Walmer-Castle* toutes voiles dehors et vint dans le vent comme l'éclair, mais c'était cinq secondes trop tard.

— Coiffez le perroquet de fougue ! dit Hornblower à Bush. Gérard !

Le *Sutherland* s'affermit pour porter un coup écrasant.

— Pointez ! hurla Gérard, fou d'excitation. (Il était près de la section avant du pont principal qui entrerait en action la première). Attendez que vos canons portent. Feu !

Le roulement de la bordée parut à Hornblower durer au moins cinq minutes, tant son esprit était tendu. Les intervalles entre les coups étaient irréguliers et il était certain que quelques-uns des canons avaient tiré avant de porter. De plus, les pièces étaient mal pointées en hauteur, comme en témoignaient les gerbes d'eau en deçà et au-delà du lougre. Néanmoins, certains des coups avaient porté. Hornblower vit voler des éclisses et se rompre des haubans. Deux remous soudains dans la foule sur le pont indiquèrent les endroits où les boulets l'avaient labourée.

La forte brise emportait déjà la fumée de cette bordée irrégulière, si bien que Hornblower ne perdait pas de vue le lougre à cent mètres de là. Celui-ci avait encore une chance de s'échapper. Ses voiles étaient gonflées et il glissait rapidement sur l'eau. Hornblower donna à l'homme de barre les ordres qui devaient embarder le *Sutherland* et faire porter sa bordée. À ce moment, neuf petits panaches de fumée apparurent au flanc du lougre : les Français tiraient avec leurs petites pétoires de neuf livres. Ils ne manquaient pas de cran ! Un bruit musical, telle une note d'orgue, brève, expirante, chanta à l'oreille de Hornblower lorsqu'un boulet passa au-dessus de sa tête, tout près de lui ; un double craquement en bas l'avertit que le *Sutherland* était touché. Son bordage épais devait pouvoir arrêter des boulets de neuf à cette distance.

Il entendit le grondement des affûts lorsque les canons du vaisseau furent remis en batterie et il se pencha sur la lisse.

— Pointez soigneusement ! cria-t-il aux hommes sur le pont principal. Attendez de bien le voir dans vos viseurs.

Les coups partirent par un et par deux sur tout le bord engagé du vaisseau qui embardait. Il n'y avait qu'un seul ancien à chacun des soixante-quatorze canons, et bien que les officiers de la batterie de bâbord eussent envoyé quelques-uns de leurs hommes pour aider à tribord, ils avaient naturellement conservé les bons pointeurs pour le cas où les canons de bâbord seraient appelés à intervenir inopinément. Et il ne restait pas à bord soixante-quatorze pointeurs de l'ancien équipage de la *Lydia* ; Hornblower se souvenait des difficultés qu'il avait éprouvées à établir le rôle de manœuvre !

— Bouchez les lumières ! cria Gérard ; puis il hurla d'une voix délirante : il dégringole ! Bien joué, les gars !

Le grand mât du lougre, avec grand-voile, mât de hune, haubans et tout le reste, s'inclinait sur le côté. Il parut rester en cette position pendant un long moment, avant de s'abattre d'un seul coup. Même alors un unique coup de feu, parti du canon le plus en arrière, proclama le défi des Français. Hornblower s'en retourna vers le timonier pour lui donner les ordres qui allaient amener le *Sutherland* à portée de pistolet, et compléter la destruction du petit bateau. Il bouillait d'énervement. Il se rappela son devoir juste à temps ; il était en train de donner à l'autre lougre le temps de s'infiltrer dans le convoi, et chaque seconde comptait. Il constata son énervement comme un phénomène curieux et intéressant tout en donnant les ordres qui amenèrent le *Sutherland* à changer ses amures. Comme il s'éloignait, ses vergues en croix, un long cri de défi monta du lougre qui dansait follement sur la mer houleuse ; sa coque noire le faisait ressembler à un dytique estropié. Quelqu'un agitait un drapeau tricolore sur le pont.

— Au revoir, monsieur le Crapaud ! fit Bush. Vous avez une fameuse journée de travail devant vous avant de revoir Brest !

Toutes voiles dehors, le *Sutherland* fendait l'eau en direction du convoi qui avait viré et louvoyait vers lui, poursuivi par l'autre lougre comme un troupeau de moutons par un chien. À la vue du *Sutherland* qui fonçait vers lui, le corsaire prit le large à nouveau. Entêté, il tourna pour se précipiter vers le *Walmer-Castle* — en naviguant loin du *Sutherland*, comme toujours — mais Hornblower fit virer son navire et le *Walmer-Castle* se dirigea précipitamment vers lui pour chercher protection. Il était relativement facile, même avec un vaisseau aussi peu maniable que le *Sutherland*, de parer les attaques d'un seul ennemi. Après quelques minutes, le Français le comprit et s'en alla aider sa conserve désemparée.

Hornblower vit la grande voile à bourcet venir dans le vent et se gonfler, et le lougre s'inclina sur la lame en remontant la brise ; déjà le corsaire démâté n'était plus visible du gaillard. Ce fut un soulagement que de voir le Français s'éloigner. Si c'était lui qui l'avait commandé, il aurait laissé l'autre se débrouiller tout seul et n'aurait pas lâché le convoi avant la nuit, et il est bien probable que dans l'obscurité il aurait pu s'emparer d'un traînard.

— Vous pouvez assujettir les canons, Bush, dit-il enfin.

Quelqu'un se mit à pousser des vivats sur le pont principal, et tout l'équipage reprit en chœur. Ils agitaient leurs bras et leurs chapeaux comme si on venait de gagner un autre Trafalgar.

— Cessez ce bruit ! hurla Hornblower avec irritation. Lieutenant Bush, envoyez-moi les hommes à l'arrière.

Ils vinrent tous, excités, grimaçants, jouant et se poussant comme des écoliers ; le plus bleu d'entre eux avait oublié son mal de mer dans l'excitation de la bataille. Le sang de Hornblower ne fit qu'un tour lorsqu'il les regarda, ces pauvres imbéciles.

— En voilà assez ! dit-il sèchement. Qu'est-ce que vous avez fait ? Vous avez fait peur à une paire de lougres pas beaucoup plus gros que notre chaloupe ! Deux bordées d'un vaisseau de soixante-quatorze, et vous êtes contents de vous parce que vous avez cassé un misérable espar ? Bon Dieu ! vous auriez dû faire disparaître ces Français de la surface de l'eau ! Deux bordées ! Vous n'êtes que de pauvres gamins. Il faudra pointer vos canons mieux que ça quand on se battra vraiment, et nous veillerons, le fouet et moi, à ce que vous appreniez. Et pour ce qui est de la manœuvre des voiles, j'ai vu des moricauds portugais faire bien mieux !

On ne peut nier que des paroles prononcées avec conviction font plus d'effet que tous les artifices de rhétorique. La colère véritable de Hornblower et sa sincérité avaient fait grande impression, tant il avait été bouleversé de voir un travail si mal fait, si saboté. Les hommes baissaient la tête et dansaient d'un pied sur l'autre, mal à leur aise : ils comprenaient maintenant que ce qu'ils avaient fait n'était pas si époustouflant. Et pour leur rendre justice, la moitié de leur gaieté provenait du fol enthousiasme qu'ils avaient éprouvé à voir le *Sutherland* traverser le convoi toutes voiles dehors au risque d'aborder les navires tout proches. Plus tard, quand ils raconteraient l'histoire merveilleuse de leurs voyages passés, ils embelliraient cet épisode au point d'affirmer que Hornblower avait, par une tempête furieuse, traversé avec un vaisseau à deux ponts, une flotte de deux cents navires naviguant à bord opposé.

— Vous pouvez siffler, en bas tout le monde, Bush, conclut Hornblower. Et quand les hommes auront déjeuné, vous irez les exercer dans la mâture.

Il éprouvait maintenant la réaction de son énervement, et il aspirait à retrouver la solitude de sa galerie de poupe. Mais Walsh le médecin s'avança, monta sur le gaillard en trottinant et toucha son chapeau.

— Rapport du médecin, capitaine, dit-il. Un premier maître tué. Pas d'officiers ni d'hommes blessés.

— Tué ? répéta Hornblower, dont la figure s'allongea. Qui est tué ?

— John Hart, aspirant, répondit Walsh.

Hart s'était révélé un marin plein de promesses, à bord de la *Lydia*, et c'était Hornblower lui-même qui l'avait nommé aspirant et avait obtenu son brevet.

— Tué ! répéta Hornblower.

— Je peux le porter comme étant mortellement blessé, capitaine, si vous préférez, dit Walsh. Il a perdu une jambe lorsqu'un boulet a pénétré dans le pont inférieur par le sabord numéro onze. Il vivait encore quand ils l'ont descendu dans le poste, mais il est mort une minute plus tard. Artère poplitée.

Walsh était nouveau, et n'avait donc jamais servi sous les ordres de Hornblower. Sans cela il ne se serait pas risqué à donner ces détails professionnels avec un plaisir si évident.

— Fichez-moi le camp, nom de Dieu ! fit Hornblower entre ses dents.

L'espoir qu'il avait d'être seul était maintenant ruiné. Plus tard, dans la journée, il faudrait procéder à l'immersion, avec pavillon en berne et vergues apiquées. Tout cela était désagréable en soi. Et puis, c'était Hart qui était mort, un grand garçon dégingandé au large sourire si plaisant. Cette pensée lui enleva tout le plaisir que lui avaient procuré les exploits de la matinée. Bush était sur le gaillard, souriant, heureux à la pensée de ce qu'on avait fait le matin, et à la perspective des quatre bonnes heures d'exercice dans la mâture. Il aurait aimé bavarder, et Gérard, qui était là aussi, aurait bien voulu parler du tir de ses chers canons. Hornblower leur lança un regard furibond, comme s'il les défiait de lui adresser un seul mot ; mais il y avait des années qu'ils étaient sous ses ordres ; ils ne s'y risquèrent pas.

Il fit demi-tour et descendit ; les bâtiments du convoi envoyaient des signaux, le genre de signaux de félicitations stupides que l'on pouvait attendre d'un navire des Indes, la moitié d'entre eux erronés, probablement. Il pouvait se fier à Bush pour répondre « non compris » jusqu'à ce que ces imbéciles les transmettent correctement, puis pour faire aperçu, sans plus. Il ne voulait plus entendre parler d'eux, ni de personne d'autre. Dans un monde qu'il haïssait, la seule parcelle de réconfort était qu'avec la brise en poupe et le convoi sous le vent, il serait tranquille dans sa galerie, à l'abri même des lunettes curieuses braquées depuis les autres navires.

VII

DIMANCHE MATIN

Hornblower tira une dernière bouffée de son cigare lorsqu'il entendit les tambours battre le rassemblement. La tête rejetée en arrière, il vida ses poumons en soufflant une bouffée de fumée ; il se tenait sous la voûte formant le plafond de la galerie de poupe et regardait le ciel bleu et serein, puis l'eau bleue à ses pieds, et l'écume d'un blanc étincelant qui refluait de sous la voûte d'arcasse et se mêlait au sillage du *Sutherland*. Au-dessus, il entendait le pas rythmé des soldats de l'infanterie de marine qui se mettaient en ligne sur la dunette ; puis, pendant quelques secondes, un glissement de lourdes chaussures, lorsqu'ils rectifièrent leur alignement sur un ordre de leur capitaine. Le bruit de centaines de pieds nus marchant à pas précipités faisait un accompagnement en sourdine : c'était l'équipage qui se formait en compagnies autour des ponts. Quand tout fut redevenu silencieux, Hornblower lança son cigare par-dessus bord, rajusta sa tunique de parade d'un mouvement sec, vérifia la position de son bicorne, et, la main gauche sur la garde de son épée, il marcha avec dignité vers le demi-pont, monta l'escalier des cabines et gagna le gaillard d'arrière. Bush, Crystal et les aspirants de quart s'y trouvaient. Ils le saluèrent, et de plus loin vers l'arrière lui parvint le clic-clac-clic de l'infanterie de marine qui présentait les armes.

Hornblower regarda autour de lui sans hâte ; ce dimanche matin, ses fonctions l'obligeaient à passer la revue du navire, et il pouvait en profiter pour boire des yeux toute la beauté, tout l'art de la scène. Au-dessus de lui, les pyramides de toile blanche décrivaient lentement leurs orbes sur le ciel bleu, au léger roulis du navire. Les ponts étaient blancs comme neige — Bush était parvenu à ce résultat après dix jours d'un dur labeur — et l'ordre rigoureux qui règne à bord d'un vaisseau de guerre était encore plus rigoureux, ce matin d'inspection hebdomadaire. Les paupières à demi baissées, Hornblower scruta du regard l'équipage rangé en longues files simples tout le long des passavants et sur le pont principal. Ils se tenaient immobiles et étaient assez chic, avec leurs maillots et leurs pantalons de coutil blanc. C'était leur air qu'il voulait étudier, et il pouvait faire cela beaucoup mieux du gaillard, par un regard circulaire, que de tout près au fil de l'inspection. Il pouvait y avoir une petite pointe d'insolence dans la façon dont un équipage indocile se tenait au garde-à-vous, ou une certaine lassitude si les hommes étaient découragés. Hornblower ne percevait aujourd'hui ni insolence ni lassitude, et il s'en félicitait.

Dix jours de travail pénible, d'exercices constants, de surveillance vigilante, de justice tempérée de bonne humeur avaient contribué à mettre les hommes sérieusement au travail. Il avait dû, trois jours plus tôt, faire passer cinq récalcitrants au fouet et il s'était forcé à rester là, apparemment impassible, tandis que le sifflement et le claquement du chat à neuf queues lui retournaient l'estomac. L'une de ces corrections ferait peut-être un petit peu de bien à celui qui l'avait reçue, un ancien qui paraissait avoir oublié ce qu'il avait appris et qui avait besoin qu'on le lui rappelle énergiquement. Mais les quatre autres châtiments seraient sans effet sur les hommes dont le dos avait souvent été lacéré ; ils ne feraient jamais de bons marins et n'étaient que des brutes : du moins ce traitement barbare ne pouvait-il pas les rendre pires ; il les avait offerts en sacrifice, pour ainsi dire, afin de montrer aux fougueux et aux indisciplinés ce qui arrivait lorsqu'on n'obéissait pas aux ordres ; seule une démonstration concrète frappait l'imagination de ces sujets sans instruction ni éducation. Mais il ne fallait appliquer ce remède qu'avec une extrême prudence : ni trop, ni trop peu ; tandis que son regard embrassait tout l'équipage, il eut l'impression qu'il avait eu la main heureuse.

Il jeta encore un regard circulaire pour jouir de toute la beauté de la scène : le bon ordre du navire, les voiles blanches, le ciel bleu, les uniformes écarlates et l'équipement bien astiqué de l'infanterie de marine, les uniformes bleu et or des officiers ; et il y avait un art consommé dans l'agencement subtil des signes témoignant qu'en dépit de la revue, le navire continuait à vivre d'une vie réelle, palpitante. Alors que plus de quatre cents hommes se tenaient au garde-à-vous, prêts à exécuter le moindre de ses ordres, le quartier-maître à la roue concentrait son attention sur l'habitacle sans un regard vers les ponts ; et la vigie au haut du mât, l'officier de quart avec sa lunette témoignaient éloquemment que le vaisseau devait continuer sa route quelles que fussent les circonstances, et que le service du roi devait être assuré.

Hornblower s'avança et commença son inspection. Il parcourut les quatre rangées de fusiliers marins, mais sans prêter attention à quoi que ce fût, bien que son regard examinât machinalement les hommes. On pouvait faire confiance au capitaine Morris et à ses sergents pour s'occuper de détails tels que le nettoyage des ceinturons au blanc de terre à pipe, ou l'astiquage des boutons. On pouvait exercer et discipliner des soldats au point d'en faire des machines, ce n'était pas possible avec des marins. Il n'avait pas besoin de s'occuper des fusiliers marins, et ils ne l'intéressaient pas ; après dix jours, c'est à peine s'il connaissait le visage et le nom de six d'entre eux, sur les quatre-vingt-dix qui étaient à bord.

Il arriva aux files de matelots ; chaque officier se tenait au garde-à-vous devant sa compagnie. Hornblower sentit soudain son intérêt éveillé. Les hommes en coutil blanc étaient nets, et assez pimpants. Il se demanda combien d'entre eux savaient que le coût de leur uniforme était déduit de la maigre solde qu'ils touchaient lorsqu'on les débarquait. Certains des nouveaux avaient des coups de soleil épouvantables, résultat d'une exposition imprudente au cagnard, le jour précédent. Un grand gaillard blond n'avait plus de peau sur les avant-bras, le cou et le front. Hornblower le reconnut comme étant Waites, condamné par les assises d'Exeter pour avoir volé des moutons, ce qui expliquait les coups de soleil, car sa peau était devenue blanche et tendre pendant les mois d'emprisonnement qui avaient précédé le jugement. Les parties à nu devaient le faire souffrir horriblement.

— Vous veillerez à ce que Waites, dit Hornblower au

premier maître de la compagnie, aille à la visite cet après-midi. Il faudra lui donner de la graisse d'oie pour ses brûlures, et les lotions que prescrira le médecin.

— Bien, capitaine, fit le premier maître.

Hornblower continua son inspection, examinant chaque homme attentivement ; certains visages lui étaient familiers ; sur d'autres il lui était encore difficile de mettre un nom : visages étudiés deux ans plus tôt, à bord de la *Lydia*, dans ce lointain Pacifique, visages aperçus pour la première fois lorsque Gérard avait ramené de Saint-Yves sa cargaison de captifs ahuris ; visages basanés et visages pâles, visages d'enfants et visages d'hommes faits, yeux bleus, yeux marron, yeux gris. L'esprit de Hornblower emmagasinait une foule d'impressions légères et ténues qu'il ruminerait plus tard pendant ses promenades solitaires sur la galerie de poupe, et qui serviraient de matière première à l'élaboration des plans destinés à accroître la valeur de son équipage.

« Cet homme-là, ce Simms, se disait-il, devrait être promu chef de la hune d'artimon, il est assez vieux maintenant. Quel est le nom de celui-ci ? Dawson ? Non, Dawkins. Il a l'air de bouder ; il fait partie de l'équipe de Goddard ; on dirait qu'il est encore furieux que Goddard ait reçu le fouet. Il faudra que je me souvienne de ça. »

Le soleil flamboyait, le navire montait et descendait régulièrement à la lame. Hornblower, abandonnant l'équipage, tourna maintenant son attention vers le navire ; il examina les bragues des canons, la façon dont les manœuvres étaient lovées en galette, la propreté des ponts, la cuisine et le gaillard d'avant. Il n'avait besoin que de faire semblant de regarder tout cela : le ciel s'écroulerait avant que Bush ne négligeât ses fonctions. Mais il lui fallait aller jusqu'au bout, avec une apparence de solennité. Les hommes étaient influencés par des considérations curieuses ; ils travailleraient pour Bush d'un meilleur cœur — les pauvres sots ! — s'ils pensaient que leur capitaine surveillait Bush de près ; et ils travailleraient d'un meilleur cœur pour Hornblower s'ils avaient l'impression qu'il inspectait le navire en détail. Cette tâche difficile et ingrate de s'assurer le dévouement des hommes amena un sourire cynique sur les lèvres du capitaine, lorsqu'il pensa qu'on ne le regardait pas.

— Bons résultats, Bush ! dit-il en regagnant le gaillard.

Le navire est en meilleur état que je ne le pensais ; j'espère que ce mieux continuera. Vous pouvez faire sonner la cloche pour l'office.

L'Amirauté, par tradition, craignait Dieu ; c'était pour obéir à ses ordres qu'un service était célébré chaque dimanche matin ; sans cela Hornblower s'en serait dispensé, comme il convenait à un homme qui pratiquait assidûment Gibbon. En fait, il avait réussi à ne pas avoir d'aumônier à bord ; Hornblower détestait les aumôniers. Il regarda les hommes apporter des tabourets pour eux-mêmes, ou des chaises pour les officiers. Ils agissaient avec diligence et bonne humeur, bien qu'ils ne donnassent pas tout à fait cette impression de discipline réfléchie caractéristique des équipages bien amarinés. Brown, le patron de son canot, recouvrit la boussole d'une nappe, sur laquelle il posa, avec la solennité qui convenait, la bible et le livre de prières. Hornblower n'aimait pas ces services religieux ; il était toujours à craindre qu'un membre particulièrement dévot — catholique ou non conformiste — de cette assemblée obligatoire de fidèles n'élevât des objections. La religion était la seule puissance qui pût s'attaquer aux chaînes de la discipline ; Hornblower se rappelait un second de l'officier de navigation, qui était passionné de théologie, et avait un jour protesté parce que Hornblower disait le bénédicité ; comme si lui, le représentant du roi à bord — le représentant de Dieu, en fin de compte — ne pouvait pas dire le bénédicité s'il en avait envie !

Pendant que les hommes s'installaient, il leur lança un regard maussade et commença sa lecture. Mieux valait faire la chose convenablement puisqu'on ne pouvait l'éviter ; et comme toujours, tandis qu'il lisait, il fut frappé par la beauté de la prose de Cranmer, et par l'habileté de son adaptation. Cranmer avait péri sur le bûcher, deux cent cinquante ans plus tôt ; est-ce que ça lui servait à quelque chose qu'on lise maintenant son livre de prières ?

Bush lut les leçons d'une voix monocorde et tonitruante, comme s'il hélait la hune de misaine. Puis Hornblower lut les premiers vers de l'hymne, et Sullivan le violoneux joua les premières mesures. Bush donna le signal pour le chant. Hornblower n'avait jamais pu se décider à le faire ; il se disait qu'il n'était ni un saltimbanque, ni un chef d'orchestre d'opéra italien ; les hommes se mirent à chanter à gorge déployée.

Mais un capitaine ne perdait pas tout à fait son temps à écouter ces hymnes. La façon dont les hommes chantaient lui en disait long sur leur moral. Ce matin, soit que l'hymne choisie fût particulièrement populaire, soit que l'équipage fût heureux sous ce soleil matinal, les hommes chantaient à qui mieux mieux, accompagnés par Sullivan qui raclait son violon avec extase. Les Cornouaillais connaissaient bien cette hymne apparemment ; ils s'y donnaient avec ardeur et chantaient à plusieurs parties pour tempérer d'un peu d'harmonie les beuglements discordants de leurs camarades. Hornblower ne sentait rien de tout cela ; il n'avait aucune oreille, et pour lui un air en valait un autre ; la plus belle musique n'était à son avis qu'un bruit à peu près comparable au roulement d'une voiture sur une route gravelée. Tandis qu'il écoutait ce vacarme vide de sens et regardait ces centaines de bouches grandes ouvertes, il se demanda une fois de plus si cette légende de la musique reposait ou non sur des faits, s'il y avait des gens qui entendaient vraiment autre chose que du bruit, ou s'il était le seul à bord à ne pas se rendre coupable d'une illusion volontaire.

À ce moment, il aperçut un mousse au premier rang : pour lui du moins l'hymne avait un sens. Il se tenait tout raide et essayait de cacher son émotion, mais il pleurait, le cœur navré, et de grosses larmes coulaient sur ses joues, et son nez était enchifrené. Le pauvre gosse avait été bouleversé pour une raison ou pour une autre ; quelque chose avait fait naître en lui une chaîne de souvenirs. La dernière fois qu'il avait entendu cette hymne, il était peut-être à l'église de son village, entre sa mère et ses frères. Maintenant, il avait le cœur brisé, il souffrait du mal du pays. Hornblower fut heureux pour ce gosse comme pour lui-même, lorsque l'hymne s'acheva : la cérémonie suivante allait remettre l'enfant d'aplomb.

Il prit le Code de justice maritime, et commença à en lire les articles, comme les lords de l'Amirauté avaient ordonné qu'il fût fait chaque dimanche à bord de chacun des navires de Sa Majesté britannique. C'était la cinq centième fois qu'il les lisait et il connaissait par cœur ces phrases solennelles ; il en connaissait chaque cadence, chaque tour, et il les lisait bien. Ceci était autre chose qu'un vague service religieux, ou que les trente-neuf articles[1]. C'était un code en bonne et due forme, un appel sévère et dépourvu de toute émotion au devoir pur et simple. Quelque employé de l'Amirauté ou quelque homme de loi de bas étage avait eu là un bonheur d'expression aussi remarquable que celui de Cranmer. Il n'y avait pas de coup de trompette, pas de boniment ni d'appel verbeux au sentiment ; il y avait simplement la froide logique du code qui maintenait la marine britannique en mer, et qui sauvegardait l'Angleterre depuis les dix-sept années qu'elle luttait pour son existence. Pendant qu'il lisait, il comprit, au silence de mort qui s'établit, qu'il avait capté l'attention de ses auditeurs, et lorsqu'il eut replié le papier, il leva les yeux et vit des visages solennels, aux traits rigides. Le petit mousse au premier rang avait oublié ses larmes. Son regard était perdu dans le vague ; il était certainement en train de prendre la résolution de s'acquitter plus rigoureusement de ses fonctions à l'avenir. Ou peut-être faisait-il des rêves fous, peut-être pensait-il aux temps à venir qui le verraient capitaine, en tunique chamarrée d'or, commandant un navire de soixante-quatorze canons, ou aux actions héroïques qu'il accomplirait.

Dans un soudain revirement de sentiments, Hornblower se demanda si ces pensées élevées cuirasseraient l'enfant contre les boulets de canon ; il se rappelait un autre mousse, qu'un boulet de la *Natividad* avait réduit en une bouillie sanglante.

1. Les Articles de religion de l'Église anglicane. *(N.d.T.)*

VIII

AU REVOIR ET MERCI !

Ce même dimanche après-midi, Hornblower arpentait le gaillard ; le problème qu'il avait à résoudre était si difficile qu'il avait quitté sa galerie de poupe ; il devait baisser la tête, et cela l'empêchait de marcher assez vite pour que les idées lui viennent. Les officiers sur le gaillard, comprenant son humeur, restaient prudemment sur le bord sous le vent, abandonnant à Hornblower tout le côté au vent, soit environ trente mètres en comprenant le passavant. Il faisait les cent pas inlassablement, s'efforçant de rassembler tout son courage pour prendre enfin la décision qu'il brûlait de prendre. Le *Sutherland* glissait lentement sur les eaux, avec une brise d'ouest sur son travers ; le convoi était groupé à quelques encablures sous le vent.

Gérard ferma sa lunette avec un bruit sec.

— Une barque quitte le *Lord-Mornington* et vient vers nous, capitaine, dit-il.

Il voulait prévenir son capitaine de la venue des visiteurs, afin qu'il pût, s'il le jugeait bon, s'enfermer dans sa cabine et ne recevoir personne ; mais il savait, tout comme Hornblower, qu'il était peut-être peu sage pour un capitaine d'agir trop cavalièrement envers les notabilités du convoi des Indes.

Hornblower observait la barque qui s'avançait lentement vers eux, tel un scarabée. Dix jours d'un vent de nord-est, grand frais, avaient amené rapidement le convoi à la latitude de l'Afrique du Nord où il devait l'abandonner à son sort, et avaient empêché tout contact et toute visite de bateau à bateau jusqu'à la veille. Hier, il y avait eu pas mal d'allées et venues entre les navires du convoi, et il était tout naturel qu'il reçût aujourd'hui des visites officielles auxquelles il ne pouvait guère se dérober. Dans deux heures, il quitterait le convoi, la corvée serait de courte durée.

Le canot accosta et Hornblower s'avança pour accueillir ses deux hôtes : le capitaine Osborn, du *Lord-Mornington*, en redingote de cérémonie, et un autre personnage, grand et anguleux, en civil, mais également en tenue de cérémonie, décoré de l'Ordre du Bain.

— Bonjour, capitaine, dit Osborn. Je désire vous présenter à lord Eastlake, gouverneur désigné de Bombay.

Hornblower s'inclina ; lord Eastlake aussi.

— Je suis venu, capitaine Hornblower, commença lord Eastlake en toussotant, vous prier d'accepter, pour votre équipage, cette bourse de quatre cents guinées. Cette somme a été souscrite par les passagers du convoi des Indes en reconnaissance de l'habileté et du courage dont a fait preuve le *Sutherland* pendant son engagement avec les deux corsaires français au large d'Ouessant.

— Au nom de tout mon équipage, je remercie Votre Grâce, dit Hornblower.

C'était un très beau geste, et en prenant la bourse, il eut un peu l'impression d'être un judas, étant donné les intentions qu'il nourrissait à l'égard du convoi.

— Et moi, ajouta Osborn, je suis chargé de vous inviter très cordialement, vous et votre premier lieutenant, à dîner avec nous à bord du *Lord-Mornington*.

En entendant ces mots, Hornblower secoua la tête d'un air désolé.

— Nous nous séparons dans deux heures, dit-il. J'étais sur le point de vous le faire savoir par signaux. Je suis profondément navré de devoir refuser.

— Nous en serons tous désolés à bord du *Lord-Mornington*, reprit lord Eastlake. Ces dix jours de mauvais temps nous ont privés du plaisir de recevoir aucun des officiers de la marine royale. Ne peut-on vous amener à modifier votre décision ?

— C'est le voyage le plus rapide que j'aie jamais fait dans cette région, dit Osborn. Je commence même à le regretter, puisque cela semble devoir nous priver du plaisir de votre compagnie.

— Je suis au service du roi, Votre Grâce, et les instructions de l'amiral sont absolument formelles.

C'était là une excuse que le gouverneur désigné de Bombay ne pouvait discuter.

— Je comprends, dit-il. Du moins puis-je avoir le plaisir de faire la connaissance de vos officiers ?

C'était là encore un beau geste ; Hornblower les appela et les présenta un à un ; Bush aux mains calleuses, Gérard élégant et beau, le capitaine Morris, de l'infanterie de marine, et ses deux sous-lieutenants empotés, les autres lieutenants et l'officier de navigation, tous, jusqu'au plus jeune aspirant, ravis et un peu gênés d'être présentés à un lord.

Enfin lord Eastlake se prépara à partir.

— Au revoir, capitaine, dit-il en tendant la main. Je vous souhaite un heureux séjour en Méditerranée.

— Merci, Votre Grâce. Je vous souhaite un bon voyage jusqu'à Bombay et j'espère que votre mandat sera placé sous le signe d'événements heureux et marquants.

Hornblower soupesa la bourse, un petit sac en toile brodé auquel de jolies mains avaient dû travailler ferme ces derniers jours. Il sentait le poids de l'or, et sous ses doigts les billets crissaient. Il aurait bien aimé traiter cet argent comme argent de prise, et en prendre sa part ; mais il savait qu'il ne pouvait accepter de récompense de cette sorte de la part des civils. Quoi qu'il en fût, il fallait que son équipage témoignât toute sa reconnaissance.

— Bush ! dit-il lorsque le canot quitta son bord. Du monde sur les vergues, et que les hommes poussent trois hourras !

Lord Eastlake et le capitaine Osborn montrèrent qu'ils appréciaient cette courtoisie ; Hornblower regarda leur bateau qui s'éloignait lentement en direction du *Lord-Mornington*. Quatre cents guinées ! C'était une grosse somme, mais il n'allait pas se laisser acheter pour quatre cents guinées. Ce fut à cet instant précis qu'il prit sa décision, après vingt-quatre heures d'hésitation. Il allait montrer à ce convoi des Indes combien le capitaine Hornblower était indépendant.

— Rayner, dit-il. Sortez la chaloupe et le grand canot. Mettez la barre dessus et laissez porter sous le vent du convoi. Je veux que nos canots soient à la mer pour quand nous attendrons le convoi. Lieutenant Bush, lieutenant Gérard, accordez-moi votre attention, s'il vous plaît.

Hornblower donna ses ordres brièvement, au milieu de la précipitation et de l'agitation des hommes qui halaient par grappes sur les manœuvres et faisaient virer le navire lof pour lof. Pour une fois dans sa vie, Bush se risqua à soulever une objection lorsqu'il comprit ce que Hornblower avait en tête.

— Ce sont des navires de la Compagnie des Indes, capitaine... hasarda-t-il.

— La chose ne m'avait pas échappé, figurez-vous, répondit Hornblower avec une ironie calculée.

Il connaissait parfaitement le risque qu'il courait à enlever des hommes aux navires de la Compagnie : il offenserait la plus puissante association d'Angleterre, en même temps qu'il contreviendrait aux ordres de l'Amirauté. Mais il avait besoin de ces hommes, il en avait terriblement besoin, et les navires auxquels il allait les enlever ne toucheraient pas terre avant Sainte-Hélène. Trois ou quatre mois se passeraient avant qu'une protestation ne parvienne en Europe, et six mois avant qu'un blâme ne l'atteigne en Méditerranée. Il était probable qu'on ne punirait pas avec une extrême sévérité un crime vieux de six mois ; d'ailleurs, dans six mois, il serait peut-être mort.

— Donnez à vos équipages des sabres d'abordage et des pistolets, dit-il, rien que pour montrer que je ne plaisante pas. Je veux vingt hommes de chaque navire.

— Vingt ! s'exclama Bush, bâillant d'admiration — c'était vraiment bafouer la loi sur une grande échelle.

— Vingt de chaque. Et attention, je ne veux que des Blancs. Pas de lascars. Et rien que de bons marins, des hommes qui sachent serrer une voile, prendre un ris et tenir la barre. Tâchez aussi de mettre la main sur leurs canonniers, et ramenez-les. Quelques bons artilleurs de plus ne vous gêneraient pas, Gérard ?

— Bon Dieu non, capitaine !

— Très bien.

Hornblower s'éloigna. Il avait pris cette décision tout seul, et il ne tenait pas à la discuter davantage. Le *Sutherland* avait laissé porter sur le convoi. La chaloupe fut mise à l'eau, puis le grand canot, et tous deux firent force de rames en direction des navires rassemblés, tandis que le *Sutherland* s'éloignait un peu plus sous le vent pour attendre leur retour, en panne, le grand hunier serré au mât. Dans sa lunette, Hornblower vit le scintillement de l'acier, lorsque Gérard monta sur le pont du *Lord-Mornington* avec son peloton d'abordage : il étalait ses forces, de façon à en imposer et à écarter toute pensée de résistance. Hornblower bouillait d'inquiétude, et il lui fallait faire un très gros effort pour ne pas le laisser paraître. Il ferma sa lunette d'un coup sec et recommença d'arpenter le pont.

— Un canot du *Lord-Mornington* vient vers nous, capitaine, signala Rayner, qui était aussi agité que son capitaine, et le montrait bien plus.

— Très bien, dit Hornblower en ayant soin de paraître indifférent.

C'était un soulagement. Si Osborn avait opposé à Gérard un refus catégorique, s'il avait appelé ses hommes aux armes et avait résisté, cela aurait pu faire naître une situation très désagréable. Si Gérard avait tenté d'imposer par la force ses exigences illégales, et que quelqu'un eût été tué dans la bagarre, un tribunal aurait pu considérer cela comme un meurtre. Mais Hornblower avait pensé qu'Osborn serait pris complètement au dépourvu lorsque le peloton d'abordage arriverait sur son pont, et qu'il ne pourrait offrir aucune résistance véritable. La preuve était faite maintenant que Hornblower avait eu raison ; Osborn envoyait une protestation, et Hornblower était prêt à recevoir toutes les protestations qu'on voulait, d'autant que les autres navires du convoi se contenteraient de suivre l'exemple de leur commodore, et que l'on aurait tout le temps de les soulager de leurs hommes pendant que se feraient les protestations.

Ce fut Osborn lui-même qui franchit la coupée ; la rage et l'affront fait à sa dignité le rendaient écarlate.

— Capitaine Hornblower ! s'emporta-t-il en posant le pied sur le pont. C'est une indignité ! Je proteste avec la dernière énergie, monsieur. En ce moment même, votre lieutenant est en train de passer mon équipage en revue pour me prendre des hommes de force.

— Il agit sur mon ordre, monsieur, dit Hornblower.

— J'ai eu peine à le croire lorsqu'il me l'a fait savoir.

Vous rendez-vous compte, monsieur, que ce que vous avez l'intention de faire est contraire à la loi ? C'est une violation flagrante des ordres de l'Amirauté. C'est un véritable outrage, monsieur. Les navires de l'Honorable Compagnie des Indes orientales sont à l'abri du droit de réquisition, et moi, en qualité de commodore, je protesterai jusqu'à mon dernier souffle contre toute infraction à la loi.

— Je serai heureux de recevoir votre protestation lorsque vous me l'adresserez, monsieur.

— Mais... mais... bégaya Osborn. Je vous l'ai adressée. J'ai *fait* ma protestation, monsieur.

— Oh ! je comprends, fit Hornblower. Je pensais que vos réflexions précédentes n'étaient que prélude à cette protestation.

— Pas du tout ! (Osborn jetait feu et flammes, son grand corps bedonnant dansait presque sur le pont). J'ai protesté, monsieur, et je continuerai à protester. J'attirerai sur cet outrage l'attention des plus hauts personnages d'Angleterre. Je reviendrai du bout du monde, et avec joie, monsieur, pour assister à votre passage en conseil de guerre. Je n'aurai de cesse, je mettrai tout en œuvre, j'userai de tout mon pouvoir pour voir ce crime puni comme il le mérite. Non seulement je vous ferai casser, monsieur, mais je vous ferai payer des dommages-intérêts.

— Mais, capitaine Osborn... commença Hornblower, changeant de ton juste à temps pour retarder le départ dramatique qu'Osborn s'apprêtait à faire.

Du coin de l'œil, il avait vu les deux canots du *Sutherland* se diriger vers deux autres victimes, après avoir vraisemblablement débarrassé les deux premiers navires de toutes les recrues possibles. Lorsque Hornblower commença à laisser entrevoir la possibilité d'un changement d'attitude de sa part, Osborn perdit rapidement sa mauvaise humeur.

— Si vous rendez les hommes, monsieur, je retirerai avec joie tout ce que j'ai dit, fit Osborn. On ne parlera plus de cet incident, je vous le promets.

— Mais ne m'autoriserez-vous pas à demander des volontaires parmi vos équipages, capitaine ? plaida Hornblower. Il peut s'y trouver quelques hommes qui aimeraient s'engager dans la marine royale.

— Eh bien... oui, je veux même bien accepter cela.

Comme vous le dites, il peut se trouver parmi ces gens quelques caractères aventureux...

C'était extrêmement généreux de la part d'Osborn, bien qu'il ne courût pas grand risque à supposer que peu d'hommes de ses équipages seraient assez sots pour échanger le confort relatif de leur vie à bord des bâtiments de la Compagnie pour les rigueurs du service dans la marine royale.

— Votre habileté a été si admirable, lors de cette affaire des corsaires, qu'il m'est difficile de vous refuser quelque chose, expliqua Osborn d'un ton pacifique.

Les canots du *Sutherland* accostaient maintenant les deux derniers navires du convoi.

— C'est très aimable de votre part, monsieur, répondit Hornblower en s'inclinant. Puisqu'il en est ainsi, permettez-moi de vous reconduire à votre yole. Je vais rappeler mes canots. Puisqu'ils auront demandé d'abord les volontaires, nous pouvons compter que tous les volontaires seront dans les canots et je vous renverrai les autres. Merci, capitaine Osborn, merci.

Il accompagna son hôte à la coupée et retourna sur le gaillard. Rayner le regardait avec étonnement, s'expliquant mal cette volte-face soudaine, et cela l'amusait beaucoup, car bientôt Rayner serait encore bien plus étonné. Le grand canot et la chaloupe, tous deux portant autant d'hommes qu'ils en pouvaient contenir, laissaient maintenant porter vers le *Sutherland*. Ils croisèrent la yole d'Osborn qui remontait le vent lentement ; dans sa lunette, Hornblower vit celui-ci, assis à son poste, faire des signes du bras ; il criait probablement quelque chose aux canots qui le croisaient. Bush et Gérard n'y firent pas attention, comme il convenait. Deux minutes plus tard, ils accostaient et les hommes affluèrent sur le pont : cent vingt matelots portant leurs petites affaires personnelles, escortés par trente marins du *Sutherland*. L'équipage accueillit les nouveaux arrivants avec un large sourire. C'était une des particularités du marin anglais enrôlé de force, que d'être toujours content de voir d'autres hommes enrôlés de force à leur tour, un peu, pensa Hornblower, comme le renard qui a perdu sa queue voudrait que tous les autres renards eussent perdu la leur.

Bush et Gérard avaient certainement recruté là une belle

troupe de marins ; Hornblower les examina tandis qu'ils prenaient place sur le pont principal, les uns apathiques, d'autres effarés, d'autres maussades et furieux. On les avait arrachés sans avertissement à la vie confortable d'un navire des Indes, où la solde était régulière, la nourriture abondante et la discipline douce, pour les plonger dans les tribulations de la vie à bord d'un vaisseau du roi, où la solde était problématique, la nourriture mauvaise, et où le fouet pouvait leur arracher toute la peau du dos sur un ordre de leur nouveau capitaine. Même un matelot de deuxième classe pouvait envisager avec plaisir un voyage aux Indes, avec toutes les possibilités que cela comportait ; au lieu de quoi ces hommes étaient maintenant condamnés à deux ans d'une vie monotone, où seul le danger créait un peu de variété, et où les attendaient la maladie et les boulets ennemis.

— Il faut me rentrer ces canots, Rayner, ordonna Hornblower.

Les paupières de Rayner battirent une seconde : il avait entendu la promesse faite au capitaine Osborn et il savait qu'une bonne centaine de ces nouveaux venus ne seraient pas volontaires. Il faudrait donc ressortir les canots pour les reconduire. Mais si le visage de bois de Hornblower exprimait quelque chose, c'était qu'il ne plaisantait pas.

— Bien, capitaine, fit Rayner.

Bush venait vers eux, un papier à la main, après avoir mis ses chiffres d'accord avec ceux de Gérard.

— Cent vingt au total, capitaine, suivant vos ordres, annonça Bush. Un aide-tonnelier, volontaire, cent neuf bons matelots, dont deux volontaires, six canonniers, quatre terriens, tous volontaires.

— Parfait, Bush. Inscrivez-les et lisez-leur le Code maritime. Rayner, brassez carré aussitôt que les canots seront rentrés. Vincent ! Signalez au convoi. « Tous les hommes sont volontaires. Au revoir et merci ! » Vous devrez faire passer « volontaires » lettre par lettre, mais ça en vaut la peine !

Hornblower était tellement heureux qu'il s'était laissé aller à dire une phrase de plus qu'il n'était nécessaire. Mais lorsqu'il se le reprocha, il put facilement se trouver des excuses. Il avait cent vingt marins de plus, presque tous des gabiers ; le *Sutherland* portait désormais son effectif presque au complet. Mieux encore, il s'était prémuni contre les colères à venir. Lorsque l'inévitable lettre de reproches arriverait de l'Amirauté, il pourrait répondre qu'il avait emmené les hommes avec la permission du commodore de la Compagnie ; avec un peu de chance, il pouvait entretenir la discussion pendant six mois. Cela ferait une année en tout, pendant laquelle il pourrait convaincre les nouveaux venus qu'ils étaient volontaires ; dans un an, quelques-uns d'entre eux à tout le moins aimeraient assez leur nouvelle vie pour en jurer ; il y en aurait assez, en tout cas, pour embrouiller le problème et pour donner à l'Amirauté — prête par nécessité à considérer avec indulgence les manquements aux ordres concernant l'enrôlement — une échappatoire qui lui permette de ne pas le poursuivre trop énergiquement.

— Le *Lord-Mornington* répond, capitaine, dit Vincent. « Ne comprends pas signal, attendons canot ! »

— Signalez « au revoir » de nouveau, fit Hornblower.

Sur le pont principal, Bush avait presque fini de lire aux nouveaux le Code, formalité indispensable pour faire d'eux des serviteurs du roi, passibles du fouet et de la pendaison.

IX

À PILE OU FACE

Le *Sutherland* était arrivé au rendez-vous au large de la pointe de Palamos ; le premier de l'escadre apparemment, car on ne voyait trace ni du navire amiral, ni du *Caligula*. Tandis que le vaisseau tirait des bordées, sous une voilure réduite, contre une brise douce du sud-ouest, Gérard profitait de cette période d'oisiveté pour exercer l'équipage aux canons. Hornblower avait laissé Bush exercer les hommes dans la mâture à sa discrétion ; il avait convenu qu'il était temps maintenant de penser à la manœuvre des canons. Sous le soleil torride de la mi-été en Méditerranée, les hommes, nus jusqu'à la ceinture, avaient sué sang et eau à mettre les pièces en batterie et à les rentrer, puis à les orienter avec les anspects, avant d'apprendre chacun à son tour à se servir du refouloir flexible, à exécuter en un mot toutes les opérations mécaniques que chaque servant devait connaître, jusqu'à ce qu'on pût être sûr qu'il saurait mettre en batterie, tirer, nettoyer et recharger pendant des heures et des heures de suite, au milieu de l'épaisse fumée de la poudre, avec la mort partout autour de lui. École de pièce d'abord, école à feu si l'on avait le temps ; mais tout de même il était politique de permettre aux hommes de faire quelquefois du tir réel ; ils y trouvaient une compensation à la manœuvre pénible des canons.

À mille mètres sur bâbord, le petit canot dansait comme un bouchon sur la mer étincelante. Il y eut un jaillissement d'eau, puis on aperçut un point noir : le tonneau que le canot avait jeté à la mer avant de s'éloigner à toutes rames de la ligne de tir.

— Première pièce ! hurla Gérard. Pointez ! Armez vos platines ! Feu ! Bouchez vos lumières !

On entendit le grondement bref du premier canon de dix-huit, tandis qu'une douzaine de lunettes cherchaient la gerbe.

— Trop long et à droite, annonça Gérard. Deuxième pièce !

Les canons de dix-huit du pont principal, puis les canons de vingt-quatre du pont inférieur, crachèrent successivement. Même avec des pointeurs expérimentés, il eût été bien présomptueux d'espérer atteindre un tonneau à une telle distance en trente-sept coups ; le tonneau dansait toujours, intact. Toutes les pièces de la batterie de bâbord essayèrent de nouveau : le tonneau survivait encore.

— Nous allons diminuer la portée. Bush, mettez la barre dessus et passez à une encablure de la cible. Attention, Gérard !

Deux cents mètres étaient une portée assez courte, même pour des caronades ; les servants des caronades d'avant et d'arrière se tenaient près de leurs pièces pendant que le *Sutherland* laissait porter sur le tonneau. Les canons partirent presque simultanément, et le navire trembla sous ces secousses répétées, tandis que des tourbillons de fumée enveloppaient les hommes nus. Autour de la cible, l'eau bouillonnait et jaillissait en fontaines sous l'effet de cette demi-tonne de fer qui la pulvérisait, et au milieu de toutes ces gerbes on vit soudain le tonneau bondir hors de l'eau et retomber en morceaux. Les servants de toutes les pièces poussèrent des exclamations, tandis que le sifflet d'argent de Hornblower dominait le vacarme pour ordonner de cesser le feu ; les hommes se donnaient de grandes tapes sur l'épaule, manifestant une joie triomphante. Ils étaient sincèrement contents d'eux. Comme Hornblower le pensait, le plaisir qu'ils prenaient à faire voler un tonneau en morceaux compensait largement ces deux heures d'exercices pénibles.

Le canot mit à l'eau une autre futaille et la batterie de tribord se prépara à bombarder. Hornblower se tenait sur le gaillard, clignant les yeux dans le soleil avec béatitude, heureux de vivre. Il avait un équipage aussi complet qu'un capitaine pouvait le désirer et plus de bons gabiers qu'il n'aurait jamais osé l'espérer. Jusqu'ici, tout le monde était bien portant ; ses terriens seraient bientôt de bons marins, et il aurait encore plus vite fait d'en faire de bons artilleurs. Ce soleil du cœur de l'été était une bénédiction : chaud et sec, il convenait admirablement à sa santé. Il avait cessé de se chagriner au sujet de lady Barbara, tout au plaisir intense qu'il éprouvait à voir son équipage former peu à peu un tout cohérent et compétent. Oui, il était heureux de vivre ; il sentait sourdre en lui des flots de gaieté.

— Bravo ! lança-t-il — par un coup de chance extraordinaire, l'un des canons du pont inférieur avait pulvérisé le deuxième tonneau. Lieutenant Bush, veillez à ce que tous les servants de cette pièce reçoivent un boujaron de rhum ce soir.

— Bien, capitaine.

— Navire en vue, cria la vigie. Ohé du pont ! Navire en plein dans le vent, qui s'approche rapidement.

— Bush ! faites revenir le canot. Mettez le navire à la cape tribord amures, s'il vous plaît.

— Bien, capitaine.

Même ici, à moins de cinquante milles de la France, et à moins de vingt de la zone espagnole occupée par les troupes françaises, on avait bien peu de chances de rencontrer un navire français, surtout sur la route que suivait le bâtiment signalé ; toutes les unités françaises longeaient la côte sans s'aventurer à plus d'un mille de la terre.

— Ohé du mât ! Quel genre de navire ?

— Un grand bâtiment, capitaine, toutes voiles dehors. J'aperçois ses cacatois et ses bonnettes de perroquet.

— Amarrez ! hurla le second maître de manœuvre aux matelots qui rentraient le canot.

Le fait que le navire qui approchait fût un trois-mâts carré rendait encore plus improbable l'éventualité qu'il fût français ; le commerce maritime de la France était désormais limité à de petites embarcations : lougres, bricks et tartanes. Le navire en vue était probablement l'un de ceux avec lesquels le *Sutherland* avait rendez-vous. Un instant plus tard, la vigie confirma ce dont Hornblower se doutait.

— Ohé du pont ! Ce bâtiment me paraît ressembler au *Caligula*, capitaine. J'aperçois maintenant ses huniers.

C'était lui. Le capitaine Bolton avait donc mené à bien la tâche qui lui avait été confiée d'escorter les ravitailleurs jusqu'à Port-Mahon. Moins d'une heure plus tard, le *Caligula* était à portée de canon.

— Il envoie des signaux, capitaine, observa Vincent. « Capitaine à capitaine. Charmé de vous voir. Voulez-vous dîner avec moi ? »

— Répondez que j'accepte, fit Hornblower.

Lorsque Hornblower fut à bord du *Caligula*, les sifflets des contremaîtres firent entendre une dernière fois leur gémissement étrange, les mousses se mirent au garde-à-vous, les soldats présentèrent les armes, et le capitaine Bolton s'avança, la main tendue : son visage aux rides profondes rayonnait de plaisir.

— Premier au rendez-vous ! le complimenta Bolton. Par ici, capitaine. Cela me fait plaisir de vous revoir. J'ai là douze douzaines de bouteilles de sherry sur lesquelles je serai heureux d'avoir votre opinion. Où sont donc ces verres, steward ? À votre excellente santé, capitaine.

La cabine du capitaine Bolton était meublée avec un luxe qui contrastait étrangement avec la simplicité de celle de Hornblower. Les coffres étaient recouverts de coussins en satin, les lampes qui se balançaient au plafond étaient en argent, de même que le service de table dressé sur la nappe de fine toile blanche. Bolton avait eu de la chance en matière de prises, lorsqu'il commandait une frégate — un seul voyage lui avait rapporté cinq mille livres — et Bolton avait commencé comme simple matelot. La jalousie momentanée que Hornblower en éprouva disparut lorsqu'il remarqua comme tout était arrangé sans goût, et qu'il se souvint comme Mme Bolton avait paru fagotée la dernière fois qu'il l'avait vue. Mais plus que tout le reste, l'évident plaisir qu'éprouvait Bolton à le revoir, ajouté au respect véritable qu'il manifestait dans son attitude envers lui, contribuèrent à donner à Hornblower une meilleure opinion de lui-même.

— D'après la rapidité avec laquelle vous êtes parvenu au lieu de rencontre, il semble que votre voyage ait été encore plus direct que le nôtre, fit Bolton, et la conversation tomba dans des considérations d'ordre technique dont elle ne sortit que bien après que le dîner fut servi.

Assurément, Bolton n'avait aucune idée du genre de repas qu'il devait offrir par cette chaleur étouffante. Il y avait une soupe aux pois, excellente, mais indigeste. Du rouget acheté à Port-Mahon à la dernière minute, au moment de partir, une selle de mouton, des choux cuits à l'eau, du fromage de Stilton, maintenant un peu trop fait. Un porto sirupeux qui n'était pas du goût de Hornblower. Pas de salade, pas de fruits, aucun de ces produits combien désirables, si généreusement offerts par Minorque que Bolton venait de quitter !

— Du mouton de Minorque, hélas ! commenta Bolton, brandissant le service à découper. Mon dernier mouton d'Angleterre est mort mystérieusement à Gibraltar, et c'est les aspirants qui l'ont mangé. Mais vous en prendrez bien encore un peu, capitaine ?

— Non, merci, fit Hornblower.

Il avait mangé vaillamment une portion énorme et, gorgé de gras de mouton, il transpirait abondamment dans cette cabine étouffante. Bolton poussa la bouteille vers lui et Hornblower versa quelques gouttes de vin dans son verre à demi plein. Des années d'habitude lui avaient appris l'art de paraître boire autant que son hôte, alors qu'en réalité il buvait trois fois moins. Bolton vida son verre et le remplit.

— Et maintenant, dit-il, nous n'avons plus qu'à attendre dans l'oisiveté l'arrivée de M. Moulto Pomposo, contre-amiral de l'Escadre Rouge !

Hornblower regarda Bolton, surpris. Il n'aurait, quant à lui, jamais osé parler à quiconque de son supérieur en lui donnant du « Moulto Pomposo ». D'ailleurs, il ne lui était jamais arrivé de penser à sir Percy Leighton de cette façon. Hornblower n'avait pas pour habitude de critiquer un supérieur qui n'avait pas encore fait la preuve de ses capacités ou de son incapacité, et peut-être était-il particulièrement peu enclin à critiquer un chef qui se trouvait être le mari de lady Barbara.

— J'ai dit Moulto Pomposo ! répéta Bolton — il avait bu un verre de porto de plus qu'il n'était tout à fait sage et il était en train de s'en verser un autre. Nous pouvons rester assis ici jusqu'à ce que nos fonds de culotte reluisent, avant qu'il ne ramène de Lisbonne ce vieux sabot de *Pluton*. Le vent est au sud-est ; il l'était déjà hier. S'il n'a pas franchi le détroit de Gibraltar il y a deux jours, il se passera au moins une semaine avant qu'il n'arrive ici. Et s'il ne laisse pas Elliott s'occuper de la navigation, il n'arrivera jamais.

Hornblower leva les yeux avec inquiétude vers la claire-voie. Si cette conversation était rapportée en haut lieu, cela ne servirait pas les intérêts de Bolton. Ce dernier comprit exactement le sens de ce regard.

— Oh ! ne craignez rien, dit-il. Je peux avoir confiance en mes officiers ; ils ne respectent pas plus que moi un amiral qui n'est pas un marin. Eh bien, qu'est-ce que vous en dites ?

Hornblower suggéra que l'un des deux navires pousse vers le nord et commence à harceler les côtes française et espagnole, tandis que l'autre resterait au rendez-vous pour attendre l'amiral.

— C'est une idée intéressante, déclara Bolton.

Hornblower secoua la lassitude provoquée par la chaleur et par le trop copieux repas. Il souhaitait que le *Sutherland* fût désigné pour cette mission. La perspective d'agir immédiatement le stimulait. Il sentait son pouls battre plus vite à cette pensée : oui, plus il y réfléchissait, plus il désirait ardemment que le choix tombât sur lui. Passer des journées fastidieuses à louvoyer, à tourner autour du lieu de rendez-vous, ne lui souriait pas du tout. Il le supporterait si c'était nécessaire — après vingt ans dans la marine, on pouvait supporter n'importe quelle attente — mais il n'y tenait pas. Il n'y tenait vraiment pas.

— Mais lequel de nous deux ? s'enquit vivement Bolton. Vous ou moi ?

Hornblower fit taire son impatience.

— Vous êtes ici l'officier le plus ancien, monsieur, dit-il. C'est à vous de prononcer.

— Oui, fit Bolton l'air pensif, oui...

Il lança à Hornblower un regard de sympathique compréhension.

— Vous donneriez trois doigts pour y aller, dit-il tout à coup. Non ? Vous êtes toujours aussi agité, aussi turbulent que vous l'étiez sur l'*Infatigable*. Je me rappelle vous avoir fouetté à cause de cela en 1793, à moins que ce ne soit l'année suivante...

Hornblower rougit vivement en entendant évoquer ce souvenir. L'amère humiliation qu'il avait éprouvée à se courber sur un canon et à recevoir une correction des mains du lieutenant responsable des aspirants piquait encore sa rancœur, quand on la lui rappelait. Mais il avala son ressentiment ; il ne désirait nullement se quereller avec Bolton, surtout en ce moment, et il n'ignorait pas qu'il était anormal de considérer une correction comme un outrage.

— 93, capitaine, dit-il. Je venais de m'enrôler.

— Et aujourd'hui, vous êtes capitaine de vaisseau, et le plus remarquable de la seconde moitié de la liste, commenta Bolton. Dieu, comme le temps passe ! Je vous laisserais aller, Hornblower, en souvenir du bon vieux temps, si je ne désirais tant y aller moi-même.

— Oh ! fit Hornblower.

Sa déception évidente rendait son expression comique. Bolton se mit à rire.

— Pas d'histoire, fit-il à la fin. Jouons ça à pile ou face. D'accord ?

— D'accord, capitaine, fit Hornblower avec empressement.

Mieux valait des chances égales que pas de chances du tout.

— Vous ne m'en voudrez pas si je gagne ?

— Non, capitaine, pas du tout.

Avec une lenteur exaspérante, Bolton mit la main à son gousset et en sortit sa bourse. Il y prit une guinée qu'il posa sur la table ; puis toujours sans hâte, il remit en place sa bourse, tandis que Hornblower luttait contre son impatience. Puis Bolton prit la guinée et la posa entre son pouce et son index noueux.

— Pile ou face ? demanda-t-il, en regardant son hôte.

— Pile, fit Hornblower, la gorge serrée.

La pièce siffla lorsque Bolton la lança en l'air ; il la rattrapa, et la posa brutalement sur la table.

— C'est pile, fit-il, en enlevant la main.

Bolton recommença toutes les opérations précédentes ; il sortit sa bourse, y replaça la guinée et remit sa bourse dans son gousset, tandis que Hornblower s'obligeait à rester immobile et à l'observer. Il avait maintenant recouvré son calme ; la perspective d'une action immédiate l'y aidait.

— Et puis zut ! fit Bolton. Après tout, je suis content que vous ayez gagné. Vous savez parler la langue de ces Espagnols, ce qui est plus que je ne saurais faire. Vous avez déjà eu affaire à eux dans les mers du Sud ; c'est la sorte de mission qui vous convient parfaitement. Ne restez pas éloigné plus de trois jours. Je devrais vous mettre cela par écrit pour le cas où Sa Toute-Puissance reviendrait. Mais je ne veux pas m'en donner la peine. Bonne chance, Hornblower, et remplissez votre verre !

Hornblower le remplit aux deux tiers ; s'il en laissait un peu au fond du verre, il n'aurait vidé qu'un demi-verre de plus qu'il ne le désirait. Il but à petites gorgées et se renversa sur sa chaise, contenant son impatience aussi longtemps qu'il le put. Mais à la fin, l'impatience l'emporta : il se leva.

— Mais sacrebleu ! Vous ne partez pas déjà ? protesta Bolton.

L'attitude de Hornblower était assez éloquente, mais il ne pouvait en croire ses yeux.

— Si vous voulez bien me permettre, capitaine, dit Hornblower. Il y a un bon petit vent...

Hornblower bégayait bel et bien en essayant de donner toutes ses raisons à la fois. Le vent pouvait changer ; s'il fallait songer à se séparer, il était préférable de le faire maintenant ; si le *Sutherland* pouvait se rapprocher de la côte pendant l'obscurité, il avait des chances de pouvoir faire une capture à l'aube. Toutes sortes d'explications, excepté la véritable : il était incapable de rester assis là plus longtemps, alors que l'espoir d'un engagement immédiat l'attendait juste au-delà de l'horizon.

— Faites donc à votre guise, grogna Bolton. Puisqu'il le faut, il le faut. Vous me laissez là avec une bouteille à moitié pleine. Est-ce que cela veut dire que vous n'aimez pas mon porto ?

— Oh non, capitaine ! se hâta de répondre Hornblower.

— Encore un verre alors, pendant que l'équipage de votre canot se prépare... Faites avancer le youyou du capitaine Hornblower !

Il hurla cette dernière phrase en se tournant vers la porte de la cabine ; la sentinelle dans le couloir la répéta aussitôt.

De nouveau les sifflets retentirent lorsque Hornblower descendit l'échelle de coupée du *Caligula* ; les officiers se tinrent au garde-à-vous, les hommes firent silence. Le youyou glissa rapidement sur l'eau argentée, dans le jour qui s'éteignait ; Brown, le patron du canot, lançait vers son capitaine des regards furtifs, inquiet et essayant de deviner le sens de ce départ prématuré et précipité. Une inquiétude semblable régnait à bord du *Sutherland* ; Bush, Gérard, Crystal et Rayner l'attendaient sur le gaillard ; Bush était évidemment sorti de son lit en apprenant que le capitaine revenait.

Hornblower ne fit pas attention à leurs regards avides. Il s'était fait une règle de ne pas donner d'explications, et il éprouvait un petit frisson de plaisir égoïste à laisser ses subordonnés ignorants de ce que l'avenir leur réservait. Alors même que les palans hissaient le youyou à bord, il donna l'ordre de brasser carré, et le *Sutherland*, le vent en poupe, mit le cap vers la côte espagnole où l'attendait l'aventure.

— Un signal du *Caligula*, capitaine, dit Vincent. « Bonne chance ! »

— Faites aperçu, répondit Hornblower.

Sur le gaillard, les officiers échangèrent des regards ; ils se demandaient ce que pouvait bien leur réserver l'avenir, pour que le commodore leur souhaitât bonne chance. Hornblower remarqua cet échange de regards mais fit mine de n'avoir rien vu.

— Hum ! fit-il ; et d'un pas digne, il gagna sa cabine pour se plonger dans l'étude de ses cartes et établir son plan de campagne.

Poussé par une douce brise, le navire glissait sur la mer presque sereine, au chant léger de ses charpentes.

comme une [illegible] à bord du [illegible]. Tous, [illegible] Keyser [illegible] s'attardèrent sur le gaillard d'avant, [illegible] évidemment soucieux [illegible] que le capitaine [illegible].

[illegible] ne fut pas [illegible] à leurs regards [illegible] était sur une [illegible] de [illegible] et [illegible] un petit [illegible] de [illegible] à laisser ses [illegible] de vie, que l'[illegible] leur [illegible] [illegible] passant le [illegible] à bord [illegible] [illegible], et le [illegible], le [illegible] en [illegible] [illegible].

— [illegible] capitaine [illegible].

— [illegible] dit [illegible].

Sur le gaillard, [illegible] les [illegible] de [illegible] ce que pouvait bien leur [illegible] l'avenir, pour que le [illegible] comme [illegible] [illegible] de [illegible] ne [illegible] [illegible] vue.

— [illegible], [illegible] pas [illegible] pour se [illegible] pour se [illegible] dans l'[illegible] [illegible] son [illegible] [illegible].

[illegible] le navire [illegible] sur la [illegible] [illegible].

X

UN COUP D'AUDACE

— Cinq heures, capitaine, dit Polwheal, arrachant Hornblower à l'extase de son rêve. Vent est-quart-sud-est, direction nord-quart-nord-est. Toutes voiles dessus y compris les cacatois, capitaine. Et le lieutenant Gérard signale que la terre est en vue par le travers bâbord.

Cette dernière phrase fit bondir Hornblower hors de son cadre sans un instant d'hésitation. Il dépouilla sa chemise de nuit et enfila les vêtements que Polwheal lui tendait. Sans prendre le temps de se raser ni de se coiffer, il se précipita sur le pont. Il faisait grand jour ; le soleil apparaissait à demi au-dessus de l'horizon, sur la hanche de tribord, et sur l'arrière du travers bâbord une montagne grise réfléchissait sa lumière. C'était le cap Creus, un éperon des Pyrénées qui pénétrait dans la Méditerranée et formait l'avancée extrême de la côte espagnole vers l'est.

— Navire en vue ! cria la vigie du haut du mât. Presque droit devant ; un brick, capitaine ; il se dirige vers le large, tribord amures.

C'est ce que Hornblower avait espéré, et c'était pour cette raison qu'il avait établi sa route de façon à se trouver dans ces parages au petit jour. Tout le littoral de la Catalogne, jusqu'à Barcelone et même au-delà, était aux mains des Français et une armée tumultueuse — le *Compte rendu de la guerre en Espagne* l'estimait à presque quatre-vingt mille hommes — s'efforçait d'étendre ses conquêtes vers le sud et à l'intérieur des terres. Mais il lui fallait compter avec les routes aussi bien qu'avec les armées espagnoles. Pourvoir aux besoins d'une armée de quatre-vingt mille hommes en même temps qu'à ceux d'une nombreuse population civile était quasi impossible par la voie de terre, empêchée par les cols des Pyrénées —, bien que Gérone eût capitulé en décembre après une défense héroïque. Nourriture, matériel de siège et munitions devaient tout ensemble être transportés pour l'essentiel par mer, dans de petits bâtiments qui longeaient la côte, de batterie côtière en batterie côtière, utilisaient les lagunes et les hauts-fonds du golfe du Lion et contournaient les caps rocheux de l'Espagne avant d'atteindre Barcelone.

Depuis que l'on avait rappelé Cochrane, les Anglais ne s'étaient pratiquement plus opposés à ce trafic côtier. Dès que Hornblower avait atteint le lieu du rendez-vous au large de la pointe de Palamos, il avait eu soin de se retirer immédiatement sous l'horizon, de façon à ne pas prévenir les Français de la venue d'une escadre anglaise. Il espérait que ces Français seraient devenus négligents et insouciants. Le vent étant presque à l'est, et le cap Creus s'avançant presque exactement en direction de l'est, il n'était pas impossible que l'on pût surprendre à l'aube, hors de portée des batteries côtières, un ravitailleur quelconque obligé de s'élever loin vers le large pour doubler la pointe, et qui aurait négligé de faire de nuit cette manœuvre dangereuse. Les faits lui donnaient raison.

— Hissez les couleurs, Gérard ! lança Hornblower. Tout le monde sur le pont !

— Le brick a viré lof pour lof, capitaine, héla la vigie. Il marche maintenant vent en poupe.

— Dirigez de façon à couper sa route, Gérard. Établissez les bonnettes des deux côtés.

C'était avec un très léger vent arrière que le *Sutherland* naviguait le mieux, comme il était normal de la part d'un navire à formes lourdes et à faible tirant. Dans ces conditions idéales, il lui était facile de dépasser un brick de cabotage lourdement chargé.

— Ohé du pont ! héla la vigie. Le brick est revenu dans le vent ; il a repris sa route de tout à l'heure.

C'était là quelque chose de vraiment curieux. Si le navire poursuivi avait été un vaisseau de ligne, on aurait pu penser qu'il défiait au combat. Mais un simple brick, même un brick de guerre, aurait dû normalement fuir aussi vite que possible pour se mettre sous la protection des batteries côtières. C'était peut-être un brick anglais.

— Montez là-haut, Savage. Prenez votre lunette et dites-moi ce que vous voyez.

Savage escalada les haubans de grand mât à toute allure.

— C'est exact, capitaine. Il navigue au plus près, tribord amures. Nous allons le passer par sa hanche sous le vent si nous maintenons notre cap. Il porte les couleurs nationales françaises, capitaine. Le voilà qui nous fait des signaux. Je ne peux pas encore les lire. Il est presque complètement dépalé.

Que diable pouvait bien manigancer ce brick ? Il avait lui-même fixé son sort en s'élevant au vent ; s'il avait foncé vers la terre dès qu'il avait aperçu le *Sutherland*, il aurait peut-être pu échapper. Maintenant sa capture était certaine ; mais pour quelles raisons un brick français faisait-il des signaux à un navire de ligne anglais ? Hornblower grimpa sur le bastingage ; de là, il apercevait au-dessus de l'horizon les huniers du brick qui continuait sa route dans le vent.

— Je peux lire le signal maintenant, capitaine. C'est M.V.

— Que diable signifie cet M.V. ? fit sèchement Hornblower à l'adresse de Vincent ; puis il regretta d'avoir parlé — un regard aurait suffi.

— Je ne sais pas, capitaine, répondit Vincent qui feuilletait le Code. Ce n'est pas porté là-dessus.

— Nous ne tarderons pas à le savoir, dit Bush. Nous gagnons rapidement sur lui. Tiens, tiens ! Le voilà qui vire de bord à nouveau ; il marche vent en poupe. Ce n'est plus la peine, maintenant, cher monsieur ; vous êtes à nous ! Ça va nous faire de jolies parts de prise, mes enfants !

Le bavardage animé des officiers parvint aux oreilles de Hornblower, mais il n'y fit pas attention. Cette dernière tentative de fuite de la part du Français expliquait ses manœuvres précédentes. Bush, Gérard, Vincent et Crystal étaient tous trop insouciants pour y avoir pensé, et trop agités à l'idée des parts de prise. Hornblower, lui, devinait maintenant ce qui était arrivé. Dès qu'il avait aperçu le *Sutherland* pour la première fois, le brick avait cherché à s'enfuir ; puis il avait vu le pavillon rouge que le *Sutherland* avait hissé et l'avait pris pour le pavillon français ; les deux camps avaient déjà commis cette erreur ; le battant rouge qui était le même pour le pavillon tricolore que pour le pavillon rouge prêtait facilement à confusion.

C'était une chance cette fois que Leighton eût été contre-amiral de l'Escadre Rouge, puisque c'étaient ses couleurs que portait le *Sutherland*. De plus, le vaisseau arborait cet avant rebondi que lui avaient donné ses constructeurs hollandais ; il ressemblait de la sorte à la plupart des vaisseaux de ligne français et différait de tous les autres vaisseaux anglais, à l'exception de trois ou quatre. Voilà pourquoi le brick avait pris le *Sutherland* pour un compatriote, et dès qu'il en avait été certain, il était revenu dans le vent, impatient de gagner au large pour doubler le cap Creus. Le signal *M.V.* qu'il avait hissé était donc le signal de reconnaissance des Français, c'était là un renseignement fort intéressant. Ce n'est que l'absence de réponse au signal convenu qui avait détrompé le capitaine français, lequel tentait à nouveau de s'échapper.

Tentative parfaitement vaine d'ailleurs, car le *Sutherland* avait passé sous son vent, lui ôtant toute possibilité de fuite dans cette direction. Les navires n'étaient plus maintenant qu'à deux milles l'un de l'autre et convergeaient. Une fois de plus, le brick vira de bord, avec le très léger espoir cette fois de gagner dans le vent et d'échapper aux canons du vaisseau anglais ; mais ce dernier se rapprochait rapidement.

— Envoyez un boulet sous son nez, lança sèchement Hornblower.

À cette menace, le capitaine français céda. Le brick mit en panne, et le drapeau tricolore descendit de la corne. Des hourras partirent du pont principal du *Sutherland*.

— Silence, vous autres ! rugit Hornblower. Lieutenant Bush, prenez un canot et montez à son bord. Clarke, vous serez officier de prise. Prenez six hommes avec vous et conduisez le brick à Port-Mahon.

Bush était tout sourire lorsqu'il revint.

— Brick *Amélie*, capitaine. A quitté Marseille il y a six jours pour Barcelone. Cargaison mixte, surtout des approvisionnements militaires. Vingt-cinq tonnes de poudre. Cent vingt-cinq tonnes de biscuit de mer. Bœuf et porc en tonneaux. Cognac. Le représentant de l'Amirauté à Port-Mahon nous l'achètera, aussi sûr que deux et deux font quatre, navire, cargaison, et tout (Bush se frottait les mains). Et nous sommes le seul navire en vue !

Si un autre navire anglais avait été en vue, il aurait eu droit à sa part de prise. Dans le cas présent, les seules parts à distribuer étaient celle de l'amiral commandant en Méditerranée et celle de l'amiral Leighton, commandant l'escadre. À eux deux, ils recevraient un tiers du total, de sorte que la part de Hornblower serait environ deux neuvièmes — plusieurs centaines de livres au bas mot.

— Ramenez le navire vent arrière, fit Hornblower — pour rien au monde il n'aurait voulu montrer la joie qu'il éprouvait à être plus riche de plusieurs centaines de livres. Nous n'avons pas de temps à perdre !

Il descendit se raser ; pendant qu'il enlevait la mousse de ses joues et contemplait dans le miroir son visage mélancolique, il se prit à méditer une fois de plus sur la supériorité de la mer. L'*Amélie* était un petit bateau, de taille presque insignifiante. Cependant, elle transportait de deux à trois cents tonnes de marchandises ; si les Français avaient essayé de transporter la même quantité de marchandises par terre jusqu'à Barcelone, cela aurait nécessité un convoi militaire de première importance : cent chariots au moins et des centaines de chevaux, qui auraient occupé un bon mille de route et qui auraient exigé une garde de plusieurs milliers d'hommes pour les protéger des partisans espagnols. En outre, il aurait fallu nourrir les hommes et les chevaux, ce qui supposait encore quelques chariots de plus ; et tout cela aurait couvert au maximum quinze milles par jour sur ces routes espagnoles. Dans ces conditions, il n'était pas étonnant que les Français préférassent courir le risque d'envoyer leur ravitaillement par mer. Et quel coup ce serait pour l'armée française, déjà harcelée, lorsqu'elle apprendrait qu'une escadre anglaise se trouvait sur son flanc et que sa meilleure route de communication était coupée !

Pendant qu'il se dirigeait vers l'avant pour prendre sa douche, suivi de Polwheal, il lui vint une nouvelle idée.

— Faites-moi appeler le voilier, dit-il.

Potter le voilier s'avança et se tint au garde-à-vous tandis que Hornblower pivotait sous le jet de la pompe d'étrave.

— J'ai besoin d'un pavillon français, Potter, dit Hornblower. Nous n'en avons pas un à bord ?

— Un pavillon français, capitaine ? Non, capitaine.

— Eh bien, faites-en un. Je vous donne vingt minutes.

Hornblower continua à pivoter sous le jet de la pompe, jouissant de ce contact rafraîchissant, par cette chaude matinée qui s'annonçait. Il était probable que pas un seul Français n'avait observé la capture de l'*Amélie* du haut du cap Creus, et le cap Creus était la seule terre en vue à ce moment-là. Même si quelqu'un l'avait vue, il faudrait bien des heures pour avertir tout le littoral de la présence d'un vaisseau de ligne anglais. Puisqu'il avait pris ses ennemis à l'improviste, le jeu était de continuer à exploiter cette surprise au maximum, en utilisant tous les expédients qui pouvaient rendre les coups efficaces. Il regagna sa cabine et revêtit du linge propre et frais, tout en retournant dans son esprit les détails de son plan — qui perdait maintenant son caractère nébuleux de la nuit précédente et apparaissait de plus en plus précis.

— Déjeuner, capitaine ? suggéra Polwheal.

— Apportez-moi du café sur le gaillard, répondit Hornblower.

Il ne pouvait pas supporter l'idée de manger, peut-être à cause de son agitation actuelle, peut-être aussi sous l'effet de l'énorme dîner de la veille.

Du gaillard d'arrière, on apercevait maintenant à l'horizon de grandes masses d'ombre bleutée vers lesquelles se dirigeait le *Sutherland* ; c'était les pics des Pyrénées. Entre eux et la mer serpentait la route de France. L'aide du voilier vint en courant vers l'arrière, les bras chargés d'un énorme paquet.

— Vincent, dit Hornblower. Je voudrais que l'on hisse ce drapeau à la place du nôtre.

Sur le gaillard, les officiers regardèrent l'étrange pavillon tricolore monter à la corne ; puis leur regard alla du drapeau à leur capitaine et ils murmurèrent entre eux. Ils étaient groupés du côté sous le vent, et aucun d'entre eux n'osa essayer d'entrer en conversation avec Hornblower, demeuré sur l'autre bord. Celui-ci se réjouit de leur excitation non moins que de leur silence.

— Envoyez tous les hommes à leur poste dès qu'ils auront déjeuné, Bush, dit-il. Faites le branle-bas, mais maintenez les sabords fermés. Je veux que la chaloupe et le grand canot soient prêts à être mis à l'eau en un clin d'œil.

Leur déjeuner terminé, les hommes se précipitèrent sur le

pont en jacassant à qui mieux mieux ; le branle-bas de combat, le drapeau tricolore flottant à la corne, les montagnes d'Espagne en face d'eux, la capture de l'*Amélie*, tous ces éléments réunis les mettaient dans un état d'excitation extraordinaire.

— Faites-moi taire ces hommes sur le pont principal ! hurla Hornblower. On se croirait dans un asile d'aliénés !

Le bruit s'apaisa d'un seul coup et les hommes vaquèrent prudemment à leurs occupations, tels des enfants devant un père irascible. Les cloisons furent abattues, le feu de la cuisine fut renversé et les braises jetées par-dessus bord. Les mousses apportèrent en courant la poudre pour les canons ; entre les canons, les filets à boulets furent remplis des grosses boules de fer noires, prêtes à être utilisées sur-le-champ.

— Branle-bas de combat terminé, capitaine ! annonça Bush.

— Hem, hem ! fit Hornblower. Capitaine Morris, si j'envoie à terre le grand canot et la chaloupe, il me faudra vingt soldats dans chacun. Faites en sorte que vos hommes soient désignés et prêts.

Hornblower prit sa lunette et étudia de nouveau le littoral qui se rapprochait rapidement. Il y avait des falaises de ce côté, au pied desquelles serpentait la route, tout au bord de l'eau ; et la côte était accore, s'il en croyait ses cartes. Ce serait cependant une bonne précaution que de commencer à sonder. Il courait des risques en approchant une côte sous le vent, gardée par des batteries lourdes ; le *Sutherland* pouvait fort bien être gravement endommagé avant de pouvoir remonter dans le vent, hors de portée des canons. Hornblower comptait non seulement sur la ruse qu'il avait imaginée, mais aussi sur le fait que les Français ne croiraient jamais qu'un navire anglais pût courir un tel risque.

Pour les Français servant les batteries, en revanche, la présence d'un vaisseau de ligne français au large de cette côte était explicable ; il avait pu s'échapper de Toulon ou venir de l'Atlantique ; il pouvait encore venir d'une île ionienne attaquée par les Anglais, espérant enfin trouver refuge dans ces parages après une longue odyssée. Hornblower ne pouvait pas croire qu'ils ouvriraient le feu sans explications.

Sur un ordre de lui, le *Sutherland* se mit à marcher

parallèlement au rivage, cap au nord, avec le vent par le travers. La brise était légère et il avançait très lentement, tout juste hors de portée des canons du rivage. Le soleil dardait ses rayons sur les matelots silencieux à leur poste, sur les officiers groupés sur le gaillard. Hornblower, le visage ruisselant de sueur, balayait la côte de sa lunette à la recherche d'un objectif. Le faible vent n'éveillait dans le gréement qu'un chant très léger ; le bruit des poulies travaillant au léger roulis du navire semblait anormalement fort dans le silence, de même que la voix monotone de l'homme de sonde. Tout à coup, Savage héla de la hune de misaine.

— Il y a là-bas un tas de petits bateaux, capitaine ! à l'ancre autour de ce promontoire. Je les vois tout juste d'ici.

Un point noir dansa dans l'objectif du télescope de Hornblower. Il abaissa l'instrument pour reposer son œil douloureux, puis regarda de nouveau. Le point était encore là ; c'était un drapeau tricolore flottant paresseusement au vent, en haut d'un mât dressé sur le promontoire. Précisément ce que Hornblower cherchait : une batterie française perchée au sommet de la falaise. Des canons de quarante-deux probablement, placés de façon à commander tout le voisinage ; avec, vraisemblablement, des fourneaux pour chauffer les boulets ; aucun navire au monde ne pouvait se mesurer avec eux. Groupée à la base du promontoire, une flottille de caboteurs s'était blottie sous la protection de la batterie à la vue d'un navire inconnu.

— Dites à vos hommes de s'étendre, dit Hornblower à Morris.

Il n'avait pas envie que les uniformes rouges des soldats alignés sur le gaillard révélassent prématurément l'identité de son navire. Le *Sutherland* continuait lentement sa route et les falaises grises prirent des contours plus nets lorsque Hornblower ordonna d'incliner la route du navire vers la côte. Au-delà des falaises, les pics montagneux se révélaient à ses yeux avec une soudaineté étonnante, toutes les fois qu'il cessait de concentrer strictement son attention sur la batterie. Maintenant, il voyait les parapets dans sa lunette, et il crut presque apercevoir les gros canons pointer aux embrasures. La batterie à présent pouvait d'un instant à l'autre se mettre à tonner, à cracher flamme et fumée, et dans ce cas, il lui faudrait virer de bord et fuir, tous ses espoirs déçus. Ils étaient désormais à portée. Peut-être les Français avaient-ils deviné l'identité du *Sutherland* et n'attendaient-ils pour tirer que de l'avoir à meilleure portée. Chaque minute qui passait, les rapprochant de la côte, signifierait une minute de plus sous le feu de l'ennemi, lorsqu'ils essaieraient de s'échapper. La perte d'un mât pourrait bien entraîner, dans ces circonstances, la perte du navire.

— Vincent, fit Hornblower sans détacher son regard de la batterie, hissez *M.V.*

Ces mots produisirent une vive émotion dans le groupe des officiers. Ils étaient maintenant certains du plan que Hornblower avait dans l'esprit. La ruse augmentait les risques de découverte, en même temps qu'elle leur donnait, si elle réussissait, une chance de plus de s'approcher de la batterie. Si *M. V.* était le signal de reconnaissance des Français, et si on l'employait comme il fallait, tout irait bien. Sinon, la batterie le leur ferait bientôt savoir. Hornblower, dont le cœur battait à tout rompre, estima qu'en tout cas ce signal pourrait dérouter l'officier commandant la place et l'induire à attendre encore un peu plus. Le signal monta à la drisse ; la batterie restait toujours silencieuse. Puis un signal monta au mât de pavillon de la falaise.

— Je ne comprends pas ce signal, capitaine. Il y a là une flamme à deux pointes qui n'est pas employée chez nous.

Le simple fait que la batterie répondît par un signal montrait qu'à tout le moins on avait des doutes là-haut quant à son identité, à moins que tout cela ne fît partie du plan destiné à l'attirer plus près encore. Cependant, si la batterie tardait encore à tirer, il serait bientôt trop tard.

— Bush, voyez-vous la batterie ?

— Oui, capitaine.

— Vous allez prendre le grand canot. Rayner prendra la chaloupe ; vous allez débarquer et prendre cette batterie d'assaut.

— Bien, capitaine.

— Je vous dirai quand il faudra mettre les embarcations à la mer.

— Bien, capitaine.

— Huit brasses moins un quart, chantonna l'homme de sonde.

Inconsciemment Hornblower avait entendu le résultat de chaque coup de sonde ; maintenant que le fond diminuait, il était obligé d'accorder une partie de son attention aux indications de la ligne, tout en continuant à examiner attentivement la batterie. Ils en étaient à peine à un quart de mille ; le moment était venu.

— Parfait, Bush. Vous pouvez y aller.

— Bien, capitaine.

— Masquez le grand hunier, Gérard.

Sur un ordre de Bush, l'activité reprit à bord du navire endormi. Aux coups de sifflet du quartier-maître, les équipages des canots se précipitèrent au pas de course vers les garants. Le moment était venu où l'on pourrait apprécier l'utilité de l'entraînement pénible auquel on avait soumis les hommes ; plus vite on mettrait ces embarcations à la mer, plus vite elles partiraient avec leur chargement de soldats, moins grand serait le danger et plus nombreuses les chances de succès. Chaloupe et grand canot touchèrent l'eau et les hommes descendirent par grappes le long des garants.

— Précipitez les canons au bas de la falaise, Bush. Détruisez la batterie, si vous pouvez ; mais vous ne restez pas une minute de plus qu'il n'est nécessaire.

— Bien, capitaine.

Ils étaient partis, les hommes tirant comme des fous sur les avirons.

— La barre dessous ! Gérard, virez de bord ! Descendez-moi ce pavillon et hissez le nôtre ! ah !

Juste au-dessus de leur tête, le passage d'un boulet déchira l'air. Tout le navire fut ébranlé lorsqu'un coup d'une violence extraordinaire lui fut porté à l'avant. Hornblower vit les volutes de fumée s'élever au-dessus de la batterie ; elle avait enfin ouvert le feu. Et Dieu merci, c'est le navire qui était visé ; si l'un de ces boulets atteignait une embarcation, Hornblower serait dans un bien mauvais pas. Il était si heureux de voir épargner les embarcations qu'il ne lui vint pas à l'esprit de se préoccuper de sa sécurité personnelle.

— Gérard, voyez si nos canons peuvent atteindre cette batterie. Veillez à ce que chaque coup tiré soit pointé convenablement. Il est inutile de tirer si l'on ne peut pas battre les embrasures.

Une autre salve de la batterie, trop haute de nouveau ; les boulets passèrent en sifflant au-dessus de leur tête. Le petit Longley, qui se pavanait sur le gaillard, poignard sur la hanche, s'arrêta dans sa marche et rentra instinctivement la tête dans les épaules ; puis, après un coup d'œil en coulisse à son capitaine, il reprit sa déambulation, le cou raide comme une baguette de fusil.

— Longley, faites faire immédiatement une épissure à cette drisse de grand perroquet.

C'était rendre service à cet enfant que de l'occuper, afin qu'il n'eût pas le temps d'avoir peur. La bordée de tribord du *Sutherland* commençait maintenant à tirer, d'une façon irrégulière, à mesure que les chefs de pièce s'estimaient à portée. Des nuages de poussière qui s'envolaient au flanc de la falaise montraient que la plupart des coups portaient dix mètres trop bas. Si seulement un ou deux boulets pénétraient par les embrasures et tuaient l'un des servants, cela contribuerait grandement à désorienter toute la batterie. Une autre salve. Cette fois, ils avaient visé les embarcations. La chaloupe disparut presque dans le jaillissement d'eau provoqué par ce feu plongeant et la gorge de Hornblower se serra d'angoisse. L'instant suivant, elle réapparut ; elle avançait de biais, comme un crabe, l'un des boulets ayant probablement réduit en miettes un certain nombre d'avirons du même côté. Mais maintenant les embarcations étaient hors de danger ; elles étaient si proches de la falaise qu'il n'était certainement pas possible d'abaisser suffisamment les canons pour les atteindre. Le grand canot avait atteint la barre de plage et la chaloupe le suivait de près. Déjà les hommes sautaient dans l'eau et pataugeaient en direction du rivage.

Pendant un instant Hornblower regretta de n'avoir pas oublié le protocole et pris lui-même le commandement de cette troupe de débarquement ; il redoutait qu'une attaque désordonnée et fragmentaire ne réduisît à rien les avantages qu'il avait acquis. Mais non, on pouvait faire confiance à Bush. Dans sa lunette, il le vit escalader la falaise, atteindre la route, et se retourner vers la compagnie de débarquement ; il le vit même faire de grands gestes des bras pendant qu'il donnait ses ordres ; quelqu'un emmenait un groupe de marins vers la droite. C'était Rayner ; l'œil scrutateur de Hornblower distinguait sa tête chauve et son dos arrondi, facilement reconnaissables. Morris dirigeait vers la gauche les soldats aux uniformes rouges, en groupe compact. Bush au centre prenait la tête des hommes restants ; Bush avait la tête froide. Cette face de la falaise portait trois ravines marquées çà et là par des taches de verdure, qui indiquaient les endroits où l'escalade serait plus facile. Lorsque les groupes de flanc atteignirent le bas de leurs sentiers respectifs, Hornblower vit scintiller le sabre de Bush donnant le signal du départ. Maintenant les trois groupes affrontaient la falaise tous ensemble. L'écho léger du hourra qu'ils poussèrent parvint jusqu'au navire.

Un ou deux canons du pont principal tiraient maintenant avec plus de précision. Par deux fois, Hornblower crut voir la terre voler au pied des embrasures atteintes par les boulets ; tant mieux, mais il fallait cesser le feu maintenant que les hommes escaladaient la paroi. Il donna un coup de sifflet et hurla ses ordres. Dans un silence absolu, le navire continua de glisser sur l'eau tandis que tous les regards étaient fixés sur les groupes de débarquement. Déjà ces derniers atteignaient le sommet. Des bouffées soudaines de fumée montrèrent que la batterie tirait de nouveau, probablement à mitraille ou à balles. N'importe lequel des groupes pris dans le tourbillon de mitraille craché par un canon de quarante-deux courait grand risque d'être anéanti. On voyait étinceler des armes sur le parapet ; de légers flocons de fumée montraient que fusils et pistolets étaient en action. Sur la gauche, les tuniques rouges des soldats apparaissaient au sommet même du parapet et, au centre, un marin en blanc agitait les bras. Les assaillants arrivaient en foule ; des taches rouges et des taches blanches jonchaient le glacis de la forteresse, indiquant les points où des hommes étaient tombés. Il y eut une minute pleine d'angoisse, pendant laquelle on ne vit plus rien, et qui parut interminable. Puis le drapeau tricolore descendit lentement du mât, et les marins sur le pont poussèrent des hurlements d'enthousiasme. D'un coup sec, Hornblower ferma sa lunette.

— Gérard, virez de bord, et envoyez les petits canots prendre possession de tous les bâtiments qui se trouvent dans la baie.

Il y avait là, à l'ancre, quatre tartanes, une felouque et deux bâtiments gréés en cotre, tous groupés dans la baie minuscule, au pied de la batterie ; un beau coup de filet, surtout s'ils étaient chargés. Hornblower vit leurs youyous les quitter et faire force de rames vers le rivage, du côté opposé à la batterie : les équipages fuyaient pour échapper à la captivité ! Hornblower se félicitait de les voir se sauver : il ne tenait pas à être encombré de captifs — lui-même s'était naguère retrouvé prisonnier, pendant deux années fastidieuses, à El Ferrol. Quelque chose dégringola le long de la falaise en un fracas d'avalanche et s'écrasa sur la route dans un nuage de poussière et de débris de toute sorte. C'était un canon de quarante-deux jeté à bras d'hommes par-dessus le parapet ; Bush ne perdait vraiment pas de temps... si Bush vivait encore. Un autre canon suivit, puis un autre encore.

Les petits bâtiments, dont deux remorquaient les canots, louvoyaient pour se rapprocher du *Sutherland* qui les attendait à la cape ; et la compagnie de débarquement dégringolait déjà la falaise pour se regrouper sur la plage. Des groupes attardés témoignaient que l'on ramenait des blessés. Avec tous ces retards indispensables, le passage du sublime au terre à terre parut durer une éternité. Une explosion terrifiante partit de la batterie, et un jaillissement de terre et de fumée — rappelant momentanément ces volcans au pied desquels la *Lydia* avait jeté l'ancre pendant le voyage précédent — leur apprit que l'on avait fait sauter la poudrière. La chaloupe et le grand canot revenaient enfin vers le navire. La lunette que Hornblower braquait à l'arrière du grand canot lui révéla Bush assis, en vie, et selon toute apparence indemne. Malgré tout, ce fut un soulagement que de le voir venir vers l'arrière de son pas balancé, le visage tout plissé de sourires, pour faire son rapport.

— Les mangeurs de grenouilles sont sortis par la porte de derrière comme nous entrions par-devant, dit-il. C'est à peine s'ils ont perdu un seul homme. Nous avons perdu...

Hornblower dut se raidir pour pouvoir écouter l'énumération pitoyable. Maintenant qu'il n'était plus dans le feu de l'action, il se sentait affaibli et malade, et il dut faire un effort pour empêcher ses mains de trembler. Il dut également se forcer à sourire et à décerner des louanges, d'abord aux hommes que Bush signalait spécialement à son attention, puis à tout l'équipage rassemblé sur le pont principal. Pendant des heures, il avait arpenté le gaillard en faisant semblant d'être imperturbable, et maintenant il était en proie aux affres de la réaction. Il laissa Bush s'occuper des prises, leur attribuer un équipage réduit et les expédier à Port-Mahon ;

sans un mot d'excuse, il se réfugia dans sa cabine. Il avait même oublié qu'on avait fait le branle-bas, de sorte que pour satisfaire son désir de solitude, il dut s'asseoir dans sa chaise longue à l'extrémité de sa galerie où l'on ne pouvait pas le voir des fenêtres de poupe, tandis que les hommes replaçaient les cloisons dans sa cabine et assujettissaient les canons. Il resta allongé, les bras pendants, les yeux fermés ; en dessous de lui, l'eau bouillonnait sous la voûte d'arcasse, et les aiguillots du gouvernail grinçaient. Chaque fois que le *Sutherland* virait de bord — Bush louvoyait pour gagner au large —, sa tête balançait d'une épaule sur l'autre.

Ce qui l'affectait le plus était le souvenir des risques qu'il avait courus ; en pensant à ces risques, de petits frissons froids lui parcouraient le dos et les jambes. Il avait manœuvré son navire avec une insouciance abominable ; seul un hasard miraculeux l'avait empêché d'être maintenant une épave sans mât, avec la moitié de son équipage tué ou blessé, dérivant vers une côte sous le vent où l'attendrait un ennemi exultant. Il était dans la nature de Hornblower de déprécier ses réussites à ses propres yeux, et de ne pas tenir compte de tout le soin et de toutes les précautions qu'il avait pris pour assurer le succès, non plus que de son habileté à profiter des circonstances. Il se dit qu'il était un imprudent et un sot, et pesta contre cette maudite habitude qu'il avait de plonger dans le danger et de ne tenir compte des risques qu'après coup.

Un bruit de vaisselle et de couverts, qui lui parvenait de sa cabine, le rappela à lui-même ; il se redressa et reprit son attitude impassible juste au moment où Polwheal apparaissait sur la galerie.

— Je vous ai préparé quelque chose à manger, capitaine. Vous n'avez rien pris depuis hier.

Hornblower comprit tout à coup qu'il avait horriblement faim ; lui revenait en même temps à l'esprit qu'il avait oublié le café que Polwheal lui avait apporté, quelques heures plus tôt, sur le gaillard. Vraisemblablement ce café était resté là à refroidir, jusqu'à ce que Polwheal le rapporte. Avec un réel plaisir, il se leva et rentra dans sa cabine ; la perspective de manger et de boire était si tentante que c'est à peine s'il éprouva un petit mouvement d'humeur à sentir Polwheal s'affairer autour de lui, essayer de le dorloter et se préparer probablement à abuser de la situation. La langue froide était délicieuse, et Polwheal, avec une intuition vraiment mystérieuse, avait sorti une demi-bouteille de bordeaux ; il n'arrivait pas une fois par mois à Hornblower de boire autre chose que de l'eau lorsqu'il était seul ; pourtant ce jour-là il vida trois verres de vin, sachant que cela lui ferait du bien, et trouvant du plaisir à chaque gorgée.

À mesure que le vin et la nourriture le réconfortaient et que sa fatigue disparaissait, son esprit se mit à envisager de nouveaux plans et à combiner de nouveaux projets pour harceler l'ennemi — sans même que son moi conscient participât à la chose. Tandis qu'il buvait son café, les idées commencèrent à bouillonner dans son cerveau, comme à son insu. Il savait seulement que la cabine lui paraissait tout à coup étriquée et étouffante et qu'il désirait avidement l'air frais et le soleil brutal du dehors. Lorsqu'il revint pour desservir, Polwheal vit par les fenêtres de poupe son capitaine arpenter la galerie ; des années de service sous Hornblower lui avaient appris à tirer les conclusions convenables des attitudes du capitaine : tête baissée, l'air songeur, mains jointes derrière le dos, ce qui n'empêchait pas Hornblower de les tordre et de les frotter l'une contre l'autre en élaborant ses différents plans...

En conséquence de ce que Polwheal eut à raconter ce jour-là, les matelots surent tous qu'un nouveau coup était imminent deux bonnes heures avant que Hornblower n'apparût sur le gaillard pour donner les ordres qui allaient en amener la réalisation.

[illegible]

[illegible] de ce que l'Olivier [illegible]

XI

À L'ABORDAGE

— Ils tirent bien, capitaine, fit observer Bush, lorsqu'un jet d'eau jaillit soudain mystérieusement — fontaine passagère — à cent mètres du travers bâbord.

— Qui donc ne tirerait pas bien avec les avantages qu'ils possèdent ! répondit Gérard. Des canons de quarante-deux, installés sur le plancher des vaches à vingt mètres au-dessus de l'eau, servis par des soldats qui ont dix ans de métier !

— Malgré tout, je les ai vus tirer plus mal, fit Crystal.

— Ils sont au moins à un mille et demi, dit Bush.

— Plus que ça, corrigea Crystal.

— À peine un mille, fit Gérard.

— Des clous ! trancha Bush.

Hornblower interrompit leur discussion.

— Votre attention, messieurs, s'il vous plaît. Et j'aurais besoin de Rayner et de Hooker ; faites-moi appeler le lieutenant Rayner et le lieutenant Hooker, là-bas ! Maintenant étudiez soigneusement l'endroit.

Une douzaine de lunettes furent braquées sur Port-Vendres, derrière lequel le soleil couchant rougeoyait. À l'arrière-plan s'élevait le mont Canigou, qui donnait l'illusion d'avoir une hauteur considérable ; à gauche, les éperons rocheux des Pyrénées s'enfonçaient directement dans la mer au cap Cerbère, marquant l'endroit où finissait l'Espagne et où commençait la France. Au centre, les maisons blanches de Port-Vendres, blotties en demi-cercle autour de la petite baie, paraissaient roses dans le soleil couchant. Devant ces maisons, un navire se balançait sur ses ancres, sous la protection des batteries qui encadraient la baie ; leur emplacement était marqué par des flocons de fumée visibles par intermittence, car leurs canons essayaient, à très longue portée, d'atteindre ce navire insolent qui osait faire flotter les couleurs anglaises en vue des côtes de l'Empire.

— Observez cette batterie à gauche, Gérard, dit Hornblower. Rayner, vous voyez la batterie de droite, tenez, voilà le départ d'un coup. Repérez-la bien. Je ne veux pas d'erreur. Hooker, vous voyez la courbe que décrit la baie ? Il faut que vous puissiez ce soir conduire une embarcation directement vers ce navire, là-bas.

— Bien, capitaine, répondit Hooker, tandis que les autres officiers échangeaient des regards.

— Faites route bâbord amures, Bush. Nous devons maintenant gagner au large. Et voici vos ordres, messieurs.

Il se tourna successivement vers chaque officier et donna brièvement ses instructions. On allait, ce soir, couper les amarres du navire qui s'abritait à Port-Vendres, et on l'emmènerait ; ce serait le couronnement d'une journée qui avait commencé avec la capture de l'*Amélie* et s'était poursuivie par l'assaut donné à la batterie de Llanza.

— La lune se lève à une heure. Je veillerai à me retrouver ici, à ce même endroit, à minuit, déclara Hornblower.

Avec un peu de chance, on pouvait espérer que la garnison de Port-Vendres se sentirait rassurée en voyant le *Sutherland* s'éloigner : le navire pourrait revenir à la nuit sans trop risquer d'être aperçu. Une heure d'obscurité suffirait au succès d'une attaque surprise, et lorsque la lune se lèverait, elle donnerait assez de lumière pour permettre au navire capturé de sortir de la baie, si l'opération réussissait ; ou pour aider les attaquants à se rallier et à s'échapper, si elle échouait.

— Le lieutenant Bush restera au commandement du *Sutherland*, fit Hornblower.

— Capitaine ! protesta Bush. Je vous en prie, capitaine...

— Vous vous êtes assez distingué aujourd'hui, Bush, dit Hornblower.

Hornblower accompagnerait les assaillants. Il savait qu'il ne pourrait pas supporter l'angoisse d'attendre sur le *Sutherland*, à écouter les coups de feu, à imaginer la bataille. Il se sentait déjà tout enfiévré d'avoir laissé son esprit envisager en détail cette action future, bien qu'il prît grand soin de n'en rien laisser paraître.

— Chacun des hommes du peloton d'abordage devra être un marin, ajouta-t-il. Gérard et Rayner se partageront les soldats.

Les auditeurs approuvèrent de la tête ; ils comprenaient. Mettre à la voile dans un navire inconnu et le manœuvrer dans l'obscurité exigerait de solides qualités de marin.

— Vous comprenez tout ce que j'attends de vous ? demanda Hornblower, et ils firent oui de nouveau. Hooker, voulez-vous répéter vos ordres ?

Hooker les répéta correctement. C'était un bon officier ; Hornblower le savait bien, qui l'avait recommandé pour une promotion au grade de lieutenant après le retour de la *Lydia*.

— Bien, fit Hornblower. Maintenant, messieurs, vous voudrez bien accorder vos montres avec la mienne. Les étoiles donneront assez de lumière pour qu'on puisse lire l'heure. Eh bien ? pas de montre, Hooker ? Peut-être Bush aura-t-il la bonté de vous prêter la sienne.

Hornblower vit bien, à l'expression de ses officiers, que cette synchronisation des montres leur avait, mieux que toute autre chose, fait comprendre la nécessité de se conformer avec précision à l'horaire qu'il avait fixé. S'il avait procédé autrement, ils n'auraient attaché qu'une importance relative aux intervalles de « cinq minutes » et de « dix minutes » qu'il avait donnés ; Hornblower appréciait mieux qu'ils ne pouvaient le faire la nécessité de suivre l'horaire prévu avec une exactitude rigoureuse, au cours d'une opération compliquée effectuée dans l'obscurité.

— Vous êtes tous d'accord maintenant, messieurs ? Dans ce cas, peut-être voudrez-vous me faire tous — à l'exception de l'officier de quart — le plaisir de souper avec moi.

De nouveau, les officiers se regardèrent ; ces repas dans la cabine du capitaine, à la veille d'un engagement, étaient célèbres. Savage se rappelait les agapes qui avaient précédé, à bord de la *Lydia*, le duel avec la *Natividad*. Les deux autres officiers présents ce jour-là avaient été Galbraith, le lieutenant de sa compagnie, et Clay, son meilleur ami. Galbraith avait été emporté par la gangrène dans ce lointain Pacifique, et la tête de Clay avait été réduite en bouillie par un boulet de canon.

— Il n'y aura pas de whist ce soir, Savage ! ajouta Hornblower en souriant, lisant les pensées du jeune homme. Nous aurons trop à faire d'ici minuit.

Bien souvent auparavant, Hornblower avait insisté pour faire un whist avant un engagement ; c'était pour lui l'occasion de cacher sa propre nervosité en critiquant le jeu de ses compagnons préoccupés. Maintenant, il se forçait à être souriant, cordial et hospitalier, tandis qu'il introduisait ses invités dans sa cabine. La tension nerveuse le poussait au bavardage, et ce soir, alors que ses hôtes avaient la langue encore moins déliée que d'habitude, il pouvait pour une fois donner libre cours à son inclination naturelle, et bavarder librement pour empêcher la conversation de tomber. Les autres le regardaient avec étonnement sourire et papoter. Ils ne le voyaient jamais dans cette humeur, sauf à la veille d'un engagement ; ils avaient oublié comme il savait être humain et charmeur lorsqu'il mettait en œuvre toutes ses séductions pour les subjuguer. Pour lui, c'était un moyen commode pour éviter de penser à l'affrontement tout proche que de s'exercer ainsi à séduire, tout en maintenant rigoureusement les distances qu'il convenait de garder entre un capitaine et ses subordonnés.

— Je crains, messieurs, dit-il à la fin du repas, froissant sa serviette et la jetant sur la table, qu'il ne soit l'heure de remonter sur le pont. Quel dommage vraiment d'interrompre cette charmante réunion !

Ils quittèrent la cabine, qu'éclairait généreusement la lampe, pour l'obscurité du pont. Les étoiles brillaient dans le ciel sombre, et sur la mer qui en reflétait l'éclat, le *Sutherland* glissait comme un fantôme ; ses pyramides de toile s'élevaient à perte de vue et les seuls bruits perceptibles étaient la plainte du gréement et le chant périodique de l'eau sous l'étrave, lorsque le navire chevauchait les petites vagues invisibles. L'équipage se reposait sur les passavants et sur le pont principal, bavardant à voix basse. Lorsque, d'une voix étouffée, leurs officiers les appelèrent, les hommes se rassemblèrent en silence, chaque section en un point donné, suivant son rôle particulier. Hornblower contrôla avec Bush la position du navire et s'efforça d'apercevoir dans sa lunette le rivage invisible.

— L'équipage du grand canot, par ici ! appela Gérard à mi-voix.

— L'équipage de la chaloupe, par ici ! fit Rayner en écho.

Les hommes qui leur étaient attribués s'alignèrent en

silence à hauteur du grand mât. Les équipages des canots se rassemblèrent ensuite sur le gaillard d'arrière ; Hornblower emmenait deux cent cinquante hommes en tout ; si l'expédition était un désastre complet, Bush aurait à peine assez de bras pour ramener le *Sutherland* au lieu de rendez-vous.

— Vous pouvez mettre en panne, Bush, dit Hornblower.

Une par une, les embarcations furent mises à la mer et restèrent à quelque distance, les rames levées. Le dernier de tous, Hornblower descendit la coupée et s'assit à côté de Brown et de Longley, à l'arrière du deuxième canot ; Brown poussa une sorte de grognement, les hommes tirèrent sur les rames, et la flottille, avirons assourdis, s'éloigna d'un même élan. L'obscurité était intense et, par une illusion d'optique habituelle, elle paraissait encore plus intense à la surface de la mer que sur le pont du *Sutherland*. Lentement le deuxième canot gagna sur la chaloupe et sur le grand canot ; puis ces derniers divergèrent, et Hornblower les perdit rapidement de vue. Les avirons semblaient effleurer sans bruit la noirceur veloutée de la mer.

Hornblower se forçait à rester immobile, la main sur la garde de son sabre de cinquante guinées. Il aurait voulu tendre le cou pour suivre du regard les autres embarcations ; chaque minute passée dans l'inaction le rendait plus nerveux. L'un de ces imbéciles de soldats pouvait fort bien tripoter la platine de son mousquet ; ou bien un pistolet, imprudemment laissé avec le chien armé, pouvait partir pendant que son propriétaire tirait sur son aviron. La moindre alarme donnée aux gens du rivage signifierait la faillite de toute l'expédition, entraînerait peut-être la perte de centaines de vies humaines, et pour lui — s'il survivait — les reproches pleins de mépris de son amiral. Il fronça les sourcils et se contraignit à rester encore cinq minutes immobile avant de prendre sa lunette de nuit.

Enfin, il aperçut un très léger soupçon de falaise grise. La main sur le gouvernail, il modifia la route jusqu'à ce qu'ils atteignent presque l'entrée de la crique.

— Doucement ! dit-il dans un souffle, et le bateau glissa silencieusement sous les étoiles.

Tout proches vers l'arrière, deux tout petits noyaux d'obscurité plus intense indiquaient l'endroit où les deux autres canots étaient arrêtés. En mettant sa montre presque sous son nez, il put tout juste lire l'heure, il avait trois bonnes minutes à attendre.

Un bruit d'avirons dans le lointain parvint à ses oreilles ; il entendit leur clapotement à deux cents mètres de là, à l'intérieur du port. Il crut même un instant qu'il voyait l'eau jaillir. Comme il s'y attendait, les Français montaient la garde autour de leur précieux navire. Pourtant son capitaine n'avait pas compris qu'un canot de ronde, aux avirons assourdis, glissant lentement à la surface de l'eau, aurait été un obstacle bien plus dangereux, pour un ennemi cherchant à s'emparer du navire, qu'un canot quelconque faisant bruyamment la navette d'un côté à l'autre de l'entrée de la baie. Il regarda de nouveau sa montre.

— À vos rames ! murmura-t-il, et les hommes se raidirent, prêts à tirer. Le canot de ronde est là en face de vous... Les couteaux seulement, n'oubliez pas ! Si l'un d'entre vous se sert de son pistolet avant moi, je le descends de ma propre main. Allez !

L'embarcation reprit sa marche silencieuse et pénétra furtivement dans le port. Encore quelques secondes, et elle aurait atteint le point où les feux des batteries se croisaient, le point que les sentinelles tenaient sous leur observation constante et vers lequel les canons étaient pointés à la tombée de la nuit, de sorte qu'une seule salve suffisait à pulvériser un bateau tentant l'approche. Pendant une seconde qui lui parut horrible, Hornblower se demanda si le grand canot et la chaloupe ne s'étaient pas égarés. Puis il perçut le bruit qu'il attendait : une sommation à haute voix à sa droite, que la mer lui transmit avec netteté, puis une autre à sa gauche, toutes deux noyées aussitôt dans un feu roulant de mousqueterie. Rayner et Gérard menaient leurs groupes à l'attaque des batteries, et conformément aux ordres reçus, ils faisaient un vacarme infernal de façon à distraire l'attention des artilleurs au moment crucial.

Il vit l'eau jaillir sous les avirons du canot de ronde, avec plus de netteté que précédemment, car son équipage ramait au petit bonheur, plus occupé du vacarme sur le rivage que de ses propres affaires. Hornblower fonça droit sur lui en silence et sans éveiller l'attention. Il n'en était pas à plus de cinquante mètres lorsque enfin quelqu'un l'aperçut.

— Qui va là ? dit une voix rude, mais avant qu'on ait eu le temps de répondre, l'embarcation, obéissant au gouvernail que manœuvrait Hornblower, aborda avec fracas le flanc du canot étranger.

Un ordre rapide de Hornblower avait fait rentrer les avirons une seconde avant la collision, tandis que le choc fauchait les avirons du canot de ronde, culbutant tous les rameurs de ce bord les uns sur les autres, au fond du bateau. Hornblower, sabre au clair, bondit comme un fou à bord du canot désemparé ; il était dans un état d'énervement et d'excitation tel qu'il en suffoquait. Il tomba à pieds joints sur un homme qui se tenait à l'arrière, le culbuta, et conserva miraculeusement son équilibre. Il vit près de son genou un visage blafard et lança un violent coup de pied ; il sentit un choc dans sa jambe et porta au même moment, de toutes ses forces, un coup de sabre en direction d'un autre visage devant lui. Il sentit l'acier mordre dans l'os ; le canot roulait furieusement à mesure que ses hommes s'y précipitaient. Face à lui quelqu'un se redressait, quelqu'un dont il aperçut, à la lueur des étoiles, le visage balafré d'une moustache noire, pas un Anglais par conséquent. En dépit des oscillations de la barque, qui le faisaient tituber, Hornblower se jeta furieusement en avant, et son adversaire et lui s'écroulèrent ensemble sur les hommes qu'ils piétinaient. Lorsqu'il réussit à se remettre sur ses jambes, la lutte était terminée, sans qu'un coup de feu eût été tiré. Les hommes qui montaient le canot de ronde étaient morts ou assommés, ou jetés pardessus bord. Hornblower sentit son cou et son poignet mouillés et gluants — de sang probablement — mais il n'avait pas le temps d'y penser.

— Vite au canot, les enfants, dit-il. Et en route !

La lutte n'avait guère duré plus de quelques secondes. Près des batteries, le vacarme de l'attaque continuait. Comme son embarcation s'éloignait du canot désemparé, Hornblower entendit le crépitement soudain d'un feu de mousqueterie provenant de l'intérieur de la baie. Les deux petits canots avaient atteint sans encombre le navire à l'ancre, après avoir, comme Hornblower l'avait rigoureusement prescrit, dépassé sans se détourner les deux embarcations engagées dans la lutte corps à corps. La main sur le gouvernail, il mit le cap sur la lueur des mousquets. À ce qu'il semblait, les hommes des petits canots n'avaient pas réussi à enlever le navire au premier assaut, car la lueur des coups de feu restait régulière tout le long du bastingage du navire ; ses filets d'abordage devaient être installés, et son équipage ne devait dormir que d'un œil au moment de l'attaque.

À côté de Hornblower, le petit Longley dansait d'excitation sur son siège.

— Reste tranquille, mon garçon, grogna Hornblower.

Il manœuvra la barre et l'embarcation passa sous l'arrière du navire pour gagner le côté non engagé.

— Ramez ! dit Hornblower entre ses dents. Tenez bon, là-bas, à l'avant. Et maintenant, allons-y, les enfants, et n'ayez pas peur de pousser des cris !

L'escalade du flanc du navire fut pénible : les filets d'abordage étaient bien installés, comme Hornblower le pensait. Il trouva un appui pour son pied sur le bastingage, à travers le filet ; il oscillait dangereusement, penché au-dessus de l'eau, car les filets étaient fixés sur les bouts de vergue et débordaient largement le navire. Il se débattait dans les mailles comme une mouche dans une toile d'araignée. Près de lui, Longley gigotait de même. L'enfant avait son poignard entre les dents, comme dans les histoires de marins qu'il avait entendu raconter. Il avait l'air si égaré, accroché au filet avec ce grand couteau disgracieux à la bouche, que Hornblower se mit à rire nerveusement, bêtement, sur son perchoir si précaire. Tout en se tenant fermement d'une main, il tira son sabre du fourreau et taillada les cordages goudronnés. Tout le filet était furieusement agité par les efforts violents des assaillants ; une secousse lui fit presque lâcher prise.

Autour de lui, ses hommes hurlaient comme des possédés. Cette attaque surprise sur le flanc non gardé devait éprouver les nerfs des défenseurs qui essayaient de repousser l'assaut des deux petits canots. Le sabre de cinquante guinées était de l'acier le plus fin, et il coupait comme un rasoir ; il tranchait l'une après l'autre les mailles du filet. Puis quelque chose se rompit d'un seul coup. Pendant une seconde, Hornblower perdit son appui et fut sur le point de basculer en arrière ; mais il se rétablit par un effort convulsif, se lança en avant à travers le filet et tomba sur les mains et les genoux, son sabre rebondissant bruyamment sur le pont devant lui. Un Français se précipita à sa rencontre, et il aperçut le fer menaçant d'une lance. Se saisissant de la hampe, il roula sur le dos pour éviter le coup. Le genou du Français l'atteignit violemment derrière la tête : son assaillant trébucha sur lui et, tout en s'affalant, réussit à lui coincer douloureusement la nuque. Il parvint à se libérer, retrouva son sabre par miracle, et se remit debout pour faire face à d'autres formes obscures qui s'avançaient vers lui.

Un pistolet partit à son oreille, le rendant à moitié sourd, et il lui sembla, à la lueur du coup, que tout le groupe de ses attaquants s'évanouissait. Ces autres formes qui maintenant traversaient le pont étaient des Anglais ; ils poussaient des cris de joie.

— Crystal !

— Capitaine !

— Coupez le câble. Hooker est-il là ?

— Oui, capitaine.

— Emmenez vos hommes dans la mâture et établissez la voilure.

On n'avait pas encore le temps de se féliciter. Des embarcations pouvaient venir à toutes rames du rivage et amener des renforts ; Rayner et Gérard pouvaient être repoussés par les garnisons des batteries, si bien qu'il lui faudrait soutenir le feu des canons.

— Brown !

— Capitaine !

— Envoyez la fusée.

— Bien, capitaine.

La fusée que Brown avait apportée avec lui sur l'ordre de Hornblower devait signaler aux groupes de débarquement que le navire était pris. Un souffle très net venait de la terre, qui allait faciliter la fuite du navire ; Hornblower avait compté sur cette brise ; après la chaleur étouffante de la journée, on pouvait s'attendre à ce que le vent soufflât de la terre au cours de la nuit.

— Le câble est sectionné, capitaine ! héla Crystal de l'avant.

Hooker avait établi le grand hunier et déjà le navire culait.

— Aux bras, là-bas ! Ceux du petit canot ! ceux du premier canot ! Benskin ! Ledly ! À la roue ! À bâbord toute !

Brown était accroupi sur le pont ; son briquet à silex cliquetait et la flamme jaillit. La fusée s'éleva dans un jaillissement d'étincelles et éclata en étoiles, très loin au-dessus d'eux. Lorsque la trinquette fut établie, l'avant du navire vint dans le vent, et comme le bâtiment retrouvait son équilibre, le vent par le travers et le cap sur la sortie de la baie, la lune apparut à l'horizon, droit devant, une lune gibbeuse et blafarde qui éclairait juste assez pour permettre à Hornblower de se diriger facilement vers la sortie de la baie, entre les batteries. Il entendit des coups de sifflet, par-dessus les coups de feu qui claquaient encore autour des batteries. Rayner et Gérard rappelaient leurs hommes.

Deux « flacs » indiquèrent que deux membres de l'équipage du navire préféraient tenter d'atteindre le rivage à la nage plutôt que d'affronter la captivité.

L'opération avait été bien menée et elle était couronnée de succès.

XII

LES VAINQUEURS NUS

Il était peu probable que ce golfe du Lion fût un lieu de croisière profitable ; ainsi en décida Hornblower qui étudiait la côte de France à la lunette. Il était ainsi dessiné qu'un vent, quel qu'il fût, vent du nord jusqu'à ouest-quart-sud-ouest, trouverait le navire dans une situation désavantageuse, avec la terre sous son vent. Il était traître, peu profond et capable de se soulever en lames énormes sous les coups de fouet de la tempête. En matière de navigation, il valait la peine de courir des risques si c'était pour saisir quelque aubaine ; mais, pensa Hornblower en regardant la côte, il y avait ici bien peu de chances qu'une aubaine surgît. De Port-Vendres à Marseille — limite d'action de la division de surveillance des côtes —, le littoral, fort bas, était bordé de grandes lagunes désolées, séparées de la mer par de longues langues de sable, voire par des avancées de terres en culture. Quelques batteries étaient établies sur ces flèches sableuses où se dressaient de véritables forts, et les bourgs côtiers — Sète, Aigues-Mortes, etc. — étaient entourés de fortifications médiévales qui défieraient tous les efforts qu'il pourrait tenter contre elles.

Mais le facteur important était cette chaîne de lagunes, réunies entre elles depuis l'époque romaine par toute une série de canaux. Des bâtiments de deux cents tonneaux pouvaient voyager à l'intérieur du littoral ; à vrai dire, il voyait en ce moment même dans sa lunette des voiles sombres qui avaient l'air de glisser sur le vert des vignobles. Les passes d'accès à cette chaîne de lagunes étaient toutes défendues par de solides ouvrages ; et à supposer qu'il tentât de forcer par surprise une de ces entrées, cela l'obligerait à courir de gros risques en naviguant le long des chenaux tortueux, entre les bancs de sable, et sous le feu des canons. Même s'il réussissait, il lui serait encore bien difficile d'attaquer les transports dans l'espace réduit des lagunes.

Sous le ciel intensément lumineux, la Méditerranée bleue prenait des teintes vertes et parfois jaunes çà et là, sur les hauts-fonds, comme pour rappeler constamment à Hornblower, qui arpentait son pont, qu'il naviguait dans des eaux pleines d'embûches. À l'avant, le navire bourdonnait d'activité comme une ruche. Bush, montre en main, surveillait les cinquante hommes qu'il exerçait dans la mâture ; en une heure et demie, ils venaient d'établir et de serrer la voile du petit perroquet une douzaine de fois, ce qui devait intriguer les nombreuses lunettes braquées du rivage sur le navire. Sur le pont principal, Harrison, le maître d'équipage, était assis sur un tabouret en compagnie de deux seconds maîtres et d'une vingtaine de nouvelles recrues assises à la turque autour de lui : il apprenait aux plus avancés quelques-unes des subtilités de l'art du nœud. Du pont inférieur parvenaient les grincements et le grondement des affûts ; Gérard exerçait ses apprentis pointeurs aux six canons de vingt-quatre de l'avant ; son ambition était d'avoir à chaque canon six chefs de pièce exercés, et il était encore bien loin du compte. Sur la poupe, Crystal avec son sextant essayait patiemment d'inculquer aux aspirants les éléments de navigation, et ces garnements ne cessaient de remuer et de s'agiter au long du discours monotone qu'il leur tenait. Hornblower avait un peu pitié d'eux ; il avait adoré les mathématiques dès son enfance, les logarithmes avaient été un jeu pour lui quand il avait l'âge du petit Longley, et un problème de trigonométrie sphérique lui était une source de joie, analogue, comprit-il tout à coup, à celle que donnait à certains de ces jeunes gens la musique qui sonnait si mal à ses propres oreilles.

D'en bas parvenait le bruit monotone des marteaux : le charpentier et ses aides achevaient de réparer le grand trou qui avait été fait hier matin — il était à peine croyable qu'il n'y eût guère que vingt-quatre heures de cela — par le canon de quarante-deux de la batterie de Llanza, et le cliquetis des pompes indiquait que les marins coupables de légères offenses étaient en train de vider l'eau de la cale. Grâce à son récent radoubage, le *Sutherland* laissait filtrer une quantité d'eau extraordinairement faible, moins d'un pouce par jour par temps calme, et une heure de pompage chaque matin suffisait à en venir à bout ; Hornblower désignait pour cette corvée les délinquants que Bush ou Harrison avaient inscrits sur leurs registres de punitions parce qu'ils s'étaient trouvés les derniers en haut de l'écoutille, ou parce qu'ils avaient attaché leur hamac à quatre tours et demi de corde, ou parce qu'ils avaient commis l'un des innombrables péchés par action ou par omission qui chagrinent si fort les maîtres d'équipage et les premiers lieutenants. Un tour aux pompes — le travail du bord le plus monotone et le moins attrayant — était un châtiment bien plus économique que le fouet, et Hornblower pensait que la menace n'en était pas moins efficace, ce qui amusait plutôt Bush.

La fumée sortait de la cheminée et l'odeur de la cuisine parvenait à Hornblower sur le gaillard. Les hommes allaient avoir un bon dîner aujourd'hui, avec du pudding aux raisins ; hier, ils n'avaient eu que des biscuits et de l'eau fraîche, le navire ayant été engagé trois fois en vingt-quatre heures. Ils ne se souciaient pas de cela, tant que le succès couronnait leurs efforts. Il était étonnant de constater combien la plus légère victoire était favorable à la discipline. Aujourd'hui, malgré onze morts et seize blessés, malgré trente-quatre hommes partis avec les prises — moins deux prisonniers qui avaient préféré servir le roi d'Angleterre plutôt que d'affronter l'une de ses prisons — l'équipage du *Sutherland* formait un groupe de combat bien plus efficace que deux jours plus tôt, alors que le rôle du bord était au grand complet. Du gaillard, Hornblower voyait la gaieté et la bonne humeur sur tous les visages.

Lui-même était joyeux et plein d'entrain. Pour une fois, il oubliait de se dénigrer à ses propres yeux. Il ne pensait plus à ses craintes de la veille ; trois opérations successives dans la même journée lui avaient rendu confiance en lui. Il était plus riche de mille livres au moins grâce à ses prises, et cela faisait plaisir à penser. Jamais de sa vie il n'avait possédé mille livres. Il se souvint du tact avec lequel lady Barbara avait détourné son regard après un seul coup d'œil aux boucles en similor de ses souliers. La prochaine fois qu'il dînerait avec elle, il porterait des boucles en or massif, incrustées de diamants si ça lui chantait, et il trouverait bien un moyen discret d'attirer sur elles l'attention de la dame. Quant à Maria, elle arborerait bracelets et bagues, pour étaler aux yeux du monde les succès de son mari.

Hornblower se rappela avec orgueil qu'il n'avait pas éprouvé une seconde de peur, la nuit précédente à Port-Vendres, ni lorsqu'il avait bondi dans le canot de ronde, ni même lorsqu'il s'était trouvé, comme dans un cauchemar, aux prises avec le filet d'abordage. Non seulement il possédait maintenant la richesse qu'il avait tant désirée, mais il s'était prouvé à lui-même, à sa grande surprise, qu'il possédait ce courage, animal en quelque sorte, qu'il avait tant envié à ses subordonnés. Bien que, suivant sa manière, il n'attachât pas d'importance au courage moral, au talent d'organisateur et à l'habileté qu'il avait montrés en cette affaire, il se sentait soulevé par une vague d'optimisme et de confiance en soi. Tout pétillant de bonne humeur, il se retourna pour scruter cette côte plate et rébarbative, à sa gauche, en se demandant comment il pourrait y semer le désarroi. Dans sa cabine étaient rangées des cartes marines prises à l'ennemi, cartes dont l'avait pourvu l'Amirauté, comme en avaient été pourvus le *Pluton* et le *Caligula*, probablement. Hornblower, qui passait les toutes premières heures de chaque jour à les étudier, en évoqua les détails dans son esprit tout en examinant par-delà les hauts-fonds la bande verdoyante de la côte, et, plus loin, les voiles sombres. Il s'était approché du littoral autant qu'il avait osé, et pourtant ce navire, là-bas, était encore à un demi-mille de la portée de ses canons.

À sa gauche était Sète, perchée au sommet d'une petite colline dominant toute la région avoisinante. Hornblower évoqua Rye, dominant les parages marécageux de Romney ; mais Sète était une petite ville triste où le noir était la teinte dominante, toute différente de Rye avec ses gris et ses rouges si riants. Et Sète, il le savait, était entourée de remparts, et possédait une garnison contre laquelle il ne pouvait rien tenter. Derrière la ville s'étendait une vaste lagune : l'étang de Thau — l'un des principaux maillons de cette chaîne de voies navigables intérieures qui offraient abri et protection aux navires marchands français depuis Marseille et la vallée du Rhône jusqu'au pied des Pyrénées. En ce qui le concernait, Sète était invulnérable et les vaisseaux de l'étang de Thau n'avaient rien à craindre de lui.

Il se trouvait pourtant en face de la portion la moins bien défendue de cette voie navigable intérieure : cette courte section où le canal d'Aigues-Mortes à l'étang de Thau n'était séparé de la mer que par une étroite langue de terre. S'il voulait porter un coup, c'était ici qu'il devait le faire ; de plus, en cet instant même, il voyait un objectif à atteindre : cette voile sombre à moins de deux milles. Ce devait être un de ces petits caboteurs faisant la navette entre Port-Vendres et Marseille avec du vin et de l'huile. Ce serait pure folie que d'essayer de l'attaquer, et pourtant, pourtant... il se sentait un peu fou aujourd'hui.

— Appelez-moi le patron de mon canot, dit-il à l'aspirant de quart.

Il entendit l'appel retentir sur le pont principal, et deux minutes plus tard Brown accourait vers lui le long du passavant, et s'arrêtait, le souffle court, pour attendre les ordres.

— Savez-vous nager, Brown ?

— Nager, capitaine ? Oui, capitaine.

Hornblower mesurait du regard la forte carrure de Brown, son cou puissant. D'abondants poils noirs apparaissaient à l'échancrure de sa chemise.

— Combien savent nager parmi les hommes de mon canot ?

Brown regarda d'un côté, puis de l'autre, avant de faire l'aveu qui, il ne l'ignorait pas, le ferait tenir en mépris. Pourtant il n'osa pas mentir, pas à Hornblower.

— J'sais pas, capitaine.

En s'abstenant de faire la remarque qui s'imposait, Hornblower savait qu'il était plus cinglant encore que s'il avait dit : « Vous devriez le savoir. »

— Je veux des marins pour mon canot ; tous bons nageurs, et tous volontaires ; c'est pour une affaire dangereuse. Vous m'entendez, Brown, je veux des vrais volontaires, pas question de vos méthodes de presse.

— Bien, capitaine, fit Brown ; puis après un instant d'hésitation : Tout le monde sera volontaire, capitaine. Ça sera difficile de choisir. Est-ce que vous en êtes, capitaine ?

— Oui. Un sabre d'abordage à chaque homme. Et à chaque homme un paquet de combustible.

— Com... combustible, capitaine ?

— Oui. Briquet à silex. Une ou deux étoupilles, des chiffons gras, et un bout de corde à feu pour chacun, le tout enveloppé dans une toile imperméable. Allez trouver le voilier et demandez-lui de la toile huilée. Et une aiguillette pour chacun, pour attacher le paquet si nous devons nager.

— Bien, capitaine.

— Présentez mes compliments au lieutenant Bush et demandez-lui de venir me trouver. Après cela, préparez vos hommes.

Bush vint vers l'arrière en se dandinant, le visage tout pétillant de curiosité ; avant qu'il eût atteint le gaillard, tout le navire bourdonnait de rumeurs variées ; les histoires les plus invraisemblables concernant ce que le capitaine avait maintenant décidé de faire circulaient parmi l'équipage qui avait passé la matinée à s'occuper autant de la côte de France que de son ouvrage.

— Bush, résuma Hornblower, je vais aller à terre pour brûler ce caboteur que vous voyez là-bas.

— Bien, capitaine, répondit Bush. Comptez-vous y aller vous-même, capitaine ?

— Oui, fit Hornblower d'un ton bref.

Il ne pouvait pas expliquer à Bush qu'il était par tempérament peu capable d'envoyer des hommes à terre pour une expédition qui nécessitait des volontaires, et de ne pas y aller lui-même. Il dévisagea Bush d'un air de défi ; Bush l'interrogea du regard, ouvrit la bouche pour protester, se ravisa et modifia ce qu'il allait dire.

— Grand canot et chaloupe, capitaine ?

— Non ! Ils s'échoueraient à huit cents mètres du rivage.

C'était évident ; quatre lignes d'écume successives indiquaient les endroits où se brisaient les vagues minces, très loin du bord de l'eau.

— Je prends mon canot avec un équipage de volontaires.

L'expression de Hornblower sembla encore défier Bush d'émettre une protestation quelconque ; mais, cette fois, Bush se risqua bel et bien à en élever une.

— Bien, capitaine. Ne puis-je pas y aller ?

— Non.

Ce refus brutal ne laissait plus place à la discussion. En regardant l'air altier de Hornblower, Bush eut l'impression bizarre — déjà éprouvée auparavant — d'en être réduit à jouer le rôle du père aux prises avec un enfant plein de fougue ; il aimait son capitaine comme il aurait aimé son fils s'il en avait eu un.

— Et entendez-moi bien, Bush. Pas d'expédition de secours. Si nous ne revenons pas, nous ne revenons pas, un point c'est tout. Vous comprenez ? Voulez-vous que je vous donne ça par écrit ?

— Inutile, capitaine. J'ai compris.

Bush dit ces mots tristement. Bien que Hornblower eût le plus grand respect pour les qualités et les capacités de Bush, lorsqu'il s'agissait de cette épreuve pratique décisive qu'est l'établissement de plans originaux, il n'avait aucune confiance dans la compétence de son premier lieutenant. Il était effrayé à la pensée de Bush avançant à l'aveuglette en plein territoire français et gaspillant de précieuses vies humaines à tenter vainement de délivrer son capitaine.

— Bon. Mettez en panne, Bush. Si tout va bien, nous serons de retour dans une demi-heure. Courez des bordées au plus près de la terre en nous attendant.

Le canot armait huit avirons ; lorsque Hornblower donna le signal du départ, il avait bon espoir que la mise à l'eau de l'embarcation passerait inaperçue du rivage. L'exercice que Bush avait fait faire le matin dans la mâture avait dû habituer les Français à voir le *Sutherland* exécuter des manœuvres apparemment sans but ; il était possible qu'on ne l'eût pas vu masquer rapidement ses huniers. Il prit place à côté de Brown tandis que les hommes se courbaient sur leurs avirons. Le canot dansait légèrement et vivement sur la mer ; il dirigea sa course de façon à atteindre le rivage un peu en avant de la voile brune que l'on apercevait par-delà le vert de la bande côtière. Puis il regarda le *Sutherland*, imposant avec ses pyramides de toiles, qui diminuait avec une rapidité extraordinaire à mesure que le canot s'en éloignait. Même à ce moment, l'esprit sans cesse actif de Hornblower se mit à étudier ses formes et l'inclinaison de ses mâts, et à examiner comment il pourrait améliorer les qualités nautiques du navire.

Ils avaient dépassé la première ligne de brisants sans s'échouer — à peine pouvait-on parler de brisants, tant la mer était paresseuse — et filaient vers la plage dorée. Un instant plus tard, le canot glissa sur le sable et s'arrêta, fit encore quelques mètres et s'échoua de nouveau.

— À l'eau, les gars ! fit Hornblower.

Il passa les jambes par-dessus bord et sauta dans l'eau qui lui arrivait à mi-cuisse. Les hommes furent aussi rapides que lui ; ils saisirent les fargues et coururent en halant le canot allégé jusqu'à ce que l'eau leur arrivât aux chevilles. La première impulsion de Hornblower fut de se laisser emporter par son impatience et de se précipiter vers l'intérieur dans une course désordonnée, mais il se contint.

— Vos sabres ? demanda-t-il sévèrement. Vos boutefeux ?

Scrutant rapidement ses hommes, il s'assura que tous étaient armés et équipés, puis posément il emmena sa petite troupe vers le haut du rivage. La distance était trop grande pour qu'on pût espérer la franchir au pas de course, et nager ensuite. La plage de sable était dominée par une espèce de talus de galets peu élevé, où poussaient des perce-pierres. Ils le franchirent d'un bond et se retrouvèrent parmi des vignes vertes ; à moins de vingt pas, un vieil homme courbé et deux vieilles femmes étaient occupés à biner. Ils levèrent la tête, stupéfaits devant cette apparition soudaine et fixèrent, muets d'étonnement, ce groupe de marins bruyants. À cinq cents mètres de là, par-delà la vigne toute plate, pointait la voile brune à livarde ; une petite voile d'artimon était maintenant visible derrière elle. Hornblower choisit un sentier étroit qui avait l'air d'aller dans cette direction.

— Allons, allons, venez, les enfants ! dit-il, et il partit au petit trot.

Le vieillard cria quelque chose en voyant les marins piétiner son champ ; ils riaient comme des enfants en entendant parler français pour la première fois de leur vie. Et puis, la plupart d'entre eux n'avaient jamais vu de vigne auparavant ; Hornblower les entendait jacasser derrière lui et s'étonner de ces rangées régulières de ceps, sans valeur à leurs yeux, et de ces grappes minuscules de raisin vert.

Ils traversèrent la vigne ; à son extrémité, une petite pente abrupte menait à un chemin de halage raboteux qui longeait le canal. À cet endroit, la lagune n'avait pas plus de deux cents mètres de large, et le chenal navigable était évidemment proche du chemin de halage car il était probable que la ligne de bouées clairsemées, à cent mètres de là, marquait les hauts-fonds. À deux cents mètres d'eux, le caboteur glissait lentement dans leur direction, encore ignorant du danger qui le menaçait. Les hommes poussèrent des clameurs de joie et se débarrassèrent de leurs vêtements.

— Silence, espèce de sots ! grogna Hornblower — il déboucla son ceinturon, dépouilla sa tunique.

Aux cris poussés par les hommes, l'équipage du caboteur s'était porté en groupe vers l'avant. Il y avait là trois hommes, auxquels se joignirent, un instant plus tard, deux femmes vigoureuses qui se mirent à examiner, la main sur les yeux. Ce fut l'une d'elles, plus perspicace que les autres, qui la première comprit ce que signifiait cette troupe d'hommes en train de se déshabiller sur la berge. Pendant qu'il enlevait sa culotte, Hornblower entendit la femme pousser un cri et la vit courir vers l'arrière. Le caboteur continuait à glisser vers eux ; lorsqu'il fut presque à leur hauteur, la grande voile à livarde descendit précipitamment et le petit navire s'écarta du chemin de halage sous l'action de son gouvernail. Mais il était trop tard pour le sauver. Il traversa la ligne des bouées et s'échoua brutalement sur les hauts-fonds. Hornblower vit alors l'homme de barre quitter son poste et se retourner pour les examiner, tandis que les autres, hommes et femmes, se pressaient autour de lui, Hornblower attacha son sabre autour de ses hanches nues ; Brown était nu, lui aussi, et bouclait son ceinturon ; à même la peau, il portait un sabre sans fourreau.

— En avant ! fit Hornblower.

Le plus tôt fait serait le mieux. Il joignit les mains et se laissa tomber dans la lagune en un plongeon maladroit ; les hommes le suivirent au milieu des cris et des éclaboussures. L'eau était chaude et douce comme du lait, et Hornblower nageait aussi lentement et aussi posément qu'il pouvait. Il n'était pas bon nageur et les cent brasses qui le séparaient du caboteur lui paraissaient une distance considérable. Le sabre qui pendait à sa taille lui semblait déjà lourd. Brown, qui nageait une brasse indienne puissante, le dépassa, soulevant de véritables vagues ; il tenait entre les dents l'aiguillette de son paquet, et ses cheveux noirs étaient comme vernissés par l'eau. Les autres suivaient. Lorsqu'ils atteignirent le caboteur, Hornblower était largement distancé. Ils escaladèrent avant lui l'embelle basse sur l'eau ; puis leur sens de la discipline reprit le dessus, et ils se baissèrent pour le hisser à bord. Il se hâta vers l'arrière, sabre au clair. Hommes et femmes étaient là, formant un groupe maussade ; pendant un instant il se demanda ce qu'il allait faire d'eux. Français et Anglais se dévisagèrent dans le soleil aveuglant ; l'eau ruisselait des corps nus, mais l'instant était si tendu que nul ne semblait remarquer leur nudité. Hornblower se souvint avec soulagement du petit youyou qui était à la remorque, à l'arrière ; il le montra du doigt et essaya de se rappeler quelques mots français.

— Au bateau ! dit-il. Dans le bateau !

Les Français hésitaient. Il y avait là quatre hommes entre deux âges, un vieillard, une vieille femme, et une luronne dans la force de l'âge. Les marins anglais se groupèrent derrière leur capitaine en brandissant leurs sabres.

— Entrez dans le bateau ! s'impatientait Hornblower. Hobson, amenez-moi le youyou près du bord.

La plus jeune des femmes leur lança une bordée d'injures ; elle hurlait d'une voix aiguë, agitait furieusement les mains et les bras, et le pont résonnait du bruit de ses socques de bois.

— Je vais m'en occuper, capitaine, s'interposa Brown. Viens ici, toi. Saute là-dedans !

Il saisit l'un des hommes par la peau du cou tout en agitant son sabre, et le tira à travers le pont. L'homme céda et se laissa glisser par-dessus bord ; une fois l'exemple donné, les autres suivirent. Brown détacha l'amarre, et le youyou surchargé partit à la dérive, tandis que la femme continuait à crier ses injures dans un mélange de français et de catalan.

— Mettez le feu au navire, dit Hornblower. Brown, prenez trois hommes avec vous et descendez voir ce que vous pouvez faire dans la cale.

L'équipage chassé avait tiré du youyou une paire d'avirons : il ramait prudemment en direction du chemin de halage, car l'esquif était si chargé que le bord était à un pouce de l'eau. Hornblower les regarda traverser la lagune et escalader la berge.

Son équipage d'élite travaillait vite et bien. Un craquement violent venu de la cale indiqua que l'équipe de Brown éventrait une partie de la cargaison pour établir un foyer d'incendie. Presque aussitôt, la fumée sortit par la claire-voie de la cabine ; l'un des hommes avait entassé là tous les meubles et les avait arrosés avec le pétrole des lampes ; en un instant, tout le tas fut en feu.

— La cargaison comprend des tonneaux d'huile et des sacs de grain, signala Brown. Nous avons défoncé quelques tonneaux et ouvert quelques sacs, capitaine. Ça va faire un bon feu. Regardez, capitaine.

Du panneau central montait déjà un mince filet de fumée noire, et la chaleur qui sortait de l'écoutille donnait l'impression que tout l'avant du navire dansait et chatoyait au soleil. Le feu avait déjà pris également dans le bordage sec du pont, en avant de l'écoutille. Il craquait et pétillait bruyamment, bien qu'il fût à peine visible sous ce soleil ardent et ne dégageât qu'à peine de fumée ; un autre foyer, à l'avant, crachait d'épaisses volutes qui s'échappaient par la porte de la cloison transversale et roulaient lourdement vers eux.

— Arrachez quelques planches du pont ! lâcha Hornblower d'une voix rauque.

Les planches volèrent bruyamment en éclats ; le silence qui suivit fit contraste ; pourtant ce n'était pas vraiment du silence, car Hornblower percevait tout au fond un grondement continu et sourd : celui des flammes dévorant la cargaison ; l'augmentation du tirage provoquée par les ouvertures pratiquées dans le pont propageait l'incendie avec une vitesse incroyable.

— Grands dieux ! Quel spectacle ! s'exclama Brown.

Tout le milieu du navire paraissait s'ouvrir, avec ces torrents de flammes qui sortaient du pont. La chaleur fut soudain insupportable.

— Nous pouvons partir, maintenant, fit Hornblower. Venez, mes amis.

Il donna l'exemple en plongeant dans l'eau tiède, et la petite troupe regagna lentement la berge à la nage. Lentement, cette fois ; l'ardeur de l'attaque avait disparu. L'horrible spectacle du feu rougeoyant sous le pont avait calmé tout le monde. Ils nageaient posément, serrés autour de leur capitaine qui maintenait une allure modérée, ralentie par sa fatigue autant que par sa brasse peu scientifique. Il fut heureux de pouvoir enfin tendre le bras et saisir les herbes qui poussaient sur la berge. Les autres le précédèrent hors de l'eau ; Brown lui tendit une main humide et l'aida à prendre pied sur le chemin de halage.

— Sainte Vierge Marie ! s'écria l'un des hommes. Mais regardez donc cette vieille garce !

Ils étaient à trente mètres de l'endroit où ils avaient laissé leurs vêtements : et c'était là que l'équipage du caboteur avait débarqué ! Au moment où l'Irlandais avait attiré leur attention, la femme qui les avait injuriés jetait une dernière loque dans la lagune. Il ne restait plus rien sur la berge. Une ou deux chemises flottaient encore sur l'eau, comme des épaves, soutenues par l'air emprisonné dans leurs plis, mais pratiquement tous leurs vêtements étaient allés au fond.

— Pourquoi avez-vous fait ça, nom de Dieu ! hurlait Brown.

Tous les marins s'étaient précipités vers les Français et, tout nus, dansaient et gesticulaient autour d'eux. La vieille femme montra le caboteur du doigt. Il flambait de bout en bout et une épaisse fumée noire sortait de ses flancs. Ils virent le gréement du mât principal disparaître en fragments consumés et, soudain, le mât lui-même s'inclina, léché par des flammes presque invisibles.

— Je vais vous récupérer votre chemise, capitaine, proposa l'un des marins à Hornblower, en s'arrachant à la fascination du spectacle.

— Non, venez, répondit Hornblower.

— Voulez-vous le pantalon du vieux, capitaine ? demanda Brown ; je vais le lui enlever, capitaine, et qu'il aille au diable ! Il n'est pas digne de...

— Non ! fit de nouveau Hornblower.

Tout nus, ils grimpèrent en direction de la vigne. Un dernier regard en arrière leur montra les deux femmes maintenant désespérées et pleurant. Hornblower vit l'un des hommes tapoter affectueusement l'épaule de l'une d'elles ; les autres contemplaient avec une morne apathie l'incendie de leur navire, tout ce qu'ils possédaient. Hornblower traversa la vigne à la tête de ses hommes. Un cavalier galopait vers eux : son uniforme bleu et son bicorne indiquaient un gendarme de Bonaparte. Il arrêta son cheval devant eux, saisit son sabre et, comme il n'était pas très sûr de lui, chercha en même temps du regard à droite et à gauche une aide qu'il ne vit pas.

— Sans blague ! fit Brown qui s'avança sur le front de la petite troupe, sabre au poing.

Les autres marins l'entourèrent, le sabre prêt, et le gendarme se hâta prudemment de mettre un frein aux ardeurs de sa monture — ses dents blanches étincelaient sous sa moustache noire. Ils passèrent rapidement près de lui ; lorsque Hornblower se retourna, il avait mis pied à terre et essayait, autant que le lui permettait son coursier turbulent, de prendre sa carabine fixée à l'arçon de sa selle. En haut du talus se tenaient le vieillard et les deux femmes qui tout à l'heure binaient ; le vieillard brandit sa houe en les menaçant, mais les deux femmes sourirent d'un air embarrassé, détaillant leur nudité sous leurs paupières à demi baissées. Le canot était là, baignant à peine dans l'eau, et au loin le *Sutherland* ; les hommes poussèrent des cris de joie à cette vue.

De toutes leurs forces ils dégagèrent le canot du sable, le maintinrent un instant pour permettre à Hornblower d'y grimper, le poussèrent plus loin, puis sautèrent par-dessus le plat-bord et empoignèrent les avirons. L'un d'eux poussa un cri de douleur lorsqu'un morceau de bois du banc de nage piqua son derrière nu ; Hornblower sourit machinalement, mais Brown scandalisé fit immédiatement taire le pauvre diable.

— Le voilà, capitaine, dit le chef de nage, en désignant un point derrière Hornblower.

Le gendarme descendait lourdement le rivage, embarrassé par ses grandes bottes, la carabine à la main. Hornblower, regardant par-dessus son épaule, le vit mettre un genou à terre et viser ; pendant une seconde, il éprouva une sorte de malaise en se demandant si sa carrière allait être interrompue par la balle d'un gendarme français ; mais le flocon de fumée ne fut même pas suivi du sifflement de la balle. On ne pouvait guère s'attendre à ce qu'un homme qui avait fait une longue route à cheval et avait couru avec ses lourdes bottes pût atteindre un canot à deux cents pas du premier coup.

Ils voyaient maintenant un immense nuage de fumée s'élever au-dessus de la bande de terre séparant la mer de la lagune. Le caboteur était détruit ; il n'y avait aucun espoir qu'on pût jamais le réparer. C'était certes une destruction criminelle que de supprimer un brave bateau comme celui-ci ; mais guerre et destruction étaient synonymes. Cela signifiait souffrances et pauvreté pour les propriétaires, mais en même temps cela démontrait la puissance de l'Angleterre aux gens de ce pays ennemi, que la guerre n'avait pas touchés depuis dix-huit ans — si l'on voulait bien mettre à part la conscription ordonnée par Bonaparte. Plus encore, cela signifiait que les autorités responsables de la défense côtière se casseraient la tête pour protéger cette portion de voie navigable qui reliait Marseille à l'Espagne, cette voie même qu'ils avaient crue la plus sûre. Cela signifiait que des troupes et des canons seraient détachés pour la défendre contre des attaques futures, amincissant encore le cordon de troupes dont disposait l'ennemi le long de ces deux cents milles de littoral. Un mince écran comme celui-là pourrait être facilement percé à un endroit donné par un coup puissant porté à l'improviste, le genre de coups qu'une division de vaisseaux de ligne, apparaissant et disparaissant à volonté à l'horizon, pouvait facilement frapper. Si l'on jouait le jeu convenablement, on pouvait maintenir en état d'alarme continuel toute la côte de Barcelone à Marseille. C'était là le moyen à employer pour épuiser peu à peu la force du colosse corse, et un navire jouissant d'un vent favorable pouvait voyager dix fois, quinze fois plus vite que la meilleure troupe, aussi vite qu'un cavalier bien monté chargé de donner l'alarme. Il avait frappé au centre français et il avait frappé à l'aile gauche. Maintenant, il devait se hâter d'aller frapper à l'aile droite en regagnant son lieu de rendez-vous. Assis à l'arrière du canot, il croisait et décroisait les jambes, déjà tout agité par le désir d'agir sur-le-champ, tandis que se rapprochait le *Sutherland*.

La voix de Gérard disant : « Mais comment diable... ? » lui parvint clairement au-dessus de l'eau ; Gérard venait sans doute de remarquer que tous les occupants du canot étaient nus. Les sifflets retentirent pour annoncer à la bordée de quart l'arrivée du capitaine. Il lui faudrait pénétrer tout nu par le sabord d'entrée et recevoir le salut de ses officiers et des soldats, mais il était si plein d'ardent enthousiasme qu'il ne pensa pas à sa dignité. Il grimpa sur le pont, vêtu seulement de son sabre ; c'était une épreuve qu'il ne pouvait pas éviter, et vingt ans de service dans la marine lui avaient appris à accepter l'inévitable sans se lamenter. Les matelots et les soldats avaient un visage de bois, tant ils faisaient d'efforts pour ne pas sourire, mais Hornblower ne s'en soucia pas. Le voile de fumée noire qui recouvrait la terre marquait un exploit dont quiconque aurait pu être fier. Il resta sur le pont, tout nu, jusqu'à ce qu'il eût donné à Bush l'ordre de virer de bord qui allait lancer le *Sutherland* vers le sud, à la recherche de nouvelles aventures. Le vent était favorable à une route au sud-ouest et il n'allait pas perdre une minute de bon vent.

XIII
UN DRÔLE DE COLONEL

Le *Sutherland* n'avait pas aperçu le *Caligula* durant sa course rapide vers le sud-ouest. Hornblower ne tenait pas à le voir, et il avait fait tout ce qu'il pouvait pour ne pas le voir. Car il était très possible que le *Pluton* eût atteint le lieu de rendez-vous ; dans ce cas, les ordres de l'amiral annuleraient ceux de Bolton, et Hornblower serait privé de toute autre chance d'agir avant l'expiration du délai fixé par Bolton. C'était pendant la nuit que le *Sutherland* avait franchi la latitude du cap Bagur — la pointe de Palamos, lieu du rendez-vous — et le matin suivant trouva le navire loin au sud-ouest, avec les montagnes de Catalogne formant une bande bleue sur l'horizon, à tribord devant.

Depuis l'aube, Hornblower était sur le pont, une bonne heure avant que l'on fût en vue de la terre ; sur son ordre, le vaisseau vira de bord et fit route au plus près vers le nord-est, tout en se rapprochant du rivage jusqu'à ce que tous les détails de cette région accidentée fussent nettement visibles. Bush était sur le pont, en compagnie d'un groupe d'officiers ; tandis qu'il faisait les cent pas, Hornblower avait conscience des regards qu'on lui lançait, mais il faisait de son mieux pour ne pas les croiser et tenait sa lunette braquée vers la terre. Il savait bien que Bush et tous les autres s'imaginaient qu'il était venu ici avec un plan bien défini dans l'esprit ; ils attendaient les ordres qui ne manqueraient pas d'engager le navire dans de nouvelles aventures, non moins extraordinaires que celles qui avaient marqué les deux derniers jours. Ils lui attribuaient une ingéniosité et une divination diaboliques ; il n'allait pas leur avouer le rôle considérable qu'avait joué le hasard en cette affaire ; il n'allait pas non plus avouer qu'il avait amené le *Sutherland* dans ces parages, proches de Barcelone, en obéissant uniquement à des principes d'ordre général, et dans l'espoir que quelque chose d'intéressant se présenterait.

La chaleur était déjà étouffante ; à l'est, le flamboiement du soleil avait des reflets cuivrés et la brise d'orient semblait ne s'être guère rafraîchie en traversant depuis l'Italie quatre cents milles de mer. On aurait cru respirer l'air d'une étuve ; Hornblower ruisselait de sueur moins d'un quart d'heure après s'être rafraîchi sous la pompe d'étrave. La terre qui fuyait le long du travers bâbord semblait dénuée de toute vie. C'était une succession de collines souvent couronnées d'entablements rocheux et coupées d'abrupts sauvages, de falaises grises ou brunes, parfois de plages de sable d'or éblouissantes. Entre la mer et ces collines passait la plus importante voie routière de la Catalogne, celle qui réunissait Barcelone à la France. Hornblower pensa qu'il aurait tout profit à examiner cette route d'un peu près. Il savait qu'une mauvaise route de montagne courait parallèlement à celle-ci, à dix milles à l'intérieur, mais il était peu probable que les Français l'utilisent, à moins d'y être forcés. L'une des raisons pour lesquelles il était venu se montrer en ces lieux était justement de les obliger à abandonner la grande route au bénéfice de l'autre, où les partisans espagnols auraient bien plus de chances de tailler en pièces leurs convois ; il pourrait obtenir ce résultat simplement en arborant fièrement le pavillon anglais, ici, à portée de canon du rivage, mais il aurait préféré y parvenir en administrant à l'ennemi une bonne correction. Il ne voulait pas que ce coup porté au flanc droit des Français fût simplement un coup pour rire.

Les hommes batifolaient, riaient en lavant les ponts ; il était réconfortant de voir leur bonne humeur et réconfortant surtout de pouvoir penser que cette bonne humeur était due aux succès récents. Hornblower, laissant son regard filer vers l'avant, se sentait soulevé de quelque orgueil ; puis fidèle à sa manière, il se mit à s'interroger, doutant soudain de pouvoir continuer à obtenir de ses hommes la même discipline. Une longue croisière monotone au service du blocus aurait peut-être tôt fait d'abattre leur bonne humeur. Puis il écarta ces doutes avec un optimisme résolu. Tout avait si bien marché jusqu'ici ; tout continuerait à bien marcher. Aujourd'hui même, quelque chose allait sûrement se présenter, bien qu'il y eût cent chances contre une que cela n'arrivât pas. Il se dit d'un air de bravade que sa période de chance n'était pas encore terminée. Qu'il y eût une chance sur cent ou une chance sur mille, quelque chose allait se produire aujourd'hui, une nouvelle occasion de se distinguer !

Là-bas sur le rivage, il pouvait apercevoir un petit groupe de chaumières blanches, tout en haut de la plage dorée. Quelques bateaux étaient échoués sur le sable : des barques de pêche espagnoles probablement. Il serait stupide de courir le risque d'un débarquement, car il se pourrait fort bien que le village possédât une garnison française. Évidemment ces barques servaient à alimenter l'armée française en poisson ; mais malgré cela, il ne pouvait rien tenter contre elles. Ces pauvres diables de pêcheurs devaient vivre ; s'il allait capturer ou brûler ces bateaux, il indisposerait ces gens contre l'alliance avec l'Angleterre, et la péninsule était le seul endroit du monde où l'Angleterre eût des alliés.

Des points noirs couraient maintenant sur le rivage. L'un des bateaux de pêche poussait vers le large. Peut-être était-ce là le commencement d'une aventure... Il sentit naître en lui l'espoir et même la certitude. Il mit la lunette sous son bras et s'éloigna, arpentant distraitement le pont, en apparence plongé dans ses pensées, la tête penchée, les mains croisées derrière le dos.

— Un bateau quitte le rivage, capitaine, signala Bush, la main au chapeau.

— Bien, fit Hornblower d'un air indifférent.

Il s'efforçait de ne laisser paraître aucun énervement. Il comptait que ses officiers crussent qu'il n'avait pas encore aperçu l'embarcation, et se diraient qu'il lui fallait une volonté d'airain pour ne pas cesser sa promenade à cette nouvelle.

— Il vient vers nous, capitaine, ajouta Bush.

— Bien, répéta lentement Hornblower, toujours indifférent en apparence.

Le bateau mettrait au moins dix minutes à rejoindre le navire, et son intention devait bien être d'aborder le *Sutherland*, sans cela pourquoi aurait-il pris la mer si précipitamment en l'apercevant ? Les autres officiers pouvaient bien braquer leur lunette sur cette barque, et se livrer à de bruyantes conjectures sur les raisons de son approche, le capitaine Hornblower, lui, n'en continuerait pas moins d'arpenter son gaillard avec une indifférence hautaine, en attendant l'appel inévitable. Personne d'autre que lui-même ne savait que son cœur battait plus vite. Et l'appel vint ; la mer chatoyante apporta jusqu'au *Sutherland* l'écho d'une voix aiguë.

— Mettez en panne, Bush, dit Hornblower, et avec un calme étudié, il se dirigea vers l'autre bord pour répondre.

C'était du bateau qu'on appelait ; sa connaissance exacte et approfondie de la langue espagnole — lorsqu'il était jeune officier, il avait été deux ans prisonnier sur parole et avait appris la langue à fond pour ne pas devenir fou à force de se ronger dans l'inaction — et les quelques mots de français qu'il savait lui permettaient de comprendre ce qu'on lui disait, mais il ne pouvait pas s'exprimer en catalan. Il répondit en espagnol.

— Oui, dit-il. C'est bien un navire anglais.

En entendant sa voix, quelqu'un d'autre se leva dans la barque. Les rameurs étaient des Catalans portant des vêtements civils en lambeaux ; ce personnage-ci portait un uniforme jaune resplendissant, et un haut chapeau à plumes.

— Voulez-vous me permettre de monter à bord ? cria-t-il en espagnol. J'ai des nouvelles importantes.

— Vous serez tout à fait le bienvenu, répondit Hornblower ; puis se tournant vers Bush : Un officier espagnol va venir à bord, Bush. Veillez à ce qu'on le reçoive avec les honneurs qui conviennent.

L'homme qui monta sur le pont, regardant autour de lui avec curiosité — tandis que les soldats présentaient les armes et que les sifflets retentissaient —, était évidemment un hussard. Il portait une tunique jaune abondamment garnie de soutaches noires et une culotte jaune aux larges galons d'or. Ses bottes de cheval vernissées lui arrivaient aux genoux ; des glands en or pendillaient par-devant et des éperons sonnaient à ses talons. Un manteau gris argent orné d'astrakan noir était jeté sur ses épaules, les manches ballantes. Il portait le bonnet des hussards, en astrakan noir, orné d'un petit sac gris argent attaché au sommet, derrière une plume d'autruche ; des cordelettes d'or complétaient le tout, qui formaient jugulaire. Il s'avança vers Hornblower qui l'attendait, son sabre courbé à large lame raclant le pont.

— Bonjour, monsieur, dit-il en saluant. Je suis le colonel José Gonzalés de Villena y Danvilla, des hussards Olivenza de Sa Majesté très catholique.

— Je suis ravi de vous connaître, fit Hornblower. Je suis le capitaine Horatio Hornblower, du vaisseau de ligne *Sutherland*, de Sa Majesté britannique.

— Avec quelle aisance Votre Excellence parle l'espagnol !

— Votre Excellence est trop bonne. Je suis heureux de pouvoir parler l'espagnol, puisque cela me permet de vous accueillir à mon bord.

— Merci. J'ai eu bien de la peine à parvenir jusqu'à vous. Il m'a fallu user de toute mon autorité pour obliger ces pêcheurs à m'amener ici. Ils avaient peur que les Français ne découvrent qu'ils avaient communiqué avec un navire ennemi. Regardez ! Ils s'en retournent déjà, aussi vite qu'ils peuvent.

— Il n'y a donc pas de garnison française dans ce village pour le moment ?

— Non, monsieur, il n'y en a pas.

Une expression étrange apparut sur le visage de Villena lorsqu'il prononça ces mots. C'était un homme assez jeune, et blond bien que très hâlé ; il avait des yeux noisette sous des paupières lourdes, et sa lèvre — qui rappelait la lippe des Habsbourg — donnait à penser qu'il devait peut-être la situation élevée qu'il occupait dans l'armée espagnole à un faux pas de l'une de ses aïeules. Il rencontra le regard de Hornblower sans sourciller le moins du monde ; ses yeux semblaient seulement le supplier de ne pas continuer son interrogatoire, mais Hornblower ignora cette prière muette : il était bien trop avide d'éléments d'information.

— Y a-t-il là-bas des troupes espagnoles ?

— Non, monsieur.

— Mais votre régiment, colonel ?

— Il n'est pas là, capitaine, répondit Villena qui enchaîna précipitamment. La nouvelle que j'ai à vous communiquer, c'est qu'une armée française — ou plutôt italienne — est en marche le long de cette route côtière, à trois lieues vers le nord.

— Ah ! fit Hornblower — c'était la nouvelle qu'il souhaitait apprendre.

— Ils étaient à Malgret la nuit dernière, en route vers Barcelone. Dix mille hommes environ, deux divisions de l'armée italienne, celle de Pino et celle de Lecchi.

— Comment savez-vous cela ?

— C'est mon devoir, en tant qu'officier de cavalerie légère, répondit Villena avec dignité.

Hornblower regarda Villena et réfléchit. Il savait que, depuis trois ans, les armées de Bonaparte traversaient la Catalogne en tous sens. Elles avaient vaincu les Espagnols à nombre de reprises, avaient enlevé leurs forteresses après des sièges épiques, et cependant elles n'étaient pas plus près de soumettre le pays que lorsqu'elles avaient envahi traîtreusement la province pour la première fois. En bataille rangée, les Catalans n'avaient pas pu vaincre même ces hordes bigarrées que Bonaparte envoyait dans cette partie de l'Espagne — Italiens, Allemands, Suisses, Polonais, tous les résidus de son armée — ; toutefois les Catalans avaient continué à lutter magnifiquement à leur façon, levant des troupes nouvelles dans toutes les parcelles de territoire non occupé et usant leurs adversaires par les marches et les contremarches incessantes qu'ils leur imposaient. Pourtant tout cela n'expliquait pas comment un colonel de hussards espagnol pouvait se trouver tout seul presque au cœur du district de Barcelone, que les Français étaient supposés contrôler entièrement.

— Comment se fait-il que vous vous trouviez en cet endroit ? s'étonna Hornblower assez sèchement.

— Mon devoir m'y a appelé, monsieur, répondit Villena avec une dignité hautaine.

— Je suis navré, mais je ne comprends toujours pas, don José. Où est votre régiment ?

— Capitaine !

— Où est-il ?

— Je l'ignore, monsieur.

Le jeune hussard avait maintenant perdu sa désinvolture et sa suffisance. Mis dans l'obligation de confesser sa honte, il regardait Hornblower avec de grands yeux suppliants.

— Où l'avez-vous vu pour la dernière fois ?

— À Tordera. Nous... nous avons livré bataille contre les troupes de Pino.

— Et vous avez été battus ?

— Oui. Hier. Il revenait de Gérone et nous descendions des montagnes pour couper sa route. Ses cuirassiers nous ont taillés en pièces et nous ont dispersés. Mon cheval est mort là, à Arens de Mar.

Ces paroles pitoyables permirent à Hornblower de comprendre toute l'histoire, par une sorte d'intuition. Il se représentait toute l'affaire, les bandes indisciplinées rassemblées sur quelque colline, les charges furieuses qui les avaient anéanties, et leur fuite désordonnée. À des lieues à la ronde, il y avait aujourd'hui, dans chaque village, des fuyards qui se cachaient. Le sauve-qui-peut avait été général. Villena avait galopé jusqu'à ce que son cheval tombât, et comme il était le mieux monté, c'est lui qui était parvenu le plus loin ; si son cheval n'était pas mort, il aurait peut-être été en train de galoper à cette heure. Pour mettre en ligne dix mille hommes, les Français avaient dû évacuer les villages de la région, si bien que Villena avait pu échapper à la capture, bien qu'il fût coincé entre l'armée française en campagne et sa base de Barcelone.

Maintenant qu'on était au fait des événements, il n'y avait rien à gagner à insister sur les malheurs de Villena ; au contraire, il valait mieux ranimer son courage, puisque ainsi il pourrait rendre plus de services.

— La défaite, dit Hornblower, est une infortune que tout combattant rencontre tôt ou tard. Espérons qu'aujourd'hui nous vengera d'hier.

— Il n'y a pas qu'hier à venger, dit Villena.

Il glissa la main à l'intérieur de sa tunique et en sortit une feuille de papier qu'il déplia ; c'était une affiche imprimée qu'il tendit à Hornblower ; ce dernier la parcourut du regard et en comprit le sens, autant que le lui permettait la lecture rapide du catalan — langue dans laquelle elle était rédigée.

Elle commençait ainsi. « Nous, Luciano Gaetano Pino, chevalier de la Légion d'honneur, chevalier de l'Ordre de la Couronne de fer de Lombardie, général de division commandant les forces de Sa Majesté impériale et royale Napoléon, empereur des Français et roi d'Italie, cantonnées dans le district de Gérone, décrétons par la présente... » Suivaient des paragraphes numérotés, traitant de toutes les offenses que l'on pût imaginer contre Sa Majesté impériale et royale.

Hornblower qui les parcourait du regard vit que tous se terminaient par « sera fusillé ; peine de mort ; sera pendu ; sera brûlé » ; ce lui fut un soulagement momentané de s'apercevoir que cette dernière peine se rapportait aux villages abritant des rebelles.

— Ils ont brûlé tous les villages des hautes terres, précisa Villena. De Figueras à Gérone — quarante kilomètres, monsieur —, la route est jalonnée de potences ; et à chaque potence pend un cadavre.

— C'est horrible ! fit Hornblower, mais il n'encouragea pas la conversation ; il savait bien que lorsqu'un Espagnol se mettait à parler des malheurs de l'Espagne, il ne s'arrêtait plus. Et ce Pino est en train de revenir par la route côtière, dites-vous ?

— Oui.

— Y a-t-il un endroit proche du rivage où il y ait du fond ?

À cette question, l'Espagnol leva les sourcils en manière de protestation et Hornblower comprit qu'il n'était pas très équitable de poser à un colonel de hussards des questions concernant les fonds.

— Y a-t-il des batteries pour protéger la route du côté de la mer ? demanda-t-il alors.

— Oh ! oui, répondit Villena. Oui, j'ai entendu dire qu'il y en avait.

— Où ?

— Je ne sais pas exactement, capitaine.

Hornblower comprit que Villena était probablement incapable de donner des renseignements topographiques exacts à propos de quelque endroit que ce fût. Cela ne le surprenait pas de la part d'un colonel de la cavalerie légère espagnole.

— Eh bien, nous allons aller voir, dit-il.

XIV

LA ROUTE SOUS LE FEU

Hornblower s'était libéré de la compagnie du colonel Villena qui, maintenant qu'il avait raconté sa défaite, faisait preuve d'une loquacité désordonnée et montrait une répugnance touchante à le quitter. Il l'avait installé sur une chaise près de la lisse, à un endroit où il ne risquait pas de gêner, et s'était réfugié dans la sécurité de sa cabine, pour méditer une fois de plus devant ses cartes. Des batteries y étaient portées ; sans doute la plupart d'entre elles dataient-elles du temps, guère éloigné, où l'Espagne était en guerre avec l'Angleterre ; on les avait installées pour protéger les caboteurs qui suivaient le rivage de place en place. En conséquence, elles étaient établies en des endroits où il y avait du fond près du rivage, et où des pointes avancées pouvaient offrir une manière d'abri aux fuyards appelés à y jeter l'ancre. À l'époque, il n'était venu à l'esprit de personne que des colonnes en marche pussent dans l'avenir être attaquées par mer et l'on avait cru pouvoir négliger de défendre les parties exposées de la côte qui n'offraient pas de mouillage : ainsi ces quatre-vingts milles de route séparant Malgret d'Arens de Mar. Depuis que Cochrane, un an plus tôt, était venu ici sur l'*Impérieuse*, aucun vaisseau anglais n'avait trouvé le moyen de venir harceler les positions ennemies dans ce secteur.

Depuis lors, les Français avaient été aux prises avec trop de difficultés pour avoir le temps de penser à de simples possibilités d'attaque. Il y avait bien des chances qu'ils eussent négligé de prendre des précautions ; d'ailleurs ils ne disposaient sûrement pas d'assez de canons lourds et d'assez de bons artilleurs pour garder toute la côte. Le *Sutherland* cherchait un point situé à un mille et demi au moins d'une batterie, où l'eau serait assez profonde près du rivage pour lui permettre de balayer la route avec ses canons. Il s'était déjà éloigné hors de portée d'une position forte notée sur la carte — la seule indiquée pour la partie de la côte qui l'intéressait. Il était tout à fait improbable que les Français en eussent établi d'autres depuis que la carte avait été mise à jour. Si la colonne de Pino avait quitté Malgret à l'aube, le *Sutherland* devait être maintenant à peu près à sa hauteur. Hornblower marqua l'endroit que son instinct lui indiquait comme devant être le plus propice, et il courut sur le pont pour faire mettre le cap sur ce lieu élu. Sitôt qu'il apparut, Villena quitta précipitamment sa chaise de pont et se dirigea bruyamment vers lui ; mais Hornblower réussit à l'ignorer poliment en agissant comme si toute son attention était accaparée par les instructions qu'il donnait à Bush.

— Et je voudrais aussi que l'on charge les canons et qu'on les mette en batterie, Bush, s'il vous plaît, conclut-il.

— Bien, capitaine, fit Bush.

Bush lançait à son capitaine des regards suppliants. Ce dernier ordre, qui sous-entendait un engagement immédiat, mettait le comble à sa curiosité. Tout ce qu'il savait, c'était qu'un colonel espagnol était à bord. Il n'avait aucun moyen de deviner ni la raison de leur présence en cet endroit ni ce que Hornblower avait en tête. Hornblower gardait toujours pour lui les plans qu'il projetait afin qu'en cas d'insuccès, ses subordonnés ne pussent deviner l'étendue de son échec. Mais Bush trouvait parfois que la réticence de son capitaine abrégeait son existence. Il fut heureusement surpris, cette fois, lorsque Hornblower condescendit à lui donner des explications ; il ne devait jamais savoir que ce soudain accès de loquacité n'était qu'une ruse pour échapper à l'obligation de tenir une conversation polie avec Villena.

— Une colonne de troupes françaises est attendue le long de cette route, là-bas, dit-il. Je voudrais voir si on peut leur envoyer quelques boulets.

— Bien, capitaine.

— Mettez un homme sérieux dans les porte-haubans, avec la sonde.

— Bien, capitaine.

Maintenant que Hornblower avait vraiment le désir de bavarder, il trouvait la chose impossible ; depuis presque trois ans, il refrénait toute velléité de dire un mot inutile à son premier lieutenant et les flegmatiques « Bien, capitaine » de Bush ne l'aidaient pas beaucoup. Hornblower échappa à Villena en collant son œil à sa lunette et en examinant avec la plus grande attention le rivage qui se rapprochait. Il y avait là des hauteurs escarpées, d'un gris vert, qui s'avançaient presque au bord de l'eau, et la route courait en boucles à leur pied, tantôt à trois, tantôt à trente mètres au-dessus de la rive.

Tandis que Hornblower observait la route, sa lunette lui révéla un tout petit point noir, assez éloigné. Il détourna son regard, laissa reposer son œil, et regarda de nouveau. C'était un cavalier qui venait dans leur direction. Un instant plus tard, il aperçut derrière ce cavalier une sorte de tache qui se déplaçait ; de son centre jaillissait parfois un scintillement qui arrêta son attention : une troupe de cavaliers, probablement l'avant-garde de Pino. Il ne se passerait pas longtemps avant que le *Sutherland* fût à leur hauteur. Hornblower évalua la distance qui séparait le navire de la route. Un demi-mille ou un peu plus, portée facile, quoique pas autant qu'il l'aurait voulu.

— Neuf brasses ! chantonna l'homme de sonde.

Hornblower pourrait se rapprocher encore du rivage, si le navire venait jusqu'ici en poursuivant Pino après avoir viré de bord. Cela valait qu'on s'en souvînt. À mesure que le *Sutherland* s'avançait à la rencontre de cette armée en marche, Hornblower notait des points de repère sur le rivage et la profondeur donnée par la sonde en face de chacun d'eux. Maintenant il apercevait distinctement l'escadron de tête. Les hommes chevauchaient avec précaution, sabre au clair, visiblement en alerte ; dans une guerre où chaque rocher, chaque haie pouvait cacher un franc-tireur décidé à tuer au moins un ennemi, leur prudence était compréhensible.

À une certaine distance de l'escadron de tête, Hornblower distinguait une colonne de cavalerie plus longue, et, plus loin encore, une longue, longue ligne de points blancs qui l'intriguèrent un moment, tant ils ressemblaient étrangement aux pattes d'une chenille qui se seraient déplacées toutes ensemble. Puis il sourit ; ces points étaient les culottes blanches d'une colonne d'infanterie marchant au pas cadencé ; par une illusion d'optique, les tuniques bleues n'apparaissaient pas encore sur le fond gris de la montagne.

— Dix et demie ! psalmodia l'homme de sonde.

Il pourrait se rapprocher de la côte quand il le voudrait. Pour l'instant il valait mieux rester à demi-portée. Le *Sutherland* n'apparaîtrait pas à beaucoup près aussi menaçant à l'ennemi à cette distance. Hornblower s'interrogeait sur les réactions de l'ennemi à l'apparition du navire ; le fait que les cavaliers de l'avant-garde, maintenant à sa hauteur, agitassent amicalement leur chapeau, lui donnait un renseignement précieux. Pino et ses hommes n'avaient encore jamais été bombardés par mer, et n'avaient pas l'expérience de l'effet destructeur que pouvait avoir la bordée d'un navire de ligne contre un objectif approprié. Ce gracieux navire à deux ponts, avec ses pyramides de toiles blanches, était pour eux quelque chose de tout nouveau. Si on lançait contre eux une armée en terrain découvert, ils étaient capables d'apprécier la menace ; mais ils ne s'étaient encore jamais mesurés à des navires. Hornblower savait par ses lectures que les généraux de Bonaparte avaient tendance à se soucier assez peu de la vie de leurs hommes ; s'ils prenaient des mesures pour éviter le feu du *Sutherland*, cela n'irait pas sans peine, qu'il s'agît de retourner à Malgret pour prendre la route de l'intérieur, ou de rejoindre cette route en traversant les collines sans chemin frayé. Hornblower supposait que Pino — lequel se trouvait quelque part à l'arrière de cette longue colonne et observait le *Sutherland* dans sa lunette — déciderait d'affronter le feu et poursuivrait sa marche dans l'espoir de s'en tirer sans trop de pertes. Pino serait déçu, pensa-t-il.

Les cavaliers en tête de la colonne principale étaient maintenant à sa hauteur. Le second régiment scintillait et étincelait dans le soleil flamboyant, telle une rivière de feu.

— Ce sont les cuirassiers ! précisa Villena qui gesticulait frénétiquement à ses côtés. Pourquoi ne tirez-vous pas, capitaine ?

Hornblower comprit que selon toute vraisemblance, Villena lui bredouillait de l'espagnol depuis un quart d'heure, et il n'avait pas entendu un traître mot de ce qu'il avait dit. Il n'allait pas gaspiller l'effet de son attaque surprise sur des cavaliers qui pouvaient en un clin d'œil galoper hors de portée de ses canons. Cette première bordée devait être réservée à l'infanterie, nécessairement embarrassée dans ses mouvements.

— Les servants à leurs pièces, Bush ! ordonna-t-il, oubliant de nouveau jusqu'à l'existence de Villena ; puis à l'homme de barre : Tribord un quart !

— Neuf brasses et demie, fit le sondeur.

Le *Sutherland* se rapprochait du rivage.

— Gérard ! héla Hornblower. Pointez vos canons sur la route, et ne tirez que lorsque je vous en donnerai le signal.

Une batterie d'artillerie montée avait suivi la cavalerie, des petits canons de six de rien du tout, dont les soubresauts et les embardées témoignaient du mauvais état de la route, l'une des premières d'Espagne cependant. Les hommes, penchés sur les avant-trains, lançaient amicalement de grands signes de la main au beau navire tout proche d'eux.

— Six brasses ! fit le sondeur.

Hornblower n'osa pas s'approcher davantage.

— Bâbord un quart. Droite la barre !

Le navire continua à glisser lentement sur l'eau ; l'équipage se tenait auprès des canons, attentif et parfaitement silencieux ; on n'entendait que le chant léger et doux du vent dans le gréement et le clapotis de l'eau contre la coque. Ils étaient maintenant au niveau de la colonne d'infanterie, longue masse compacte de soldats en tuniques bleues et culottes blanches, marchant avec entrain et paraissant un peu irréels dans ce léger nuage de poussière. On voyait au-dessus des tuniques bleues la ligne blanche des visages qui tous étaient tournés vers le joli navire aux voiles blanches rampant sur l'émail bleu de l'eau. C'était une heureuse diversion à une marche pénible, dans une guerre où pas une journée ne se passait sans marche. Gérard n'avait pas besoin de faire modifier le pointage en hauteur pour le moment, car à cet endroit la route était plate pendant un demi-mille, à cinquante pieds au-dessus du niveau de la mer. Hornblower porta le sifflet d'argent à ses lèvres. Gérard avait vu le geste. Avant que Hornblower eût seulement sifflé, le canon placé au centre du pont principal avait tiré et un instant plus tard, toute la bordée partait dans un vacarme épouvantable. Le *Sutherland* prit de la bande sous l'effet du recul et des vagues de fumée blanche et âcre s'élevèrent sur son flanc.

— Bon Dieu ! Regardez-moi ça ! s'écria Bush.

Les quarante et un boulets de la bordée et des caronades avaient balayé la route sur toute sa largeur. Cinquante mètres de la colonne avaient été taillés en pièces. Des files tout entières avaient disparu ; les survivants étaient abasourdis, frappés de stupeur. Les affûts grondèrent lorsqu'on remit les canons en batterie et le *Sutherland* fit de nouveau une embardée au départ de la seconde bordée. Il y avait maintenant un autre trou dans la colonne, immédiatement après le premier.

— Allez-y encore, les gars ! hurla Gérard.

La colonne tout entière demeurait là, immobile et stupide, à attendre la troisième bordée. La fumée des volées précédentes avait été entraînée vers le rivage et se répandait sur les rochers en minces volutes.

— Dix brasses moins un quart ! annonça le sondeur.

L'eau redevenait plus profonde, Hornblower pouvait se rapprocher encore. Les hommes massés dans la suite de la colonne, voyant le terrible navire avancer vers eux implacablement pour les pulvériser, furent pris de panique et s'enfuirent éperdus tout le long de la route.

— Tirez à mitraille, Gérard ! hurla Hornblower. Tribord un quart !

Un peu plus loin, la troupe tenait. Une masse d'hommes aux prises les uns avec les autres, ceux qui restaient fermes et ceux qui fuyaient, encombrait la chaussée. Le *Sutherland*, obéissant aux ordres de son capitaine, se rapprocha d'eux impitoyablement, s'affermit, pointa ses canons sur cette foule, et le tourbillon de sa mitraille nettoya la route comme un gigantesque balai.

— Dieu de mes pères ! s'écria Bush, délirant d'enthousiasme. Ça leur apprendra !

Villena faisait claquer ses doigts et dansait sur le pont comme un clown, dolman au vent, plumet en bataille, éperons sonnants.

— Sept brasses ! psalmodia l'homme de sonde.

Mais déjà Hornblower avait aperçu tout près, en avant d'eux, la petite pointe qui s'avançait en saillie ; il devinait la présence de récifs à sa base.

— Pare à virer ! fit-il.

Son esprit travaillait à une allure folle : ici il y avait assez d'eau, mais cette pointe là-bas indiquait un récif, une veine de roche plus dure qui n'avait pas été usée comme le reste de la côte et demeurait là, comme un piège sous la surface de l'eau ; le *Sutherland* pourrait s'y briser sans avertissement, entre deux jets de sonde. Le vaisseau remonta dans le vent et s'éloigna du rivage. Regardant vers l'arrière, ils contemplèrent la portion de route qu'ils avaient balayée de leur feu ; elle était jonchée de morts et de blessés. De rares silhouettes se tenaient debout au milieu de toutes ces victimes ; quelques-unes étaient penchées sur les blessés, mais la plupart des survivants avaient fui vers les hauteurs qui dominaient la route, éparpillés sur les pentes abruptes ; leurs culottes blanches se détachaient nettement sur le fond gris.

Hornblower étudia la côte ; au-delà de cette petite pointe, l'eau serait de nouveau profonde près du rivage, comme elle l'était de ce côté-ci.

— Nous allons virer de bord à nouveau, Bush, prévint-il.

À la vue du *Sutherland* revenant vers eux, les fantassins demeurés sur la route escaladèrent comme des fous le flanc de la colline, mais la batterie d'artillerie montée ne pouvait s'enfuir de cette façon. Hornblower vit les conducteurs et les canonniers un instant cloués sur place, incapables d'initiative, puis l'officier commandant la batterie galoper tout le long de la route, plumet au vent, et appeler ses hommes au combat à grands gestes insistants. Les conducteurs firent tourner les chevaux pour placer leurs pièces en travers de la route, les servants sautèrent des avant-trains, détachèrent les affûts et, courbés sur les canons, se hâtèrent fébrilement de les mettre en batterie. Une batterie de campagne de neuf pouvait-elle quelque chose en face de la bordée du *Sutherland* ?

— Réservez vos coups pour la batterie, Gérard, cria Hornblower.

Gérard agita son chapeau en signe d'acquiescement. Le *Sutherland* tourna lentement et lourdement. Une pièce fit feu prématurément. Hornblower fut heureux de voir Gérard noter le fait pour punir les servants plus tard ; puis toute la bordée partit dans un vacarme épouvantable, alors que les artilleurs italiens étaient encore occupés à charger leurs pièces et à manier le refouloir. La vague de fumée obscurcit toute vue du gaillard d'arrière ; lorsqu'elle disparut, un ou deux canons bien servis étaient déjà en train de reprendre bruyamment leur position de tir. Maintenant le vent avait entraîné la fumée en une masse compacte, et l'on pouvait apercevoir la batterie durement touchée. L'un des canons avait eu une roue fracassée et penchait comme un homme ivre ; un autre, probablement touché en pleine bouche, avait été arraché de son affût et pointait vers le ciel. Des cadavres gisaient autour des affûts et les survivants paraissaient encore sous le coup de ce torrent de mitraille qui les avait hachés. L'officier monté venait de sauter de sa selle ; il rendit la liberté à son cheval et courut vers le canon le plus proche. Hornblower le vit rameuter ses hommes ; il semblait décidé à envoyer au moins un coup de défi à ce bourreau dont le vacarme l'exaspérait.

— Remettez-leur ça, les enfants ! cria Gérard ; et le *Sutherland* prit de nouveau de la bande au départ de la bordée.

Lorsque la fumée se fut dissipée, le vaisseau avait continué sa route et laissé la batterie derrière lui. Hornblower la voyait, monceau d'épaves et de ruines, un autre de ses canons démonté, et pas un seul servant debout. Le *Sutherland* était maintenant en vue d'une autre colonne d'infanterie — la seconde division probablement — qui se débandait, à flanc de colline, section par section, à mesure que le navire se rapprochait. Hornblower vit les hommes partir dans toutes les directions ; il savait qu'il était aussi préjudiciable à une armée de se trouver dispersée à tout vent que de se voir décimée par le feu : il aurait certes préféré ne pas tuer ces pauvres diables, n'était que ses hommes à lui se réjouiraient bien autrement d'infliger à ces gens des pertes réelles, au lieu de se borner à les plonger dans un désarroi dont ils ne pouvaient apprécier les suites.

Un groupe de cavaliers s'était rassemblé au flanc de la colline, par-delà la route. Hornblower vit dans sa lunette qu'ils étaient tous magnifiquement montés, vêtus d'uniformes variés éblouissants d'or, le chef orné de plumes fantasques. Il devina qu'il s'agissait de l'état-major ; ces officiers lui serviraient de cible, à défaut de formations de troupes plus importantes. Il attira l'attention de Gérard et les lui désigna du doigt. Gérard fit signe qu'il avait compris. Ses deux aspirants coururent en bas signaler le nouvel objectif aux officiers du pont inférieur ; Gérard lui-même se pencha sur le canon le plus proche et visa, pendant que les chefs de pièce mettaient la hausse conformément aux ordres qu'il hurlait dans son porte-voix. Puis il s'écarta et saisit le cordon tire-feu ; toute la bordée partit sitôt qu'il eut tiré.

La rafale de boulets atteignit le groupe des cavaliers. Hommes et chevaux dégringolèrent ensemble ; c'est à peine si un cavalier resta en selle. La destruction fut si totale que Hornblower soupçonna la présence du rocher juste au-dessous de la surface du sol ; les boulets avaient dû en faire voler des éclats qui avaient fait office de mitraille. Il se demanda si Pino se trouvait parmi ceux qui avaient été touchés et il s'aperçut, à sa grande surprise, qu'il souhaitait que Pino eût à tout le moins les deux jambes emportées. Pourtant, ce matin, il ne connaissait même pas l'existence de cet homme — et il se méprisa aussitôt pour cet accès d'animosité aveugle envers un homme qui n'avait contre lui que d'être son adversaire.

Un peu plus loin, un officier s'était obstiné à maintenir ses hommes groupés en une masse qui s'étirait le long de la route, leur refusant la permission de s'éparpiller. Les malheureux retirèrent peu d'avantages de cette stricte discipline. Hornblower fit virer lentement son navire jusqu'à ce que les canons portassent, puis d'une seule bordée, il tailla en pièces ce régiment trop patient. Comme la fumée tourbillonnait autour de lui, un coup sec sur la lisse à son côté lui fit baisser le regard. Une balle de mousquet était enfoncée là ; quelqu'un avait tiré de là-bas — deux cents mètres ou plus — et avait réussi à toucher le navire ! La balle devait avoir perdu beaucoup de sa force, car elle n'était qu'à demi enfoncée et elle avait conservé sa forme. Elle était juste un peu trop chaude pour qu'il pût la toucher ; il prit son mouchoir, recueillit la balle de métal, et jongla distraitement avec elle comme il se rappelait avoir fait jadis avec des marrons brûlants, lorsqu'il était enfant.

En se dissipant, la fumée révéla l'étendue du dommage qu'il avait infligé à l'ennemi : des files entières d'hommes massacrés, des morts entassés les uns sur les autres ; il crut même qu'il entendait les cris des blessés. Il était soulagé que les troupes, en s'égaillant parmi les collines, n'offrissent plus de cible convenable, car il était dégoûté de ce massacre, bien que Bush dans son excitation ne cessât pas de blasphémer, ni Villena de gambader à côté de lui. Sans aucun doute, il allait bientôt atteindre l'arrière de la colonne ; de l'avant-garde à l'arrière-garde, cette armée ne pouvait couvrir plus de huit à neuf milles de route. Au moment où cette pensée lui vint, il constata que la chaussée était encombrée de chariots à l'arrêt : le train des équipages était en panne. Les véhicules à quatre chevaux, là-bas, très bas sur roues, devaient être des caissons à munitions ; après eux venait une file de chariots tirés chacun par une demi-douzaine de bœufs patients, à la robe brun foncé, le haut de la tête recouvert d'une peau de mouton. Au côté des chariots, des mulets de bât, par centaines, ajoutaient à la confusion ; ils paraissaient difformes et grotesques avec leurs charges disgracieuses sur le dos. Nulle trace d'êtres humains ; les conducteurs n'étaient plus que des points noirs qui escaladaient la colline après avoir abandonné leurs bêtes.

Le *Compte rendu de la guerre d'Espagne* que Hornblower avait étudié si attentivement insistait beaucoup sur les difficultés de transport dans ces régions. Un mulet ou un cheval était aussi précieux — était beaucoup plus précieux même — qu'un soldat. Le visage de Hornblower se durcit.

— Lieutenant Gérard ! cria-t-il. Chargez à mitraille. Je veux qu'on me tue ces bêtes de somme et de trait.

Les servants murmurèrent en entendant ces paroles. Hornblower reconnaissait bien là ces imbéciles sentimentaux qui applaudissaient lorsqu'ils massacraient des hommes et qui trouvaient mal que l'on s'en prît à des animaux. La moitié d'entre eux feraient exprès de tirer mal si on leur en donnait l'occasion.

— Tir à la cible ! Pièce par pièce ! hurla Hornblower à l'adresse de Gérard.

Ces patients animaux, contrairement à leurs maîtres, attendraient tranquillement les coups ; les pointeurs n'auraient pas la possibilité de gaspiller les munitions. Le *Sutherland* glissa lentement le long de la côte et ses canons tonnèrent un par un, chacun lançant à son tour son paquet de mitraille sur la route, à la limite de portée du tir. Hornblower regarda chevaux et mulets plonger tête première et s'abattre les quatre fers en l'air. Un ou deux mulets de bât, fous de terreur, réussirent à sauter le petit talus qui bordait la chaussée et escaladèrent la colline, éparpillant leur fardeau. Six bœufs attelés à un chariot s'affaissèrent ensemble, tués net. Unis par leurs jougs, ils demeurèrent deux à deux, sur les genoux et sur le ventre, la tête tendue en avant, comme s'ils priaient. Les matelots du pont principal, apitoyés, murmurèrent à nouveau à ce spectacle.

— Silence là-bas ! rugit Gérard qui devinait l'importance du travail qu'ils accomplissaient.

Bush tira son capitaine par la manche ; il prenait une grande liberté en interrompant ainsi Hornblower dans ses réflexions.

— S'il vous plaît, capitaine. Si j'emmenais à terre une compagnie de débarquement, je pourrais brûler tous ces chariots, et tout détruire, suggéra-t-il.

Hornblower secoua la tête. C'était bien de Bush de ne pas voir les obstacles qui ruinaient d'avance un tel projet. L'ennemi pouvait bien s'enfuir devant des canons auxquels il ne pouvait répondre, mais si des troupes débarquaient dans son voisinage, il se jetterait sur elles avec fureur, avec une fureur que ses pertes récentes décupleraient. Débarquer un simple détachement pour prendre par surprise une batterie défendue par une cinquantaine d'artilleurs était une chose ; mais s'exposer au feu d'une armée disciplinée de dix mille hommes, était une tout autre affaire. La détonation de la caronade du gaillard empêcha Bush d'entendre les paroles par lesquelles Hornblower essayait d'adoucir son refus, et lorsque le capitaine rouvrit la bouche pour parler, il fut interrompu par le geste d'un homme, là-bas, sur la route.

Dans le chariot destiné à recevoir le prochain boulet, quelqu'un se tenait debout et agitait frénétiquement un mouchoir blanc. Hornblower pointa sa lunette ; avec son uniforme bleu et ses épaulettes rouges, l'homme semblait être un officier. Mais s'il essayait de se rendre, il devait savoir que sa reddition ne pouvait être acceptée puisqu'elle ne pouvait être effective. Il lui faudrait courir le risque du prochain boulet. Tout à coup l'officier sembla le comprendre ; il se baissa dans le chariot et se releva, toujours agitant son mouchoir, en soutenant quelqu'un qui avait dû se tenir couché à ses pieds. On pouvait se rendre compte que l'homme était comme une loque dans les bras de l'officier ; il avait un pansement autour de la tête, et un autre au bras.

Hornblower comprit soudain que ces chariots étaient les ambulances de l'armée, pleines des malades et des blessés de l'escarmouche de la veille. L'officier au mouchoir devait être un médecin.

— Cessez le feu ! hurla Hornblower en portant le sifflet à ses lèvres.

Trop tard ! Il ne put empêcher la pièce suivante de tirer, mais par bonheur elle était mal pointée et le boulet ne fit qu'arracher à la falaise un nuage de poussière, juste au-dessous de la route. Il était illogique d'épargner des animaux de trait, d'une importance inestimable pour les Français, de peur d'atteindre des blessés qui pourraient guérir et redevenir des ennemis actifs, mais c'était là l'une des conventions de la guerre, tirant son absurdité de la guerre même.

Après les chariots venait l'arrière-garde, mais elle était déjà éparpillée au flanc de la colline, en groupes assez clairsemés pour qu'il ne valût pas la peine de gaspiller poudre et boulets. Il était temps de faire demi-tour et de harceler de nouveau le corps de troupe principal.

— Virez de bord, Bush, dit Hornblower. Je désire retourner sur mes pas.

L'opération n'était pas aussi facile à mener sous une allure qui se trouvait être tout au rebours de la précédente. Auparavant, le *Sutherland* avait navigué grand-largue ; maintenant il avait le vent sur son avant et il ne pouvait marcher parallèlement au rivage qu'en serrant le vent de fort près. Pour gagner au large lorsqu'ils atteindraient les petits caps qui faisaient saillie sur sa route, le *Sutherland* devrait virer de bord, et sa dérive pourrait le mettre en péril si la situation n'était pas étudiée avec une extrême attention. Mais il fallait faire le maximum pour harceler les Italiens et leur démontrer qu'il n'était plus question d'utiliser la route côtière. Bush était ravi — Hornblower le voyait à la lueur farouche qui éclairait ses yeux — de voir que son capitaine était décidé à poursuivre sa tâche et à ne pas s'éloigner lâchement après un premier passage au large de la colonne, et les servants de pièces de tribord, penchés sur les canons qui jusqu'ici n'avaient pas servi, se frottaient les mains de plaisir à la perspective d'entrer en action.

Il fallut du temps pour que le *Sutherland* se mît dans une position telle que ses canons commandassent la route ; Hornblower vit avec plaisir les régiments à peine reformés se disperser de nouveau et se réfugier sur la colline à l'approche de leur bourreau. À l'allure du plus près, le *Sutherland* faisait à peine trois nœuds compte tenu du vent et des caprices de la côte ; en marchant aussi vite que possible, les troupes pourraient maintenir la distance qui les séparait du navire si c'était nécessaire, et peut-être les officiers ne tarderaient-ils pas à comprendre la chose ; c'était maintenant que Hornblower devait porter ses coups.

— Gérard ! appela-t-il, et sur un signe qu'il lui fit, l'interpellé accourut et demeura au pied du gaillard, le visage levé vers lui pour écouter ses ordres. Vous pouvez faire tirer par pièce sur tous les groupes assez importants pour en valoir la peine. Veillez à ce que chaque coup soit bien ajusté.

— Bien, capitaine.

Une troupe d'une centaine d'hommes était massée au flanc de la colline, juste en face d'eux. Gérard, accroupi sur les talons pour ajuster sa ligne de tir aux frontaux de mire, pointa lui-même le canon qui était à son maximum d'élévation et estima la distance. Le boulet atteignit le roc juste devant les hommes et ricocha au milieu d'eux ; Hornblower vit la troupe s'agiter et s'éparpiller rapidement, abandonnant sur le terrain deux ou trois cadavres en culotte blanche. À cette vue, l'équipage applaudit. Gérard s'était empressé de faire appeler Marsh, le canonnier, pour qu'il prît part à ce tir de précision ; la pièce dont il s'occupait coucha encore quelques hommes dans un autre groupe au-dessus duquel étincelait un objet piqué au bout d'une perche ; Hornblower qui observait attentivement la scène dans sa lunette conclut qu'il devait s'agir d'une de ces aigles impériales que les communiqués de Bonaparte mentionnaient si souvent et dont si souvent se moquaient les caricaturistes anglais.

L'une après l'autre, les pièces de tribord crachèrent leur boulet, tandis que le *Sutherland* longeait lentement la côte. Parfois les hommes applaudissaient lorsque se trouvaient culbutés quelques-uns des nains qui escaladaient à quatre pattes le flanc de la colline ; d'autres fois, le coup était suivi d'un silence glacial, signe qu'on avait fait chou blanc. Ce genre de tir montrait efficacement aux canonniers tout l'intérêt qu'il y avait à savoir pointer leur pièce avec exactitude et estimer la portée et la correction de dérive ; bien qu'il fût de tradition sur un navire de ligne que le seul travail des canonniers était de servir leur pièce aussi vite que possible, sans qu'il fût nécessaire de viser, puisque leur navire et celui de l'ennemi étaient supposés se trouver presque bord à bord.

Maintenant que l'oreille n'était plus assourdie par le tonnerre du feu de toute une batterie, on entendait après chaque coup l'écho assourdi renvoyé par les collines ; sa qualité était curieusement modifiée par l'air surchauffé, car il faisait effroyablement chaud ; Hornblower, qui regardait boire avidement au charnier d'eau douce les hommes que les sous-officiers libéraient à tour de rôle dans ce but, se demanda si ces pauvres diables là-bas qui grimpaient à quatre pattes au flanc de la colline rocailleuse, sous un soleil de feu, souffraient eux aussi de la soif. Il avait bien peur que tel fût le cas ; lui-même n'avait pas envie de boire, il était trop occupé à écouter psalmodier l'homme de sonde, à observer les effets du tir, bref, à veiller à ce que le *Sutherland* ne courût aucun danger.

L'homme quel qu'il fût qui commandait la batterie de campagne déjà délabrée, un peu plus loin le long de la route, connaissait son affaire. Ce fut l'aspirant Savage qui attira sur elle l'attention de Hornblower en le hélant de la hune de misaine. Les trois canons encore en état de fonctionner avaient été tournés de façon à pointer diagonalement vers le navire par-dessus la route, et ils tirèrent au moment même où Hornblower braquait sur eux sa lunette. Vrou ! vrou ! vrou ! l'un des boulets passa loin au-dessus de Hornblower et un trou apparut dans le grand hunier. Au même moment, un craquement à l'avant indiqua qu'un autre boulet avait touché au but. Vu sa position, il se passerait dix minutes avant que la bordée du *Sutherland* fût en mesure d'atteindre la batterie.

— Marsh, fit Hornblower, braquez-moi les pièces de chasse de tribord sur cette batterie.

— Bien, capitaine.

— Gérard, continuez votre tir par pièce !

— Bien, capitaine.

Pour faire de ses hommes de véritables machines à se battre, suivant le programme qu'il s'était fixé, Hornblower trouvait très précieuse cette occasion de les exercer à tirer tandis qu'ils subissaient le feu de l'ennemi ; personne ne savait mieux que lui la différence que cela faisait aux yeux des hommes. Il se prit à penser que, dans les circonstances présentes, payer d'un ou deux blessés légers cette expérience nécessaire de l'équipage ne serait pas trop cher ; puis il eut un mouvement d'horreur en songeant qu'il était en train de condamner avec désinvolture quelques-uns de ses propres hommes à la mutilation ou à la mort, lui-même d'ailleurs pouvait être l'un de ces blessés. Il était incroyablement facile de séparer mentalement les théories académiques sur la guerre... et l'aspect humain de celle-ci, même quand on était soi-même engagé dans le combat. Pour les hommes du pont, les petites silhouettes en uniforme qui escaladaient la colline n'étaient pas des êtres humains subissant la torture de la soif, de la chaleur et de la fatigue, et les corps immobiles qui jonchaient la route n'étaient pas des cadavres éventrés qui l'instant d'avant étaient des pères ou des amants. Ils auraient pu aussi bien être des soldats de plomb, pour le cas que son équipage faisait d'eux. Il était stupide de sa part, et tout à fait hors de propos, de se mettre à penser à ce moment, par cette chaleur, et au milieu du vacarme de la bataille, à lady Barbara et à son pendentif de saphirs, à Maria qui devait commencer à s'arrondir de plus belle avec ce petit qu'elle portait. Il se secoua pour chasser ces pensées ; tandis qu'elles occupaient son esprit, la batterie avait tiré une nouvelle salve dont il n'avait bel et bien pas remarqué les effets.

Les pièces de chasse visaient à présent la batterie ; leur feu gênerait peut-être les servants de ces canons de campagne. Pendant ce temps, peu de cibles s'offraient aux canons de tribord, car en face d'eux la division italienne affolée s'était dispersée sur tout le flanc de la colline par détachements d'une demi-douzaine d'hommes au plus, et certains de ces groupes se trouvaient déjà sur la ligne d'horizon. Leurs officiers auraient bien de la peine à les rassembler, et ceux qui voudraient déserter — le *Compte rendu de la guerre d'Espagne* insistait sur le médiocre esprit de corps des Italiens — en trouveraient amplement l'occasion aujourd'hui.

Un craquement et un cri en bas indiquèrent qu'un projectile de la batterie avait fait au moins une victime, ainsi que Hornblower l'avait prévu ; à en juger d'après ce cri aigu, c'était l'un des mousses qui avait dû être atteint. Hornblower serra les mâchoires en évaluant la distance qu'il restait au navire à parcourir : avant que sa bordée pût atteindre la batterie, il lui faudrait recevoir deux autres salves ; ce lui fut un rien pénible de les attendre. La première passa juste au-dessus de lui, avec un bruit comparable à celui d'une armée d'abeilles en mission urgente ; les artilleurs n'avaient pas dû assez tenir compte du fait que la distance diminuait rapidement. Le galhauban de grand perroquet se brisa avec fracas, et un geste de Bush envoya une équipe pour l'épisser. Le *Sutherland* allait devoir virer en direction du large pour doubler la pointe et le récif que l'on apercevait devant.

— Lieutenant Gérard ! je vais virer de bord. Soyez prêt à ouvrir le feu sur la batterie dès que les canons porteront.

— Bien, capitaine.

Bush envoya les hommes aux bras de vergues ; Hooker à l'avant s'occupait des écoutes de foc. Le *Sutherland* vint gracieusement dans le vent lorsque la barre fut rabattue, et Hornblower regarda à la lunette la batterie de campagne qui était maintenant à moins d'un quart de mille. Les servants virent le *Sutherland* virer, ils avaient déjà eu l'occasion d'observer la manœuvre et savaient quelle volée de mitraille allait suivre. Hornblower vit l'un d'eux s'éloigner des canons en courant, puis d'autres le suivirent, franchissant le talus et escaladant à corps perdu la colline. D'autres encore se couchèrent par terre ; un seul homme resta debout à gesticuler comme un fou près des canons. Puis le *Sutherland* s'inclina une fois de plus au recul de ses pièces, des tourbillons de fumée âcre s'élevèrent et la batterie disparut. Même quand la fumée se dissipa, elle demeura invisible ; il n'en restait plus que des ruines : des roues en miettes, un essieu dressé vers le ciel, les canons eux-mêmes gisant pêle-mêle sur le sol. Cette bordée avait été bien ajustée : les canonniers du bord avaient mené leur affaire avec autant d'assurance que des vétérans.

Hornblower contourna le récif et revint vers le rivage. Devant eux, sur la route, cheminait l'arrière-garde d'une colonne d'infanterie ; on avait dû reformer cette division de tête tandis que le *Sutherland* s'occupait de l'autre. Maintenant elle s'éloignait à bonne allure, enveloppée d'un nuage de poussière bas et épais.

— Bush ! Il nous faut tenter de rattraper cette colonne.

— Bien, capitaine.

Mais le *Sutherland* était mauvais marcheur à l'allure du plus près, et fréquemment, au moment où il allait rattraper l'arrière de l'ennemi, il devait virer et s'éloigner du rivage pour doubler un promontoire. Parfois le navire était si proche des fantassins fuyant en toute hâte que Hornblower pouvait voir dans sa lunette les tuniques bleues et les visages blancs des hommes qui regardaient par-dessus leur épaule. À certains endroits, après le passage de la division, il pouvait compter les hommes qui avaient quitté les rangs : assis au bord de la route la tête dans les mains, ou s'appuyant, épuisés, sur leur fusil en regardant le navire passer devant eux, ou quelquefois gisant à plat ventre, immobiles, évanouis, à l'endroit même où ils étaient tombés, accablés par la fatigue et la chaleur.

Bush rageait et se rongeait les poings ; il courait d'un bout à l'autre du navire, essayant par toutes sortes de moyens de presser l'allure ; il employait les matelots inoccupés à transporter des hamacs chargés de boulets du côté sous le vent au bord au vent ; il faisait orienter les voiles avec le plus de soin et de précision possible, et lançait d'effroyables blasphèmes toute les fois que la distance séparant le navire de la colonne paraissait augmenter.

Mais Hornblower était satisfait. Une colonne d'infanterie qui avait été aussi affreusement ravagée que celle-ci, et que l'on obligeait à une fuite désordonnée pendant des milles et des milles, poursuivie par un ennemi impitoyable et abandonnant des traînards par douzaines, cette colonne subirait une telle atteinte à sa dignité que sa puissance combative serait considérablement diminuée pendant des semaines.

Avant d'arriver à portée de la forte batterie côtière établie en vue d'Arens de Mar, il abandonna la poursuite ; il ne tenait pas à ce que l'ennemi en déroute reprît courage en voyant le *Sutherland* chassé par le feu de ces puissants canons, et il faudrait tant de temps pour contourner la batterie en restant hors de sa portée que la nuit serait tombée avant que le navire pût rejoindre le rivage.

— Très bien, Bush. Vous pouvez faire route tribord amures et saisir les canons.

Le *Sutherland* revint dans ses lignes d'eau, puis reprit de la gîte en abattant de l'autre bord.

— Hourra pour le capitaine ! cria un homme sur le pont principal.

Hornblower ne put savoir exactement qui c'était, sans quoi il l'aurait puni. La tempête d'acclamations qui suivit immédiatement couvrit sa voix et l'empêcha d'arrêter les hommes qui crièrent jusqu'à épuisement, le visage épanoui en un large sourire à l'adresse de ce capitaine qui les avait conduits à la victoire cinq fois en trois jours ! Bush souriait aussi, ainsi que Gérard, debout près de lui sur le gaillard. Le petit Longley dansait et criait sans se soucier le moins du monde de la dignité qui convient à un officier ; Hornblower restait là, l'air renfrogné, et lançait des regards furieux aux matelots sur le pont. Plus tard, il serait peut-être tout heureux en repensant à cette preuve spontanée d'affection et de dévotion de la part de ses hommes ; mais pour le moment, elle ne faisait que le gêner et l'irriter.

Lorsque les acclamations cessèrent, on entendit de nouveau la voix de l'homme de sonde.

— Pas de fond ! Pas de fond avec cette ligne !

Il continuait d'accomplir le travail qui lui avait été assigné, et il continuerait à le faire jusqu'à ce qu'il reçût l'ordre de cesser : exemple éclatant de la discipline qui régnait à bord de la marine du roi.

— Faites-moi sortir cet homme-là des porte-haubans immédiatement, Bush, dit Hornblower d'un ton sec, fâché que l'on eût oublié de relever ce matelot.

— Bien, capitaine, répondit Bush, contrarié de s'être montré pour une fois inexact à remplir ses devoirs.

Le soleil rouge et pourpré s'enfonçait parmi les montagnes d'Espagne dans une folle débauche de couleurs. Hornblower en eut la respiration coupée lorsqu'il en contempla l'excessive beauté. Il était maintenant tout désorienté, tout hébété, par une sorte de réaction à la folle rapidité avec laquelle son esprit avait travaillé pendant les heures précédentes ; il était même encore trop hébété pour avoir conscience d'aucune fatigue. Pourtant il lui fallait encore attendre le rapport du médecin. Quelqu'un avait été tué ou blessé aujourd'hui ; il se souvenait nettement du craquement et des cris lorsque le boulet de la batterie de campagne avait touché le navire.

Le cuisinier du poste des aspirants était monté sur le gaillard et saluait Gérard.

— Mande pardon, lieutenant, dit-il. Mais Tom Cribb a été tué.

— Quoi ?

— Oui, lieutenant. Sa tête a été emportée d'un seul coup. Il est affreux à voir comme il est là couché, lieutenant.

— Qu'est-ce que vous racontez ? interrompit Hornblower.

Il ne se rappelait personne à bord du nom de Tom Cribb, qui était le nom du champion de boxe d'Angleterre, catégorie poids lourds, et il ne comprenait pas pourquoi le cuisinier du poste des aspirants venait rendre compte des pertes à un lieutenant.

— Tom Cribb a été tué, capitaine, expliqua le cuisinier. Et quant à Mrs. Siddons, elle a un éclat de bois dans son... dans son derrière, sauf votre respect, capitaine. Vous auriez pu l'entendre crier d'ici, capitaine.

— Je l'ai entendue, fit Hornblower.

Tom Cribb et Mrs. Siddons devaient être un cochon et une truie appartenant au mess des aspirants. Hornblower éprouva un vif soulagement en comprenant la chose.

— Elle va très bien maintenant, capitaine. Le boucher lui a flanqué plein la main de goudron au bon endroit.

À ce moment arriva Walsh, le médecin : il n'y avait eu ni morts ni blessés pendant l'engagement.

— Sauf parmi les cochons à l'étable, capitaine, ajouta Walsh, de l'air à la fois déférent et inquiet de quelqu'un qui risque une plaisanterie en présence d'un supérieur.

— Je viens d'en entendre parler, dit Hornblower.

Gérard conversait avec le cuisinier des aspirants.

— Bon ! disait-il. Vous nous ferez frire les tripes, et vous ferez rôtir l'échine. Vous veillerez à ce que ce soit bien croustillant ; si c'est coriace, comme le dernier cochon que nous avons mangé, je vous supprime votre grog. Il y a des oignons et de la sauge — oui, et il reste encore quelques pommes. Sauge, oignons et compote de pommes —, et attention, Loughton, n'allez pas me mettre des clous de girofle dans cette compote. Peu importe ce que diront les autres officiers, moi je n'en veux pas ; dans une tourte aux pommes, d'accord, mais pas avec un rôti de porc : et mettez-vous au travail tout de suite. Vous pouvez porter un jambon au mess des maîtres, avec mes compliments ; l'autre jambon, vous le ferez rôtir, on le mangera froid au petit déjeuner.

Pour souligner ses ordres, Gérard frappait ses doigts l'un après l'autre dans la paume de sa main ; l'appétit se lisait sur son visage ; Hornblower pensa que lorsqu'il ne s'occupait pas des femmes, Gérard accordait à son ventre toutes les pensées qu'il pouvait distraire de ses canons. Un homme dont les yeux brillaient de gourmandise en pensant, par cet après-midi étouffant de juillet en Méditerranée, aux tripes frites et au rôti de porc qu'il aurait au dîner, et qui savourait d'avance le jambon froid du prochain déjeuner, un tel homme aurait dû en toute justice être lui-même gras comme un porc. Pourtant Gérard était mince, élégant et beau. Hornblower éprouva à son égard une jalousie momentanée en pensant que lui-même était en train de prendre du ventre.

Le colonel Villena errait sur le gaillard comme une âme en peine. De toute évidence, il ne vivait plus que dans l'attente du moment où il pourrait de nouveau parler, et Hornblower était la seule personne à bord qui sût assez d'espagnol pour tenir une conversation. En outre, en qualité de colonel, il était assimilé aux capitaines de vaisseau, et il pouvait espérer partager l'hospitalité de la cabine du capitaine. Hornblower décida qu'il préférait encore un repas trop copieux de porc rôti plutôt que de subir la conversation de Villena.

— Vous paraissez avoir projeté un festin pour ce soir, Gérard, dit-il.

— Oui, capitaine.

— Ma présence dans le poste des aspirants serait-elle indésirable en cette occasion ?

— Oh ! non, capitaine. Bien sûr que non, capitaine ! Nous serions ravis si vous vouliez nous faire cet honneur, capitaine !

Le visage de Gérard rayonnait d'un plaisir véritable à la perspective de recevoir son capitaine. C'était un hommage si sincère que le cœur de Hornblower en fut réchauffé, bien qu'il éprouvât des remords en pensant à la raison pour laquelle il s'était fait inviter.

— Merci, Gérard. Dans ce cas, le colonel Villena et moi-même serons ce soir les hôtes du poste des aspirants.

Avec un peu de chance, Villena serait assis assez loin de lui pour qu'il pût échapper à la nécessité de parler espagnol.

Le sous-officier trompette de l'infanterie de marine avait mis en ligne tout ce que possédait le navire en fait d'orchestre : les quatre fifres de l'infanterie et les quatre tambours. Ils paradaient d'une extrémité à l'autre du passavant au grondement assourdissant des tambours, tandis que les fifres adressaient leurs piailleries vigoureuses à l'horizon sans bornes.

De cœur de chêne nos navires,
Nos hommes braves mathurins...

La simplicité des paroles et la banalité des sentiments exprimés semblaient plaire à l'équipage, bien qu'il n'y eût pas un homme parmi eux qui ne fût entré en fureur si on l'avait traité de « brave mathurin ».

Les beaux uniformes rouges continuèrent à faire les cent pas et les battements guillerets des tambours empoignaient si bien les cœurs qu'on en oubliait la chaleur écrasante. Au couchant, le ciel merveilleux flamboyait encore dans toute sa gloire, cependant qu'à l'est la nuit rampait déjà sur la mer empourprée.

XV

RAPPORT À LEIGHTON

— Quatre heures, capitaine, annonça Polwheal.

Hornblower se réveilla en sursaut. Il lui semblait qu'il n'avait pas dû dormir plus de cinq minutes, alors qu'il s'était écoulé plus d'une heure depuis qu'il s'était assoupi. Il était couché sur son cadre, en chemise de nuit : il avait rejeté son drap pendant la chaleur accablante de la nuit ; il avait mal à la tête et se sentait la bouche pâteuse. Il était rentré se coucher à minuit, mais, pour avoir dîné d'un rôti de porc, il s'était tourné et retourné dans son lit pendant deux ou trois heures avant de s'endormir dans cette chaleur épouvantable ; et maintenant on le réveillait à quatre heures du matin, uniquement parce qu'il devait préparer son rapport au capitaine Bolton, ou à l'amiral — si ce dernier était arrivé —, afin qu'il pût être remis le matin même à l'heure fixée pour le rendez-vous. Il geignit lamentablement, tant il se sentait las, et ses articulations lui firent mal lorsqu'il posa les pieds par terre et s'assit sur son cadre. Ses yeux étaient pleins d'humeur et il avait peine à les ouvrir ; il les frotta et sentit comme ils étaient douloureux.

Il aurait geint de nouveau, n'était la nécessité de paraître, aux yeux de Polwheal, au-dessus des faiblesses humaines ; à cette pensée, il se mit debout d'un bond et fit semblant d'être parfaitement éveillé. Lorsqu'il eut pris sa douche sous la pompe et qu'il se fut rasé, il était presque réveillé pour de bon ; alors, tandis que l'aube s'avançait lentement sur l'horizon brumeux, il s'assit à son bureau, se tailla une plume neuve, en lécha la pointe d'un air méditatif, la trempa dans l'encre et commença d'écrire.

« J'ai l'honneur de rendre compte que, conformément aux ordres du capitaine Bolton, je me suis mis en route, le 20 courant... »

Polwheal entra avec le déjeuner et Hornblower chercha dans le café fumant un stimulant à son énergie déjà chancelante. Il feuilleta les pages du journal de bord pour se rafraîchir la mémoire ; tant de choses s'étaient passées ces jours derniers qu'il ne se souvenait déjà plus très bien des détails concernant la prise de l'*Amélie*. Le rapport se devait d'être écrit en mauvais anglais ; il lui fallait éviter les antithèses ou les nobles pensées à la Gibbon ; pourtant Hornblower détestait employer la phraséologie habituelle aux rapports des capitaines. Lorsqu'il énuméra les prises qu'il avait faites près de la batterie de Llanza, il eut soin d'écrire « comme indiqué dans la marge », au lieu de cette locution énervante, « comme la marge », devenue classique dans la marine royale britannique depuis qu'un capitaine ignorant en avait fait usage presque cent ans auparavant pendant la guerre de Jenkins Ear. Il était obligé d'employer la formule « se mettre en route », bien qu'il la détestât ; dans les rapports officiels, la marine royale ne mettait jamais à la voile, ni ne prenait la mer, ni n'appareillait, elle se mettait toujours en route ; tout de même que les capitaines ne proposaient jamais, ni ne conseillaient, ni ne recommandaient, mais toujours « suggéraient respectueusement ». Hornblower dut suggérer respectueusement que tant que la batterie française de Llanza ne serait pas réinstallée, on pouvait considérer la portion de route située entre Port-Vendres et la baie de Rosas comme la partie la plus vulnérable de la voie côtière reliant la France et l'Espagne.

Tandis qu'il cherchait laborieusement ses phrases pour décrire le coup de main de l'étang de Thau, près de Sète, un coup frappé à la porte l'interrompit. Il cria d'entrer ; c'était Longley.

— Le lieutenant Gérard m'a envoyé dire que l'escadre est en vue par tribord devant, capitaine.

— Le navire amiral est là, n'est-ce pas ?

— Oui, capitaine.

— Bien. Présentez mes compliments au lieutenant Gérard et priez-le de modifier la route de façon à se rapprocher du navire amiral.

— Bien, capitaine.

Il lui faudrait donc adresser son rapport à l'amiral et non au capitaine Bolton, et il fallait aussi que ce rapport fût terminé dans une demi-heure. Il plongea sa plume dans l'encre et se remit à écrire fiévreusement ; il décrivit le harcèlement des divisions de Pino et de Lecchi sur la route côtière, entre Malgret et Arens de Mar. Il éprouva un choc lorsqu'il tenta d'estimer les pertes infligées aux Italiens : elles devaient être de l'ordre de cinq à six cents hommes, sans compter les désertions. Il lui fallait rédiger ce passage avec le plus grand soin s'il ne voulait pas être soupçonné d'exagération grossière, faute très grave aux yeux des autorités. Cinq ou six cents hommes avaient été tués ou blessés la veille, qui seraient aujourd'hui vivants et entiers si lui, Hornblower, ne s'était pas montré un officier actif et entreprenant. Une double image se forma dans son cerveau tandis qu'il considérait son exploit : d'un côté il voyait des cadavres, des veuves et des orphelins, la détresse et la souffrance, et de l'autre des figurines en pantalon blanc, immobiles au flanc d'une colline, des soldats de plomb renversés, des chiffres sur du papier. Il maudit ses facultés d'analyse en même temps qu'il maudissait la chaleur et la nécessité d'établir ce rapport. Il se rendit même vaguement compte qu'il devait avoir un caractère décidément grincheux, pour se sentir ainsi toujours déprimé après un succès.

Il signa rageusement le document et cria à Polwheal d'apporter une bougie pour fondre la cire à cacheter, pendant qu'il saupoudrait de sable l'encre encore humide. Il faisait si chaud que ses mains étaient moites et collaient au papier. Lorsqu'il écrivit la suscription : « Contre-amiral sir P.G. Leighton, K.B. », l'encre s'étala comme sur du buvard. Mais enfin la chose était faite ; il monta sur le pont où déjà le soleil était accablant. La teinte cuivrée du ciel, déjà perceptible hier, était bien plus marquée aujourd'hui et Hornblower avait noté que le baromètre de sa cabine accusait une baisse régulière depuis trois jours. Une tempête se préparait, sans aucun doute, et une tempête qui s'était annoncée si longtemps d'avance serait d'autant plus violente lorsqu'elle se déclarerait. Il se tourna vers Gérard et lui donna l'ordre d'observer soigneusement le temps et d'être prêt à diminuer de toile aux premiers signes menaçants.

— Bien, capitaine, répondit Gérard.

Au loin, les deux autres navires de l'escadre roulaient et tanguaient : le *Pluton* avec ses trois rangs de sabords, qui arborait au mât d'artimon le guidon rouge indiquant la présence à son bord d'un contre-amiral de l'Escadre Rouge, et le *Caligula* derrière lui.

— Faites dire à Marsh de saluer la marque de l'amiral, ordonna Hornblower.

Pendant que le *Pluton* rendait le salut, une série de signaux grimpèrent à son gréement.

— Numéro du *Sutherland*, lut Vincent. Prenez position à l'arrière.

— Faites aperçu.

Une autre série de signaux succéda à la première.

— Numéro du *Sutherland*, lut Vincent de nouveau. Amiral au capitaine. Venez à mon bord pour rendre compte.

— Faites aperçu. Gérard, dégagez mon canot. Où est le colonel Villena ?

— Pas encore vu ce matin, capitaine.

— Savage ! Longley ! Venez ici. Allez me tirer le colonel Villena de son lit. Je veux qu'il soit prêt dès que mon canot sera dégagé.

— Bien, capitaine.

En deux minutes et demie, le canot du capitaine était à l'eau, et Hornblower assis à l'arrière ; à la toute dernière seconde, Villena apparut à la coupée. Il avait l'air d'aussi mauvaise humeur que l'on pouvait s'y attendre de la part d'un homme tiré brutalement de son lit par deux aspirants qui ne parlaient pas un traître mot de sa langue, et habillé avec leur aide aussi brusque que maladroite. Son bonnet de hussard était tout de travers, et sa tunique mal agrafée ; il portait sur le bras son sabre et son dolman. Il fut descendu précipitamment dans le canot par l'équipage impatient, qui ne voulait pas exposer sa réputation de célérité en l'attendant, alors que l'amiral les avait appelés par signaux.

L'air malheureux, Villena se dirigea en titubant vers Hornblower et s'assit près de lui. Il n'était pas rasé, il avait l'air dépenaillé, ses yeux étaient aussi pleins d'humeur que ceux de Hornblower à son réveil. Il s'assit en marmottant et en grommelant, encore à moitié endormi, et il essaya, avec des gestes vagues et gauches, de finir de s'habiller, cependant que les hommes, courbés sur les avirons, faisaient voler l'embarcation au ras de l'eau. Ils étaient tout près du vaisseau amiral lorsque Villena fut enfin capable de tenir les yeux grands ouverts et de parler ; il restait si peu de temps que Hornblower n'éprouva pas le besoin de se montrer exagérément courtois. Il espérait bien que l'amiral inviterait Villena à demeurer près de lui, eu égard aux renseignements qu'il pourrait lui donner quant à la situation sur le continent.

Lorsqu'ils montèrent à bord, le capitaine Elliott était à la coupée pour les recevoir.

— Bien content de vous voir, Hornblower, dit-il ; puis, en réponse à la présentation que lui faisait Hornblower, il marmotta quelques mots incohérents à l'adresse de Villena, en regardant d'un air ébahi son uniforme fastueux et son menton non rasé.

Il éprouva un soulagement évident lorsque la formalité fut accomplie et qu'il put de nouveau parler à Hornblower.

— L'amiral est dans sa cabine. Par ici, messieurs, je vous prie.

L'aide de camp qui se trouvait dans la cabine avec l'amiral était le jeune Sylvestre, dont Hornblower avait entendu parler comme d'un jeune officier capable, bien qu'il appartînt — comme on pouvait s'y attendre — à une famille de la noblesse. Quant à Leighton, il donnait ce matin une impression de lourdeur et sa parole était lente ; la chaleur était étouffante, et la sueur coulait en minces filets de chaque côté de son menton puissant. Sylvestre et lui essayèrent vaillamment de faire bon accueil à Villena. Tous deux parlaient le français assez bien, et l'italien très mal ; en mélangeant ces deux langues avec ce qui leur restait de leur latin d'écolier, ils purent se faire comprendre, non sans peine. Avouant son soulagement, Leighton se tourna vers Hornblower.

— Je voudrais entendre votre rapport, Hornblower, annonça-t-il.

— Le voici par écrit, amiral.

— Merci. Mais racontez-moi un peu oralement ce que vous avez fait. Le capitaine Bolton me dit avoir communiqué avec un bâtiment que vous aviez capturé. Où avez-vous été ?

Hornblower commença son récit ; il était content que les événements eussent marché si vite qu'il lui était possible d'omettre toute allusion aux circonstances dans lesquelles il avait quitté le convoi des Indes. Il dit comment il s'était emparé de l'*Amélie* et de la flottille de petits bâtiments à Llanza. Le visage aux traits épais de Leighton s'anima un peu dès qu'il entendit annoncer qu'il se trouvait plus riche de mille livres à la suite de l'activité déployée par son subordonné, et il eut un signe de tête approbateur lorsque Hornblower expliqua la nécessité où il s'était trouvé de brûler sa dernière prise : ce caboteur près de Sète. Avec prudence, Hornblower suggéra que l'escadre pourrait être utilisée d'une façon profitable à surveiller le trafic entre Port-Vendres et Rosas ; grâce à la destruction de la batterie de Llanza, aucun refuge ne s'offrait plus aux navires français sur cette partie de la côte. Mais les sourcils de l'amiral se rapprochèrent légèrement et le capitaine changea de sujet ; Leighton n'était évidemment pas un amiral prêt à accueillir les suggestions de ses subordonnés.

Hornblower se hâta de parler de l'action du lendemain, plus au sud-ouest.

— Un instant, capitaine, le coupa Leighton. Voulez-vous dire que vous êtes descendu vers le sud-ouest la nuit passée ?

— Oui, amiral.

— Vous avez dû passer tout près du lieu de rendez-vous dans l'obscurité ?

— Oui, amiral.

— Vous n'avez pas essayé de savoir si le vaisseau amiral était arrivé ?

— J'ai donné l'ordre aux hommes de veille d'être particulièrement attentifs, amiral.

Cette fois les sourcils de Leighton se rapprochèrent de façon très sensible. Les amiraux étaient toujours fort agacés par cette manie qu'avaient les capitaines, pendant les opérations de blocus, d'inventer des excuses pour s'échapper et agir d'une manière indépendante, ne serait-ce que pour augmenter leurs parts de prise, et il apparaissait clairement non seulement que Leighton était bien décidé à réprimer rigoureusement toute tentative de ce genre, mais qu'il avait au surplus deviné que Hornblower avait pris soin d'arranger son voyage de façon à passer près du rendez-vous dans l'obscurité.

— Je suis tout à fait contrarié, capitaine Hornblower, que vous ayez agi de cette façon. J'ai déjà reproché au capitaine

Bolton de vous avoir laissé partir, et maintenant je m'aperçois que vous êtes passé à moins de dix milles d'ici il y a deux nuits : je ne sais comment exprimer mon mécontentement. Il se trouve que j'étais arrivé au rendez-vous ce matin-là ; le résultat de votre conduite est que deux vaisseaux de ligne de Sa Majesté sont demeurés ici dans l'inaction pendant presque quarante-huit heures, jusqu'à ce que vous jugiez à propos de revenir. Je vous répète, capitaine Hornblower, que je suis très contrarié : je me trouve dans l'obligation d'adresser un rapport à l'amiral commandant en Méditerranée, afin qu'il prenne toutes mesures qu'il jugera nécessaires.

— Bien, amiral, répondit Hornblower.

Il essaya de paraître aussi contrit que possible, mais son bon sens lui disait que ce n'était pas là un cas relevant du conseil de guerre — il était couvert par les ordres de Bolton — et il était douteux que Leighton mît à exécution sa menace d'en référer aux autorités supérieures.

— Continuez, je vous prie, dit Leighton.

Hornblower se mit à décrire son action contre les divisions italiennes. Il se rendit compte, à l'expression du visage de l'amiral, que celui-ci attachait peu d'importance à l'effet moral obtenu, et que son imagination n'était pas assez puissante pour lui permettre d'évaluer l'influence sur les Italiens d'une retraite ignominieuse devant un ennemi invulnérable. Lorsque Hornblower avança que l'ennemi avait perdu cinq cents hommes au moins, Leighton s'agita nerveusement et échangea un regard entendu avec Sylvestre ; de toute évidence, il ne le croyait pas. Hornblower décida de ne pas ajouter qu'à son avis les Italiens avaient perdu au moins cinq cents hommes de plus, traînards et déserteurs.

— Très intéressant, fit Leighton, sans grande sincérité.

Un coup frappé à la porte de la cabine, puis l'entrée d'Elliott détendirent l'atmosphère.

— Le temps a l'air bien mauvais, amiral, dit-il. J'ai pensé que si le capitaine Hornblower désirait rejoindre son navire...

— Mais oui, bien sûr, dit Leighton en se levant.

Du pont, on apercevait de gros nuages noirs, du côté sous le vent, qui s'approchaient rapidement.

— Vous aurez juste le temps, dit Elliott en regardant le ciel pendant que Hornblower se préparait à descendre dans son canot.

— Je crois bien que oui, fit Hornblower.

Son premier souci était de quitter le *Pluton* avant qu'on s'aperçût qu'il abandonnait Villena ; ce dernier, qui ne comprenait rien à ce qui se disait en anglais autour de lui, était demeuré sur le gaillard d'arrière, et Hornblower put descendre dans son canot sans que personne songeât à l'Espagnol.

— Larguez ! fit Hornblower avant même d'être assis convenablement, et l'embarcation s'éloigna rapidement du flanc du *Pluton*.

Bien que ce fût un navire à trois ponts, l'installation matérielle à bord devait être sensiblement compliquée par la présence de l'amiral et de son état-major. La venue d'un colonel espagnol signifiait qu'un infortuné lieutenant allait être logé dès ce soir de manière pour le moins inconfortable. Mais Hornblower se sentait capable de considérer d'un œil sec les ennuis de ce lieutenant inconnu.

XVI

LA BELLE REVANCHE

Lorsque Hornblower prit pied sur le pont du *Sutherland*, le tonnerre roulait déjà à l'horizon, bien que la chaleur ne parût pas devoir diminuer pour le moment, et que le vent fût tombé presque à rien. Les nuages noirs avaient envahi quasi tout le ciel jusqu'au-dessus de leurs têtes, et ce qui restait de bleu avait une teinte dure, métallique.

— Ça ne va pas tarder, capitaine, nota Bush — il leva les yeux d'un air satisfait ; sur son ordre, la voilure du *Sutherland* avait déjà été réduite aux huniers et l'équipage était en train d'y prendre des ris. Mais de quel coin ça viendra, Dieu seul le sait.

Il essuya la sueur de son front ; la chaleur était effroyable et le navire, privé de vent pour s'affermir, se balançait péniblement sur la mer tourmentée. Les poulies grinçaient bruyamment sous l'effet du roulis.

— Mais viens donc, bon sang ! grommela Bush.

Un souffle d'air, aussi chaud que s'il sortait d'un four à briques, arriva sur eux à l'improviste et le *Sutherland* s'affermit un instant. Puis un autre survint, plus chaud et plus fort.

— Ça vient ! s'écria Bush, le doigt tendu.

Le ciel noir fut soudain déchiré par un éclair aveuglant, suivi presque immédiatement d'un coup de tonnerre formidable, et la bourrasque s'abattit sur eux ; ils voyaient sa ligne dure, métallique à la surface des eaux grises. Pris vent dessus, pour ainsi dire, le *Sutherland* frémit et plongea. Hornblower hurla des ordres à l'homme de barre, et le navire abattit et s'affermit. Le vent qui maintenant hurlait amena la grêle : des grêlons gros comme des cerises, qui mordaient, fouettaient et aveuglaient, qui crépitaient sur les ponts dans un vacarme infernal et transformaient la surface de la mer en une écume bouillonnante dont le fracas couvrait presque les autres bruits. Bush maintenait relevé le vaste col de son vêtement de toile goudronnée, essayant de se protéger les yeux avec le bord de son suroît ; mais Hornblower éprouvait tant de plaisir à sentir ce vent piquant qu'il n'avait pas conscience de la douleur causée par les grêlons. Polwheal, accouru sur le pont avec le ciré et le suroît du capitaine, dut positivement lui pousser le coude pour attirer son attention et l'amener à revêtir ces vêtements.

Le *Pluton*, qui tenait la cape, dérivait à deux encablures du *Sutherland* par tribord devant ; ce gros trois-ponts était encore moins maniable et chassait encore plus que le *Sutherland*. Hornblower l'observa et se demanda quelles pouvaient être en ce moment les impressions de Villena, enfermé dans l'entrepont, au milieu des craquements de la charpente. Il se recommandait à tous les saints, probablement. Le *Caligula* était loin dans le vent ; des ris étaient pris dans ses huniers et la brise soufflait si fort que son pavillon était droit et raide comme un I. C'était le meilleur voilier des trois : les architectes anglais qui en avaient établi les plans s'étaient attachés avant tout à construire un navire capable de lutter contre les tempêtes, et non pas, comme pour le *Pluton*, à entasser le plus possible d'artillerie dans un espace donné ; ou encore, comme les architectes hollandais avaient dû le faire pour le *Sutherland*, à rechercher le tirant d'eau minimum compatible avec un maximum de qualités nautiques.

Presque sans avertissement, le vent tourna de quatre quarts, et le *Sutherland* embarda et plongea, ses voiles de cape claquant comme un coup de canon, avant d'abattre sous le vent. La grêle avait maintenant fait place à une pluie torrentielle, chassée presque horizontalement par le vent hurlant, et cette saute de temps avait fait naître une mer courte et clapoteuse sur laquelle le *Sutherland* plongeait et se cabrait de la plus disgracieuse façon. Hornblower porta les yeux vers le *Pluton* ; ce dernier avait été pris presque vent dessus, mais Elliott le manœuvrait habilement et il avait abattu à temps. Hornblower se dit qu'il préférait commander le vieux *Sutherland* avec son fond plat, qu'un trois-ponts peu maniable, en dépit de ses quatre-vingt-dix-huit canons, de sa batterie de trente-deux et du supplément de solde.

De nouveau, le vent hurla à ses oreilles et lui arracha presque son ciré. Le *Sutherland* s'efforçant de tenir la cape pendant une tempête comme celle-ci ressemblait à une vache essayant de valser. Bush lui cria quelque chose. Hornblower entendit les mots : « palans de barre » et approuva d'un signe de tête. Bush disparut en bas. Quatre timoniers, aidés par le levier puissant que représentait le marbre de la roue, réussiraient peut-être à contrôler le *Sutherland*, en dépit de ses mouvements désordonnés ; mais l'effort imposé aux câbles du gouvernail serait considérable, et par mesure de précaution, il était préférable de placer six ou huit hommes dans le poste des aspirants pour soulager les palans de retenue du gouvernail et diminuer à la fois la fatigue des hommes de barre et la tension des câbles. Il faudrait placer un gradé au caillebotis le plus proche de la roue, afin qu'il transmît les ordres aux hommes occupés aux palans de retenue au-dessous de lui ; tout cela représentait un travail bien délicat, et, à cette pensée, Hornblower se félicita de la résolution qu'il avait montrée en dépouillant le convoi des Indes d'un certain nombre de marins.

Du côté au vent, l'horizon était caché par un brouillard nacré d'une extrême beauté ; le côté sous le vent était plus dégagé, et dans cette direction une barre bleue s'élevait jusqu'au ciel : les montagnes d'Espagne. C'est par là qu'était la baie de Rosas, un bien pauvre abri lorsque soufflait comme en ce moment un vent du sud-est, et de toute façon, c'était là un refuge interdit aux navires anglais puisque des canons français s'y trouvaient installés. Rosas était une forteresse dont le siège par les Français avait fourni à Cochrane l'occasion de se distinguer un an plus tôt. À l'extrémité nord de la baie se trouvait le cap Creus : le *Sutherland* avait capturé l'*Amélie* au moment où elle essayait de doubler cette pointe. Au-delà du cap Creus, la côte s'inclinait de nouveau vers le nord-ouest, ce qui offrait à l'escadre un espace bien suffisant pour étaler la tempête ; car ces tempêtes d'été en Méditerranée, toutes violentes qu'elles fussent, ne duraient jamais longtemps.

— Un signal du vaisseau amiral, capitaine, cria l'aspirant de quart. Numéro trente-cinq. Portez toute la voilure compatible avec le temps.

Le *Pluton* portait ses voiles d'étai de cape en plus de ses huniers au bas ris ; apparemment, l'amiral avait décidé que le cap Creus était dangereusement proche, et il désirait gagner un peu dans le vent, pour être prêt à toute éventualité. C'était une précaution judicieuse ; Hornblower donna les ordres qu'il fallait pour amener le *Sutherland* sur le même cap, bien que les hommes occupés à la roue et aux palans de retenue du gouvernail eussent toutes les peines du monde à empêcher le navire de s'effacer dans le lit du vent. Les servants des canons s'employaient activement à doubler les bragues, de peur que l'une des pièces ne rompît ses amarres par suite des mouvements du navire. Deux équipes déjà étaient occupées aux pompes ; bien qu'il fatiguât, le *Sutherland* ne faisait guère eau jusqu'à présent, mais Hornblower préférait maintenir le puisard aussi libre que possible pour le cas où les circonstances rendraient nécessaire la manœuvre rapide des pompes. Le *Caligula* était déjà loin dans le vent ; Bolton utilisait au maximum les qualités nautiques de son navire et se tenait avec raison aussi loin que possible du danger. Le *Sutherland* et le *Pluton* étaient relativement en sûreté, sauf accident, bien entendu. Qu'un espar fût emporté, qu'un canon s'échappât, ou qu'une voie d'eau se déclarât soudain, la situation pouvait devenir dramatique ; mais pour le moment ils ne couraient guère de risque.

Au-dessus d'eux le tonnerre grondait de façon tellement ininterrompue que Hornblower ne l'entendait plus. Le jeu éblouissant des éclairs parmi les nuages noirs était d'un superbe effet. À cette cadence-là, la tempête ne pouvait pas durer beaucoup plus longtemps ; l'équilibre se rétablissait rapidement, mais il y aurait encore quelques rafales. Déjà, sous l'action du vent en cette partie resserrée de la Méditerranée, la mer se faisait forte, et des paquets d'eau balayaient le pont principal au rythme du roulis. L'air frais, et même les déluges de pluie et d'embruns étaient vivifiants, après la chaleur étouffante des jours précédents, et la plainte du vent dans le gréement formait un chant que même Hornblower, qui cependant n'avait aucune oreille, appréciait. Lorsque Polwheal vint lui annoncer que le déjeuner était servi, un déjeuner de fortune, puisque le feu de la cuisine était éteint, il fut surpris que tant de temps se fût déjà écoulé.

Lorsqu'il remonta sur le pont, la tempête avait diminué

sensiblement, et du côté du vent on apercevait des échappées de ciel bleu, d'un bleu d'acier aux reflets verts ; la pluie avait cessé, bien que la mer fût plus furieuse que jamais.

— Ça s'est calmé assez vite, en somme, capitaine, commenta Bush.

— Oui, répondit Hornblower, mais avec une restriction mentale.

Il ne reconnaissait pas dans ce ciel d'acier le bleu qui marque le retour du calme, il n'avait encore jamais vu une de ces tempêtes méditerranéennes se terminer sans un retour offensif au moins. Et il s'inquiétait toujours de la présence du cap Creus, à l'horizon sous le vent. Il lança un regard perçant autour de lui, vers le *Pluton* sous son vent, à demi caché par les embruns, et vers le *Caligula*, loin dans le vent, dont les voiles n'apparaissaient que rarement par-dessus l'agitation des eaux grises.

Et la chose se produisit : une rafale brutale, hurlante, qui inclina le *Sutherland* sur le côté, puis tourna avec une rapidité surprenante. Hornblower s'agrippa aux haubans d'artimon du côté du vent et hurla des ordres. Tout le temps qu'elle dura, cette bourrasque fut d'une violence extrême. Pendant un moment, on eut l'impression que le *Sutherland* ne se relèverait jamais, puis qu'il pourrait bien couler par l'arrière lorsque le vent le prit devant. La rafale hurlait et mugissait autour d'eux avec une fureur qu'elle n'avait pas encore montrée. Ce fut seulement après de longs efforts que le navire put être ramené dans le vent et mis à la cape. La saute de temps avait rendu la mer plus houleuse et plus désordonnée que jamais ; le vaisseau se cabrait et plongeait d'une manière tellement insensée que des hommes qui avaient passé toute une vie en mer éprouvaient bien de la peine à conserver leur équilibre. Malgré cela, aucun espar ne fut emporté, pas un cordage ne se rompit, preuve évidente de la qualité du travail exécuté aux chantiers de Plymouth, et de la compétence de Bush et de Harrison.

Maintenant Bush criait quelque chose et tendait le bras vers le côté sous le vent ; le regard de Hornblower suivit la direction indiquée. Le *Pluton* avait disparu et, un moment, Hornblower pensa qu'il avait péri corps et biens. Puis une vague en se brisant le révéla, complètement couché sur le côté, sa carène à nu balayée par les vagues grises, ses vergues pointant vers le ciel, ses voiles et son gréement se détachant en noir sur la blancheur de l'écume formée sous son vent.

— Jésus ! hurla Bush. Les pauvres diables ont disparu !

— Rétablissez la grand-voile d'étai ! hurla Hornblower à son tour.

Le *Pluton* n'avait pas encore coulé ; il y avait peut-être des survivants qui pourraient tenir assez longtemps, sur cette mer furieuse, pour attraper un bout de cordage lancé du *Sutherland*. On réussirait peut-être à les hisser à bord sans qu'ils s'écrasent contre les flancs du navire ; il fallait essayer, même s'il n'y avait qu'une chance sur cent de sauver l'un des mille marins du vaisseau. Lentement Hornblower rapprocha le *Sutherland* du *Pluton*. Ce dernier tenait toujours, les vagues se brisant sur lui comme sur un rocher à mi-marée. Hornblower imaginait ce qui se passait à bord : les ponts presque verticaux, tout ce qui n'était pas fortement assujetti se détachant et s'écrasant. Les canons du côté au vent devaient être suspendus par leurs bragues ; que l'une d'elles fût le moins du monde en mauvais état ou mal attachée et la lourde pièce dévalerait le pont et défoncerait le côté opposé, coulant le navire en un clin d'œil. Sous les ponts, les hommes devaient ramper dans l'obscurité ; sur le pont principal, ceux qui n'avaient pas été emportés devaient s'agripper comme des mouches sur une vitre, aspergés de paquets de mer dès qu'une vague se brisait.

Hornblower, sa longue-vue braquée sur le *Pluton*, aperçut un point sur le flanc exposé du navire ; un point qui se déplaçait et qui fut encore visible après qu'une vague eut déferlé sur lui. On pouvait à présent distinguer d'autres points, et Hornblower vit scintiller quelque chose qui semblait animé de mouvements rapides et réguliers. Un homme courageux avait réuni quelques marins pour couper les haubans du grand mât du côté du vent et, comme le *Sutherland* se rapprochait, Hornblower vit ces haubans céder, ainsi que ceux du mât de misaine. Avec un mouvement de roulis qui le fit frissonner tout entier, le *Pluton* sortit de la mer comme une baleine, l'eau s'échappant en cascades de ses dalots et, comme le roulis l'inclinait vers le *Sutherland*, son mât d'artimon s'abattit également du côté opposé. Libéré du poids écrasant de ses superstructures, il avait réussi à se rétablir ; la discipline et le courage lui avaient assuré une chance de survivre pendant les quelques secondes de sursis qui lui avaient été accordées tandis qu'il reposait sur le côté. Hornblower apercevait encore des hommes au travail, tapant comme des fous sur les haubans non coupés, pour libérer le navire des débris qui battaient contre son flanc.

Mais le *Pluton* était dans un triste état. Ses mâts avaient disparu, brisés à quelques pieds du pont ; son beaupré même avait cédé. Privée du poids des mâts qui assuraient sa stabilité, la coque dénudée roulait d'une manière insensée, s'inclinant tantôt d'un côté au point de découvrir entièrement le doublage de cuivre de sa carène, tantôt roulant sur l'autre de la même manière, et ne mettant que quelques secondes à accomplir une oscillation dont l'amplitude était bien supérieure à un angle droit. Le prodige était qu'il ne tournât pas sur lui-même, indéfiniment, comme le ferait une quille. À l'intérieur du navire, ce devait être un véritable enfer, un cauchemar de fou, et pourtant il durait, il flottait, avec au moins quelques hommes de l'équipage en vie sur ses ponts. Au-dessus d'eux, le tonnerre fit entendre un dernier grondement. Vers l'ouest, sous le vent, une ouverture apparaissait dans les nuages et le soleil d'Espagne tentait de percer. Le vent n'était plus maintenant qu'une très forte brise, dernière manifestation violente de cette tempête qui avait causé tant de mal.

Cependant, cette dernière poussée avait probablement duré plus longtemps que Hornblower ne l'avait prévu. Le cap Creus lui apparut soudain, immense à l'horizon, et le vent poussait les navires presque droit sur lui. Il ne faudrait guère plus d'une heure ou deux pour que la carcasse démâtée du *Pluton* se trouvât sur les hauts-fonds au pied du cap, où l'attendait une destruction inévitable ; et pour rendre sa perte encore plus certaine, les canons français installés au sommet du cap n'attendaient que de pilonner cette cible impuissante.

— Vincent, dit Hornblower, faites passer ce signal : *Sutherland* à vaisseau amiral : « Allons vous porter assistance. »

Cela fit bondir Bush. Sur cette mer écumante, près d'une côte sous le vent, il serait bien difficile au *Sutherland* de porter secours à un navire démâté deux fois plus gros que lui. Hornblower se tourna vers lui.

— Bush, dit-il, je désire qu'on sorte la chaîne de bossoir par un sabord d'arrière. Aussi vite que possible, s'il vous plaît. Je vais essayer de remorquer le vaisseau amiral vers le large.

Bush ne pouvait exprimer sa désapprobation que d'un regard ; il connaissait trop bien son capitaine pour faire ouvertement des objections. Mais n'importe qui pouvait se rendre compte que tenter cette entreprise était mettre en danger le *Sutherland*, et probablement en pure perte. L'opération était pratiquement impossible, ne fût-ce qu'à cause de la difficulté qu'il y aurait à faire passer un câble au *Pluton* qui roulait et tanguait d'une façon désordonnée, furieuse, en travers de la lame. Néanmoins, à peine Hornblower eut-il le temps de lire l'expression du visage de Bush, que ce dernier avait disparu. Avec ce vent qui les poussait régulièrement vers la terre, chaque seconde comptait. Avec son fond plat et tout son fardage offrant prise au vent, le *Sutherland* dérivait beaucoup plus rapidement que le *Pluton*. Hornblower devait manœuvrer avec la plus grande attention, gagner dans le vent au plus près serré avant de mettre à la cape et laisser dériver de nouveau ; la marge de manœuvre était très réduite. Le vent soufflait toujours avec violence et la moindre maladresse dans la manœuvre, le moindre accident survenu aux voiles ou aux espars auraient été fatals. Malgré le vent glacial et la pluie constante, les gabiers furent bientôt couverts de sueur, soumis aux efforts continus et épuisants qu'exigeait d'eux leur capitaine pour coiffer et servir les voiles, gagner dans le vent et virer de bord, et obliger le navire à tourner autour du *Pluton* démâté comme une mouette autour d'une épave. Et le cap Creus se rapprochait de plus en plus ! D'en bas montait un bruit ininterrompu de pas, de coups assourdis, d'objets qu'on traîne ; l'équipe de Bush s'échinait à tirer vers l'arrière le câble pesant, d'un demi-mètre de diamètre, le long du pont inférieur.

Maintenant Hornblower calculait les distances et estimait la direction du vent avec le plus grand soin. Il ne pouvait espérer remorquer le *Pluton* tel quel jusqu'en haute mer — le *Sutherland* avait déjà toutes les peines du monde à remonter le vent lui-même — ; tout ce qu'il comptait faire était de le tirer un peu pour profiter du répit obtenu en évitant le cap et en augmentant la surface d'eau à courir. L'ajournement d'un désastre est toujours un avantage. Le vent pouvait tomber (il tomberait probablement), ou il pouvait changer, et, avec le temps, l'équipage du *Pluton* pourrait établir des mâts de fortune et redevenir plus ou moins maître de la manœuvre. Le cap Creus était à peu près droit vers l'ouest, et le vent était au nord-est, plutôt nord-est-quart-est. De ce point de vue, il serait préférable de remorquer le *Pluton* vers le sud ; c'est dans cette direction qu'ils avaient le plus de chances de doubler le cap. Mais au sud du cap Creus s'étendait la baie de Rosas, elle-même limitée au sud par le cap Bagur, et s'ils allaient par là, ils risquaient d'être entraînés sous les canons de Rosas, de s'exposer au danger des canonnières qui y étaient probablement en station, et de courir à un désastre plus grand que celui qu'ils voulaient éviter. Vers le nord, il n'y avait pas de danger semblable ; les canons de Llanza n'auraient pu être déjà rétablis et, de toute façon, on pouvait compter sur vingt milles de mer libre entre l'extrémité du cap et Llanza. Il y avait donc plus de sécurité vers le nord, si seulement l'on pouvait être certain de doubler le cap. Hornblower faisait travailler son imagination ; il essayait de calculer, en partant de données très insuffisantes, la vitesse de dérive à prévoir et la distance que pourrait parcourir le *Sutherland* dans le temps donné en remorquant le trois-ponts démâté. Les données étant insuffisantes, il ne pouvait compter que sur son imagination. Il était résolu à faire route vers le nord lorsqu'un jeune marin accourut hors d'haleine sur le gaillard d'arrière.

— Le lieutenant Bush dit que la chaîne du bossoir sera prête dans cinq minutes, capitaine, dit-il.

— Bien, répondit Hornblower. Vincent, signalez au vaisseau amiral : « Préparez-vous à recevoir une amarre. » Morkell, faites appeler le patron de mon canot.

Une amarre ! Les officiers du gaillard se regardèrent avec stupeur. Le *Pluton* plongeait et tanguait d'une façon désordonnée dans l'entre-deux des lames. Il continuait à s'incliner au point de montrer son doublage en cuivre, avant de rouler bord sur bord jusqu'à ce que les lignes blanches entre les sabords fussent dans l'eau ; enfin, sur cette mer irrégulière, tantôt il plongeait en avant, tantôt il culait brutalement, au gré d'une fantaisie imprévisible. Le *Pluton* était aussi dangereux à approcher qu'un canon détaché sur le pont d'un bateau qui roule. Une collision quelconque entre les navires pouvait fort bien, avec cette mer-là, les envoyer tous les deux par le fond sur-le-champ.

Hornblower observait les muscles saillants de Brown, qui se tenait devant lui.

— Brown, dit-il, je vous ai choisi pour lancer une amarre au vaisseau amiral lorsque nous passerons près de lui. Connaissez-vous quelqu'un qui soit capable de le faire mieux que vous ? En toute franchise ?

— Non, capitaine, j'peux pas dire que j'en connais un.

Une confiance en soi si sereine était réconfortante.

— Dans ce cas, qu'est-ce que vous allez employer ?

— Un de ces cabillots-là et une ligne de sonde, si je peux en avoir une, capitaine.

Brown était un homme de décision immédiate. Hornblower éprouva pour lui une affectueuse sympathie et ce n'était pas la première fois.

— Eh bien, préparez-vous. Je vais amener notre arrière aussi près de l'avant du *Pluton* qu'il est prudent de le faire.

Pour le moment, le *Sutherland* avançait lentement, ne portant que sa trinquette et ses huniers au bas ris, à deux cents mètres au vent du *Pluton*. Le cerveau de Hornblower redevint une machine à calculer ; il estimait la dérive relative du *Sutherland* en direction du *Pluton*, les plongeons et les embardées de ce dernier qui se comportait comme un bateau ivre, la marche actuelle du *Sutherland*, le mouvement des vagues et les chances de formation d'une lame transversale. Il lui fallut patienter deux longues minutes avant que n'arrive le moment qu'il attendait, les yeux rivés au *Pluton*, le moment où les positions respectives des navires seraient exactement telles qu'il les désirait.

— Gérard, fit-il — son esprit était trop occupé pour qu'il pensât à avoir peur —, coiffez le grand hunier.

La marche du *Sutherland* fut arrêtée, et il se mit à dériver vers le *Pluton* ; aussitôt l'intervalle de mer grise, courroucée, aux vagues échevelées, qui les séparait commença à se resserrer. Heureusement, le *Pluton* se tenait presque constamment dans le creux des lames sans faire d'embardées, se contentant de bondir en avant ou en arrière lorsqu'une vague inattendue le frappait. Brown, debout sur le couronnement, se balançait harmonieusement aux mouvements du navire et semblait une statue. Le fil à plomb était enroulé sur le pont près de lui, une de ses extrémités attachée au cabillot que Brown faisait osciller comme un pendule, distraitement eût-on dit. Son profil découpé sur le ciel formait une silhouette magnifique, tandis qu'il regardait diminuer la distance fatale sans un soupçon de nervosité. Même à ce moment, Hornblower éprouva une pointe d'envie en admirant ce corps harmonieux et la solide confiance de cet homme en lui-même. Le *Sutherland* dérivait rapidement ; sur le gaillard d'avant du *Pluton* balayé par les vagues, Hornblower apercevait un groupe d'hommes attendant anxieusement le moment de saisir l'amarre. Il jeta un coup d'œil pour s'assurer que les aides de Brown étaient prêts à attacher un cordage plus solide à l'extrémité de la ligne de sonde.

— On va y arriver, nom d'un chien ! hurla Gérard à l'adresse de Crystal.

Gérard se trompait : la vitesse actuelle de leur dérive respective maintenait entre les deux navires une dizaine de mètres d'écart de plus qu'il n'aurait fallu pour que Brown pût lancer son cabillot, surtout avec le freinage de la ligne de sonde.

— Gérard, dit froidement Hornblower. Coiffez le perroquet de fougue.

Les hommes se tenaient prêts aux bras de vergues ; l'ordre était à peine donné qu'il était exécuté. Le *Sutherland* avait maintenant une légère tendance à aller de l'arrière, et l'intervalle séparant les navires diminua encore un peu plus. La proue très haute du *Pluton*, soulevée par les lames, semblait une muraille au-dessus de leurs têtes. Gérard et Crystal, qui regardaient, fascinés, juraient de concert, à voix basse, sans avoir la moindre idée de ce qu'ils disaient. Hornblower sentit le vent froid cingler ses épaules. Il aurait voulu crier à Brown de lancer et il eut de la peine à s'en empêcher. Brown était meilleur juge de ce qu'il pouvait faire. Tout à coup, il lança, juste comme une vague soulevait l'arrière du *Sutherland* ; le cabillot partit, entraînant la ligne de sonde qui flottait dans le vent. Il atteignit tout juste l'étrave du *Pluton* et s'accrocha dans ce qui restait des manœuvres dormantes du beaupré ; un marin dont les vêtements étaient en loques, installé à califourchon sur le tronçon du mât, s'en saisit et fit un signe du bras. L'instant d'après, une vague passa sur lui mais il tint bon et, du *Sutherland*, on le vit faire passer le bout de la ligne de sonde au groupe qui attendait sur le gaillard.

— Ça y est ! hurla Gérard. Ça y est ! Ça y est ! Ça y est !...

— Gérard, fit Hornblower. Orientez le perroquet de fougue au plus près.

Le *Pluton* halait la ligne qui se déroulait rapidement ; bientôt l'énorme amarre fut en route vers le navire démâté. Mais ils n'avaient pas de temps à perdre ; leurs vitesses de dérive étant différentes, et le vent restant violent, il était impossible que Hornblower maintînt les navires à cette distance l'un de l'autre : impossible et dangereux. Le *Sutherland* à la cape tombait sous le vent plus vite que le *Pluton* ; au plus près, il gagnait dans le vent ; c'était la tâche de Hornblower de combiner ces deux facteurs de telle sorte que l'intervalle qui, maintenant, augmentait entre les navires, fût réduit au minimum ; un beau problème algébrique de séries convergentes que Hornblower devait convertir en calcul mental et résoudre dans sa tête.

Lorsque tout à coup, et de façon tout à fait irrationnelle, il prit fantaisie au *Pluton* de se précipiter sur le *Sutherland*, Hornblower se surprit à recommencer ses calculs, lors même que tout le monde retenait son souffle dans l'attente de la collision. Gérard avait réuni deux équipes qui se tenaient prêtes à tenter de repousser le *Pluton* avec des espars, bien que leurs efforts eussent sans doute été vains en face des trois mille tonnes du trois-ponts, et ils avaient entassé des hamacs dans une vieille voile pour parer l'abordage. Une folle activité régnait également à l'avant du vaisseau amiral ; mais au dernier moment, alors que chacun jurait et sacrait, le navire démâté prit le large et tout le monde respira plus librement, à l'exception de Hornblower. En effet, si une embardée pouvait rapprocher le *Pluton* du *Sutherland* de cette façon, une autre pouvait l'en éloigner, et si cela se produisait pendant que le filin halait le câble de cinquante centimètres de diamètre, le filin se romprait à coup sûr, et toute l'affaire serait à recommencer ; et le cap Creus semblait maintenant tout proche !

— Un signal du *Caligula*, capitaine, nota Vincent : « Comment puis-je vous aider ? »

— Répondez : « Attendez », fit Hornblower par-dessus son épaule.

Il avait bel et bien oublié l'existence du *Caligula*. Bolton serait un imbécile s'il se laissait tomber sous le vent sans nécessité, à proximité d'un rivage ennemi.

Un « floc » bruyant à l'arrière indiqua que Bush, en bas, laissait filer un peu du câble par le sabord afin d'avoir du mou pour le cas où le *Pluton* ferait une embardée ; mais il ne fallait pas que l'opération fût poussée trop loin : c'était un câble de chanvre, qui ne flotterait pas longtemps, et l'on risquait, si on en laissait filer trop, de rompre le filin qui le halait. Hornblower se pencha par-dessus l'arrière agité.

— Bush ! hurla-t-il.

— Capitaine ! répondit la voix de Bush par le sabord ouvert en contrebas.

— Cela suffit, maintenant !

— Bien, capitaine.

Le filin était raidi au maximum et le câble rampait lentement vers le *Pluton* comme un gros serpent. Hornblower le regarda s'allonger ; ce problème-là demandait des calculs aussi précis que les autres. Il devait crier à Bush de laisser filer plus de câble, ou d'attendre, tout en observant les navires, la mer, le vent. Le câble avait deux cents mètres de long, mais cinquante mètres allaient être avalés par le *Sutherland* ; il fallait à tout prix que l'amarrage eût pris fin avant que les navires fussent distants de cent cinquante mètres. Hornblower ne commença à se sentir soulagé que lorsqu'il vit l'extrémité du câble sortir de la mer et monter à l'étrave du *Pluton*, et qu'on lui signala qu'elle était rentrée et tournée.

Hornblower regarda la terre qui se rapprochait et sentit le vent sur sa joue. Ses calculs précédents s'avéraient exacts : s'il ne changeait pas d'amures, il serait entraîné dans la baie de Rosas, même s'il parvenait à doubler le cap.

— Vincent, dit-il. Signalez au vaisseau amiral : « Je me prépare à changer d'amures. »

L'étonnement apparut sur le visage de Gérard. Il lui semblait que Hornblower se donnait un mal inutile et mettait en péril les deux navires par cette manœuvre ; il ne voyait pas plus loin que le cap Creus et ne songeait qu'à la mer favorable et à la terre dangereuse. Avec l'instinct du marin, il désirait seulement avoir les deux navires bien en main, avec de l'eau à courir du côté sous le vent, et il ne s'attardait pas à d'autres considérations. Il voyait la terre, il sentait le vent, et sa réaction devant ces données était instinctive.

— Gérard, dit Hornblower. Allez à la roue. Quand le *Pluton* va faire force sur le câble...

Gérard n'avait pas besoin d'explications. Avec trois mille tonnes en poupe, la conduite du *Sutherland* n'aurait rien de commun avec celle des navires que les timoniers avaient gouvernés jusqu'ici ; des mesures extraordinaires et imprévisibles devraient être prises pour l'empêcher de tomber dans le vent. Déjà le câble se raidissait. La courbe qu'il formait en son milieu sortit lentement de la mer, puis il se tendit d'un coup, droit comme une barre de fer : des fontaines d'eau jaillirent, tandis qu'un craquement épouvantable indiquait qu'en bas, les bittes accusaient l'effort. Enfin le câble se détendit un peu, les craquements diminuèrent : le *Sutherland* avait pris le *Pluton* en remorque. Avec chaque mètre parcouru, ce dernier prenait un peu plus d'erre et tombait moins sous le vent. Dès qu'il pourrait obéir à la barre, l'effort imposé aux timoniers deviendrait supportable.

Bush revint sur le gaillard, ayant terminé sa tâche en bas.

— Je désire que vous commandiez la manœuvre lorsque nous allons virer de bord, Bush.

— Bien, capitaine, répondit Bush.

Il regarda la terre, tâta le vent, et ses pensées suivirent un cours exactement parallèle à celles de Gérard ; mais maintenant Bush ne songeait plus à douter de la sûreté de jugement de son capitaine en matière de navigation. Si Hornblower estimait nécessaire de virer de bord, c'est que c'était nécessaire, et il n'y avait pas lieu de s'en étonner : telle était désormais la façon de penser de Bush.

— Envoyez les hommes aux bras de vergues. Il faudra que ce soit fait comme l'éclair lorsque je donnerai l'ordre.

— Bien, capitaine.

Le *Pluton* prenait de l'erre ; dorénavant chaque mètre gagné vers le sud le serait en vain puisqu'ils devaient virer au nord.

— Coiffez le perroquet de fougue, lança Hornblower.

Le *Sutherland* ralentit sa marche et le *Pluton*, courant sur son erre, se rapprocha progressivement. Hornblower vit le capitaine Elliott courir vers l'avant pour se rendre compte lui-même de ce qui se passait. Il ne pouvait pas deviner les intentions de Hornblower.

— Frappez le signal : *Virez !* et préparez-vous à l'envoyer, Vincent.

Le *Pluton* était maintenant tout près.

— Ouvrez le perroquet de fougue, Bush.

Le *Sutherland* prit à nouveau de l'erre ; le mou du câble lui donnait juste assez d'espace pour reprendre de l'élan et virer de bord avant que les deux navires ne se gênent. Hornblower observa le câble et estima la vitesse du navire.

— Allez-y, Bush ! Vincent, le signal !

On mit la barre dessous, on brassa les vergues, cependant qu'à l'avant Rayner s'occupait de la trinquette. Le *Sutherland* virait, et ses voiles faisaient un bruit de tonnerre à mesure qu'il venait dans le vent. À bord du *Pluton*, on eut l'intelligence, après avoir lu le signal, de mettre la barre dessous également, et comme le navire avait assez d'erre pour gouverner, il commença à virer, ce qui donna à Hornblower un peu plus d'espace pour ses manœuvres. Maintenant le *Sutherland* avait changé d'amures et prenait de la vitesse, mais le *Pluton* n'avait viré qu'à moitié. Il allait y avoir une secousse épouvantable dans quelques instants. Hornblower vit le câble sortir de la mer et se raidir.

— Attention, Gérard !

La secousse se produisit et le *Sutherland* tressaillit tout entier. La résistance du câble à l'arrière amenait de sa part les réactions les plus fantastiques ; Hornblower entendait Gérard donner des ordres précipités aux quartiers-maîtres à la roue et, par la claire-voie, aux hommes travaillant aux palans de retenue. Pendant un instant palpitant, il sembla que le *Sutherland* allait être entraîné à culer et qu'il allait faire chapelle, mais Gérard à la roue, Bush aux bras de vergues et Rayner à l'avant luttèrent avec acharnement. Le navire abattit en frémissant et le *Pluton* suivit. Ils avaient enfin changé d'amures et se dirigeaient vers le nord, vers la sécurité relative du golfe du Lion.

Hornblower regarda le sommet verdoyant du cap Creus, maintenant tout proche, et un peu sur l'avant du travers bâbord. Ils auraient de la chance s'ils passaient, car en plus de sa dérive propre, le *Sutherland* était entraîné sous le vent par le poids mort du *Pluton*, et ce même poids mort diminuait notablement sa vitesse. Oui, ce serait vraiment du tout juste. Le vent mugissait aux oreilles de Hornblower immobile ; plongé de nouveau dans des calculs de dérive et de distance, il observa le *Pluton* qui ne roulait plus aussi furieusement, maintenant qu'il avait de l'erre. Le câble de remorque formait un angle avec l'axe du *Sutherland*, et le trois-ponts en formait un autre avec le câble. Hornblower pouvait compter sur Elliott pour utiliser son gouvernail au mieux, mais la traction exercée sur le *Sutherland* devait être considérable. Il devrait bien essayer d'aller un peu plus vite, mais avec le gros vent qui soufflait, il était dangereux de hisser plus de toile. Qu'une voile fût déchirée, ou un espar emporté, et ils seraient jetés au rivage en un clin d'œil.

Il regarda de nouveau vers la terre, pour mesurer la brève distance qui l'en séparait ; juste à cet instant, un avertissement s'éleva de la mer comme un fantôme, à une encablure. Une colonne d'eau de six pieds de haut jaillit du sein d'une vague et disparut aussi rapidement et aussi mystérieusement qu'elle était apparue. Hornblower avait peine à croire qu'il l'avait vraiment vue, mais un coup d'œil aux visages de Bush et de Crystal, volontairement impassibles, l'assura qu'il ne s'était pas trompé. Un boulet de canon venait d'être tiré, provoquant cette gerbe : le vent avait empêché de voir la fumée et d'entendre le coup. La batterie du cap Creus tirait sur lui et il était presque à portée. Des boulets de quarante-deux n'allaient pas tarder à lui siffler aux oreilles.

— Signal du vaisseau amiral, capitaine, dit Vincent.

À bord du *Pluton*, ils avaient réussi à fixer une poulie en haut du tronçon du mât de misaine et à hisser un signal ; on voyait nettement, du gaillard du *Sutherland*, flotter les petits drapeaux.

— Vaisseau amiral au *Sutherland*, lut Vincent. Larguez remorque, si nécessaire.

— Répondez : « Suggérons respectueusement pas nécessaire. »

Il fallait aller plus vite, il n'y avait pas de doute à cet égard. C'était un intéressant problème de probabilités, mais du genre qui séduit plutôt un amateur de jeu de hasard qu'un joueur de whist. Augmenter la toile accroissait le danger pour les deux navires, mais leur donnait plus de chances de gagner un lieu sûr. Cependant, s'il augmentait la toile au risque de perdre une partie de sa mâture, il réussirait peut-être malgré tout à tirer d'affaire le *Sutherland*, et le *Pluton* ne serait ni plus ni moins perdu que s'il l'abandonnait maintenant ignominieusement...

— Bush, larguez les ris dans le petit hunier !

— Bien, capitaine, dit Bush — il avait prévu que ce serait nécessaire et avait deviné que son capitaine choisirait la solution la plus hardie ; il apprenait vite, malgré son âge, le brave Bush.

Les gabiers escaladèrent le gréement et coururent le long de la vergue de petit hunier ; debout sur le marchepied oscillant, penchés sur la vergue qu'ils serraient contre eux avec leur coude, ils luttaient avec les garcettes de ris au milieu des hurlements de la tempête. La voile se déploya en claquant violemment et aussitôt le *Sutherland* prit de la gîte, sous cette pression supplémentaire. Hornblower s'aperçut que le câble de remorque, qui était légèrement incurvé, se raidissait un peu plus ; mais rien n'indiquait qu'il dût se rompre sous l'effort. Malgré la gîte accrue du navire, la tâche des hommes de barre était sensiblement plus facile, car la pression du vent sur le petit hunier, à l'avant, tendait à contrebalancer le tirage constant du câble à l'arrière.

Il jeta un coup d'œil vers la terre, au moment où un panache de fumée, que le vent effaça instantanément, apparaissait au sommet du cap Creus. Il ne put savoir où tombèrent les boulets, car il ne les entendit ni ne les vit ; la mer était trop agitée pour qu'on pût apercevoir facilement les gerbes. Mais le fait que la batterie tirât indiquait qu'à tout le moins ils étaient presque à bonne portée ; ils naviguaient au bord même de l'abîme. Quoi qu'il en fût, le *Sutherland* avançait maintenant plus vite, et, en regardant vers l'arrière, il vit que sur le pont du *Pluton*, on se préparait activement à établir un grand mât de fortune. Le plus petit morceau de voile que pourrait porter le *Pluton* soulagerait considérablement la tâche du *Sutherland* ; le travail pouvait être achevé dans une heure, et dans une heure l'obscurité serait venue et les protégerait du feu de la batterie ; dans une heure, leur destin serait fixé dans un sens ou dans l'autre. Tout dépendait de ce qui allait se produire pendant cette heure-là.

Le soleil avait maintenant percé à travers les nuages à

l'ouest ; les collines et les montagnes d'Espagne passèrent du gris à l'or. Hornblower s'arma de courage pour supporter l'attente de l'heure à venir. Mais les deux navires sortirent victorieusement de l'épreuve : au bout d'une heure, ils avaient doublé le cap Creus et s'étaient avancés si loin vers le nord que la terre, du côté du vent, naguère à un mille et demi à peine, se profilait à présent à quinze milles au moins. Lorsque la nuit tomba, les deux navires étaient en sûreté, mais Hornblower était bien las.

XVII

LE SIÈGE DE ROSAS...

— Le capitaine Hornblower commandera la compagnie de débarquement, conclut l'amiral Leighton.

Elliott et Bolton, assis autour de la table du conseil dans la cabine du *Pluton*, manifestèrent d'un signe de tête leur entière approbation. Une compagnie de débarquement de six cents hommes, fournis par les trois navires, devait évidemment être commandée par un capitaine de vaisseau, et il était également évident que Hornblower était le capitaine le plus capable de prendre ce commandement. Ils s'attendaient à une opération de ce genre depuis que le *Pluton* était revenu de Port-Mahon complètement réparé et que Leighton y avait à nouveau transféré son pavillon, précédemment confié au *Caligula*. Les nombreux voyages à terre du colonel Villena l'avaient également laissé prévoir. Pendant trois semaines, le *Caligula* et le *Sutherland* avaient croisé le long de la côte de Catalogne ; en revenant de Port-Mahon, le *Pluton* avait rapporté des provisions fraîches, toujours très appréciées, les équipages de prise du *Sutherland*, et même une douzaine de marins supplémentaires pour chacun des navires. Les équipages étaient maintenant au complet, il était possible de frapper un grand coup, et la prise de Rosas, si elle pouvait être effectuée, désorganiserait complètement les plans du commandement français en Catalogne.

— Pas de commentaires, messieurs ? demanda l'amiral. Capitaine Hornblower ?

Hornblower contempla la vaste cabine, les coffres garnis de coussins, l'argenterie sur la table, Elliott et Bolton, que l'énorme repas qu'ils venaient de faire semblait avoir pleinement rassasiés ; il dévisagea Sylvestre qui avait devant lui de quoi écrire, et Villena, revêtu de son fastueux uniforme jaune, qui regardait distraitement autour de lui pendant que se poursuivait cette conversation en anglais, pour lui incompréhensible. Sur la cloison, en face de Hornblower, était accroché un portrait de lady Barbara, d'une vérité saisissante ; Hornblower croyait à chaque instant qu'il allait entendre sa voix. Il se surprit à se demander ce que devenait ce portrait quand on procédait au branle-bas de combat ; il fit un effort pour ne plus penser à lady Barbara et s'appliqua, avec autant de tact qu'il put, à montrer combien tout le projet lui déplaisait.

— Je pense, dit-il enfin, qu'il serait peut-être peu sage de compter si absolument sur la coopération de l'armée espagnole.

— Une armée de sept mille hommes est prête à se mettre en marche, dit Leighton. Il n'y a pas plus de trente milles d'Olot à Rosas.

— Mais Gérone se trouve entre les deux.

— Le colonel Villena m'assure que l'on peut contourner la place par des petits chemins praticables pour une armée sans artillerie. Il a lui-même fait le voyage quatre fois, comme vous le savez.

— Sans doute, convint Hornblower. Envoyer un cavalier seul par des sentiers de montagne, et y faire passer sept mille hommes, sont déjà des exercices assez différents. Mais pouvons-nous être sûrs qu'il y aura bien sept mille hommes ? Et pouvons-nous être certains qu'ils viendront ?

— Quatre mille hommes suffiraient pour le siège, insistait Leighton. Et le général Rovira m'a donné sa promesse formelle qu'il viendrait se joindre à nous.

— Malgré tout, ils pourraient ne pas venir, persista Hornblower.

Il comprit qu'il était inutile d'essayer de discuter avec un homme qui n'avait pas appris par expérience personnelle ce que valaient les promesses espagnoles et qui n'avait pas assez d'imagination pour se représenter les difficultés d'une action combinée entre des forces séparées par cinquante kilomètres de pays montagneux. Le froncement révélateur apparut entre les sourcils de Leighton.

— Quelle autre solution suggérez-vous, dans ce cas, capitaine Hornblower ? demanda-t-il, ouvertement impatient de devoir ainsi réexaminer toute l'affaire.

— Je suggère que l'escadre s'en tienne à des opérations qui ne dépassent pas les moyens dont elle peut disposer, et qui ne l'obligent pas à dépendre de l'aide espagnole. La batterie côtière de Llanza a été réinstallée. Pourquoi ne pas essayer cela ? Six cents hommes devraient pouvoir l'emporter d'assaut.

— Mes instructions, reprit Leighton en insistant sur les mots, portent que je dois agir en très étroite coopération avec les forces espagnoles. La garnison de Rosas ne dépasse pas deux mille hommes et le général Rovira en a sept mille à seulement cinquante kilomètres de là. La majeure partie du septième corps français se trouve au sud de Barcelone ; nous disposons donc d'une semaine au moins pour effectuer notre attaque sur Rosas. L'escadre peut nous fournir des canons lourds, des hommes pour les servir et d'autres hommes pour prendre la tête d'une colonne d'assaut lorsque nous aurons effectué une brèche. Il me semble qu'il y a là une occasion éminemment favorable à une action combinée et je ne parviens pas du tout à comprendre vos objections, capitaine Hornblower. Mais peut-être ne sont-elles plus aussi vigoureuses maintenant ?

— Je n'ai fait que les exposer à votre requête, amiral.

— Je n'avais pas demandé des objections, mais des commentaires, ou des suggestions positives. Je m'attendais à plus de loyauté de votre part, capitaine Hornblower.

Cela enlevait tout sens à la discussion. Du moment que Leighton ne désirait qu'un acquiescement servile, il était parfaitement stupide de poursuivre. De toute évidence, sa décision était prise, et à première vue il semblait avoir tout à fait raison. Hornblower savait que ses objections étaient plus instinctives que raisonnées, et il n'était guère possible à un capitaine parlant à son amiral d'alléguer sa plus grande expérience.

— Je puis vous assurer de ma loyauté, amiral.

— Très bien. Capitaine Bolton ? Capitaine Elliott ? Pas de commentaires ? Nous pouvons donc nous mettre au travail tout de suite. Sylvestre vous donnera vos ordres par écrit. J'espère que nous sommes à la veille du succès le plus retentissant qu'ait vu la côte orientale de l'Espagne depuis le commencement de cette guerre.

La prise de Rosas serait en vérité un succès retentissant, si elle pouvait être réalisée. Cette ville étant dotée de communications satisfaisantes avec la mer, il serait bien difficile aux Français de la reprendre maintenant qu'une puissante escadre anglaise était là afin de la soutenir. Elle représenterait une menace constante pour les communications des Français, une base offerte aux autres armées espagnoles qui pourraient désormais contourner la péninsule et débarquer là : base si forte que le septième corps d'armée devrait cesser ses tentatives de conquête de la Catalogne et se consacrer tout entier à la tâche de reprendre la ville ou de la surveiller. Mais les renseignements selon lesquels aucune armée de campagne française ne se trouvait dans les environs étaient des renseignements espagnols. La promesse selon laquelle Rovira abandonnerait Olot pour se joindre aux forces du siège était une promesse espagnole, et la promesse de fournir des animaux de transport pour tirer le matériel de siège à partir du lieu de débarquement était encore une promesse espagnole.

Mais Leighton était bien décidé, et il n'y avait rien d'autre à faire que d'aller jusqu'au bout en y mettant tout son cœur. Si tout se passait comme prévu, ils remporteraient un grand succès ; bien que Hornblower n'eût jamais encore entendu parler d'une action militaire combinée où tout eût exactement marché, il pouvait toujours espérer que celle-ci ferait exception et c'est dans cet espoir qu'il établit ses plans pour le débarquement du matériel de siège fourni par l'escadre.

Deux nuits plus tard, avant que l'obscurité fût totale, ladite escadre vint jeter l'ancre au large de la petite baie sableuse proche de Selva de Mar que l'on avait, d'un commun accord, considérée comme le lieu de débarquement le plus propice. Dans le lointain, les collines et les falaises de la péninsule du cap Creus étaient juste visibles. À quatre milles vers l'ouest était la batterie de Llanza, à cinq milles à l'est la batterie du cap Creus et à six milles, droit vers le sud, était nichée la ville de Rosas, que traversait la route au débouché de la petite péninsule terminée par le cap Creus.

— Bonne chance, capitaine, lança Bush, apparaissant indistinctement dans l'obscurité de la plage arrière au moment où Hornblower se préparait à descendre dans son canot.

— Merci, Bush.

La grande main calleuse du lieutenant chercha la sienne et la serra dans l'obscurité ; c'était signe que Bush n'envisageait pas sans beaucoup d'appréhension l'opération toute proche.

Le canot l'emmena rapidement sur la mer tranquille qui reflétait les innombrables étoiles au-dessus d'eux ; bientôt le bruit des petites vagues déferlant sur la plage de sable couvrit le bourdonnement assourdi des troupes en voie d'embarquement. Une sommation prononcée d'une voix perçante partit du rivage à l'approche du bateau ; il était agréable d'entendre qu'elle était faite en espagnol, car cela rendait peu probable qu'il pût s'agir de forces françaises placées là pour s'opposer à un débarquement ; sans doute s'agissait-il de la troupe de guérilleros promise. Hornblower prit pied sur le rivage et plusieurs personnages enveloppés de manteaux, tout juste visibles à la lueur des étoiles, descendirent la plage à sa rencontre.

— Le capitaine anglais ? demanda l'un d'eux en espagnol.

— Capitaine Horatio Hornblower, à votre service.

— Je suis le colonel Juan Claros, du troisième tercio de migueletes catalans. Je vous souhaite la bienvenue au nom du général Rovira.

— Merci. Combien d'hommes avez-vous ici ?

— Mon tercio, c'est-à-dire mille hommes.

— Combien d'animaux ?

— Cinquante chevaux et cent mulets.

Villena avait promis que l'on battrait tout le nord de la Catalogne pour trouver des animaux de trait capables d'acheminer le matériel de siège. Entre l'endroit où ils se trouvaient et Rosas, ils avaient à parcourir six kilomètres de chemins montagneux et quinze cents mètres de plaine ; or sur ce terrain raboteux, il fallait cinquante bêtes pour tirer un canon de vingt-quatre pesant deux tonnes et demie ! S'il y avait eu moins de cent cinquante bêtes, Hornblower aurait refusé de continuer ; mais les Espagnols avaient fourni tout juste le minimum indispensable.

— Remmenez le canot, ordonna-t-il à Longley. Le débarquement peut continuer.

Puis se tournant de nouveau vers Claros :

— Où est le général Rovira ?

— Il est de l'autre côté de Castellon, et s'apprête à envelopper Rosas.

— Quelles sont ses forces ?

— Il a avec lui tous les Espagnols en état de porter les armes dans le nord de la Catalogne, capitaine, moins mon tercio. Sept mille hommes au bas mot.

— Hum.

Tout cela était parfaitement conforme au plan prévu. L'armée devait être sous les murs de la ville à l'aube et y être rejointe aussi vite que possible par le matériel de siège, afin que le pilonnage pût commencer sans délai, dès l'alarme donnée. Ils avaient tout juste le temps nécessaire pour réduire la ville avant que le gros de l'armée française pût accourir de Barcelone. Hornblower eut l'impression qu'il devait faire tous ses efforts pour exécuter la partie de programme qui le concernait, puisque les Espagnols observaient si strictement la leur.

— Avez-vous une patrouille en observation près de Rosas ? demanda-t-il.

— Un escadron de cavalerie régulière. Ils donneront l'alarme si la forteresse fait une sortie.

— Parfait.

Il ne pourrait pas amener ses canons très loin du rivage avant l'aube ; à ce moment-là, Rovira aurait investi Rosas, et si quelque chose clochait, la cavalerie le signalerait. Tout cela était, ma foi, fort bien organisé. Hornblower eut l'impression d'avoir mal jugé les Espagnols ; ou peut-être que ces Catalans des forces irrégulières étaient meilleurs soldats que ceux de l'armée ordinaire, ce qui était assez probable.

Le clapotement régulier des avirons annonça l'approche des canots de débarquement ; les premiers atteignirent le rivage et les hommes sautèrent par-dessus bord, provoquant une légère phosphorescence de l'eau. Les bandoulières blanches de l'infanterie de marine formaient un contraste frappant avec le rouge des tuniques, qui paraissaient noires dans la pénombre.

— Commandant Laird !

— Capitaine !

— Emmenez quelques hommes au sommet de la falaise.

Installez vos postes où vous le jugerez bon, mais rappelez-vous mes ordres. Ne laissez personne s'éloigner hors de portée de voix.

Hornblower voulait avoir devant lui l'écran d'une force cohérente et disciplinée, car il n'avait pas confiance dans les précautions qu'avaient pu prendre les Espagnols contre une surprise ; dans l'obscurité, et avec trois langues employées, espagnol, catalan et anglais, il ne voulait pas courir le risque d'une confusion ou d'une erreur. C'était là une de ces petites difficultés techniques que ne pouvait apprécier un amiral sans expérience. Dans cette eau peu profonde, les chaloupes transportant les canons s'échouaient loin du rivage. Des hommes étaient déjà en train de mettre en place le ponton de débarquement rudimentaire que Hornblower avait fait préparer ; il était fait d'espars attachés de façon à former un radeau et la partie qui s'avançait en mer était soutenue par des tonneaux. Cavendish, le premier lieutenant du *Pluton*, dirigeait cette partie du travail avec une compétence parfaite, et sans déranger Hornblower pour lui demander des ordres.

— Où sont les chevaux et les mulets, colonel ?

— Là-haut.

— J'en aurai besoin ici bientôt.

Débarquer la majeure partie du matériel n'était que l'affaire de quelques minutes, bien que les mille coups prévus pour les canons de vingt-quatre — cent coups par canon, la consommation d'une journée — pesassent plus de dix tonnes. Trois cents marins et trois cents soldats travaillant avec la discipline rigoureuse de la marine, pouvaient débarquer en moins de rien les dix tonnes de boulets, les barils de poudre nécessaires et les tonneaux de bœuf et de pain pour les rations d'une journée. C'étaient les pièces d'artillerie qui représentaient la difficulté majeure. On était seulement en train d'essayer de convaincre le premier des canons de vingt-quatre de passer sur le ponton, car c'était un travail héroïque que de lui faire grimper la courte rampe allant de la plate-forme construite sur les bancs de nage (où on l'avait installé de façon précaire pour la traversée) jusqu'au plat-bord de la chaloupe. Sous son énorme poids, le ponton s'enfonça jusqu'à fleur d'eau. Deux cents hommes, dans l'eau jusqu'aux cuisses, peinaient aux combleaux fixés au tube. Enfin, pataugeant, barbotant, leurs pieds cherchant dans le sable mou un appui qu'ils ne trouvaient pas, ils tirèrent peu à peu le monstre vers le rivage.

Comme tous les canons que Hornblower avait jamais vus, il se conduisait avec un entêtement opiniâtre qui aurait pu être inspiré par des puissances dotées d'un sens perverti de l'humour. Bien qu'on l'eût pourvu, sur son ordre, de roues particulièrement grandes afin de lui faire franchir plus facilement les inégalités du sol, il se coinçait et se bloquait au passage de chaque poutre. Anspects et leviers étaient alors manœuvrés diligemment par les hommes de Cavendish pour le persuader de continuer sa route. Puis il se mettait à pivoter, et Cavendish devait hurler aux hommes de ne plus tirer, de peur que cet engin exaspérant ne quittât le ponton et ne tombât dans l'eau ; il fallait alors le pousser et le soulever jusqu'à ce qu'il fût droit de nouveau, avant que les hommes pussent se remettre à haler sur les combleaux. Hornblower pensa avec amertume qu'il y avait dix pièces comme celle-là à débarquer, et six kilomètres de montées et de descentes par lesquels il faudrait les faire passer.

Il avait fait prolonger la base de la jetée, par-dessus le sable, à l'aide d'autres radeaux, jusqu'à l'endroit où débouchait, par-delà la plage, un ravin encaissé, au sol rocailleux, qui conduisait au sommet de la colline. Chevaux et mulets attendaient là en un grand troupeau ; à la tête de chaque animal se tenait un homme dont on apercevait nettement les haillons malgré l'obscurité ; mais naturellement, et bien qu'ils eussent su qu'on les faisait venir là pour tirer des canons, les Espagnols n'avaient apporté aucune espèce de harnais pour l'opération.

— Eh ! vous autres, là-bas ! lança Hornblower en s'adressant à un groupe de marins. Il y a plein de cordages par là. Attelez-moi ces chevaux au canon. Vous trouverez aussi de la toile en cherchant bien.

— Bien, capitaine.

C'était vraiment extraordinaire de voir ce que des marins étaient capables de faire. Ils se mirent au travail de tout leur cœur, nouant et attachant les cordages avec ardeur. Les mots anglais qu'ils employaient sonnaient peut-être étrangement aux oreilles des chevaux espagnols qu'ils faisaient pirouetter pour les mettre en place, mais ils semblaient assez efficaces. Même les gardiens, qui jacassaient en catalan, se mirent à pousser et à faire avancer les bêtes, si bien qu'ils finirent par aider plus qu'ils ne gênaient. Hennissant et tapant du sabot, dans une obscurité que dissipait à peine la lumière d'une douzaine de lanternes, les pauvres animaux, tout intrigués, furent mis en ligne. On passa par-dessus leur tête des colliers de corde capitonnés de toile à voile, et on attacha leurs traits de cordages aux boulons à œil des affûts.

— Arrêtez ! hurla l'un des marins au moment où les chevaux commençaient à tirer. Cet animal-là a passé sa jambe de tribord par-dessus le trait !

Quand le deuxième canon eut atteint le bord de l'eau, l'attelage du premier était prêt. Les fouets claquèrent, les marins crièrent. Les chevaux plongèrent en avant, cherchant un appui dans le sable ; enfin le canon s'ébranla, au milieu des violents craquements du bois qui s'écrasait sous les roues. L'avance était spasmodique et saccadée, et elle cessa tout à fait quand ils abordèrent la pente raide du ravin. Vingt chevaux espagnols, rabougris et sous-alimentés, ne pouvaient pas hisser ce canon au sommet de la pente.

— Moore, fit Hornblower d'un ton de mauvaise humeur, débrouillez-vous pour que ce canon-là grimpe la côte.

— Bien, capitaine.

Cent hommes aux combleaux, en plus des vingt chevaux, firent l'affaire, avec l'appui d'une autre équipe à l'arrière, munie d'anspects pour aider à franchir les plus mauvais passages, et pour caler les roues avec de grosses pierres lorsque ni les hommes ni les chevaux ne pouvaient tirer une seconde de plus. Hornblower eut l'impression d'avoir vraiment accompli un exploit lorsqu'il monta au sommet de la colline, au moment où l'aube naissait de la mer, et qu'il passa en revue la rangée de dix canons et la montagne d'approvisionnements de toutes sortes qui avaient été hissés jusque-là au cours de la nuit.

Le jour, qui lentement se levait, lui permit de regarder autour de lui. En bas était la plage dorée, où se voyaient encore les traces du débarquement, et plus loin la mer bleue où les navires de l'escadre roulaient sur leurs ancres. Devant lui s'allongeait le sommet de la péninsule rocheuse et accidentée. À sa droite, le roc était complètement nu et formait un vaste socle tabulaire ; vers le sud, dans la direction de Rosas qu'il allait devoir suivre, un étroit sentier de chèvres serpentait à travers le maquis d'arbousiers. Claros, qui se tenait près de Hornblower, apparut comme un homme maigre et brûlé de soleil au point que son visage avait la couleur du tabac ; une longue moustache noire mettait en valeur ses magnifiques dents blanches, qu'il montra dans un sourire.

— J'ai un cheval pour vous, capitaine.

— Merci, colonel : c'est très aimable à vous.

Quelques silhouettes brunes se traînaient parmi les rochers, l'air abattu ; dans les creux, entre les sommets peu élevés, s'apercevaient des masses sombres d'hommes dormant pêle-mêle, qui commençaient à se désagréger sous le soleil : c'était de là que sortaient ces soldats encore endormis qui erraient sans but, en serrant leurs couvertures contre eux. Hornblower inspecta ses alliés avec un manque de bienveillance accru par la fatigue d'une nuit sans sommeil... et par le fait que le spectacle répondait exactement à ce qu'il avait prévu.

— Auriez-vous l'obligeance, dit-il, d'envoyer un message au général Rovira, pour lui dire que nous allons nous mettre en route pour Rosas, et que j'espère y arriver avec au moins quelques-uns des canons pour midi ?

— Certainement, capitaine.

— Je dois aussi vous demander l'aide de vos hommes pour le transport des pièces et des approvisionnements.

Ici, le colonel parut plus réticent, et il le fut encore davantage lorsque Hornblower lui signala que l'on aurait besoin de quatre cents de ses hommes pour aider aux canons tandis que quatre cents autres devraient porter chacun un boulet de vingt-quatre jusqu'à Rosas. Hornblower écarta ses objections avec un peu d'humeur :

— ... Ensuite de quoi, colonel, ils devront revenir ici en chercher d'autres. On m'avait promis un nombre suffisant de bêtes de somme ; si vous ne me fournissez pas de porteurs à quatre pattes, je suis obligé d'employer ceux qui en ont deux. Et maintenant, si vous voulez bien, j'aimerais que la colonne se mît en marche.

Dix chevaux ou mulets à chaque canon, plus cent hommes aux combleaux, cent hommes en avant pour mettre le chemin en état, enlever les grosses pierres et boucher les trous (un travail très pénible, celui-là), quatre cents hommes enfin pour porter les boulets, certains d'entre eux conduisant les mulets de bât chargés de barils de poudre... Claros regarda Hornblower encore un peu plus de travers lorsqu'il comprit que tous les hommes de son tercio seraient occupés, alors que le capitaine anglais se proposait de libérer deux cents de ses propres soldats de tout travail pénible.

— Telles sont les dispositions que je compte prendre, colonel. Si elles ne vous plaisent pas, vous pouvez essayer de trouver un équipage de siège espagnol.

Hornblower était décidé à conserver une partie importante de ses forces disciplinées bien groupées et prêtes à toute éventualité, et sa détermination était assez évidente pour que Claros n'osât pas émettre de protestations.

Des cris et des clameurs s'élevaient déjà derrière eux, à l'endroit où l'on chargeait les mulets. Il se dirigea de ce côté à grandes enjambées, Claros sur ses talons, et trouva un officier espagnol menaçant Gray de son épée nue, et derrière lui ses guérilleros en haillons manipulant leurs fusils.

— Qu'est-ce que c'est que tout ça ! Qu'est-ce qui se passe ici ? tonna Hornblower, en anglais d'abord, en espagnol ensuite.

Tous se tournèrent vers lui et parlèrent en même temps, comme des écoliers après une dispute dans la cour de récréation. Le catalan explosif de l'officier était presque incompréhensible à ses oreilles ; il se détourna pour écouter Gray.

— V'là ce qui s'passe, capitaine, expliqua le second du navigateur, montrant un cigare allumé qu'il avait à la main. Ce lieutenant espagnol, là-bas, capitaine, il fumait ça pendant qu'on chargeait les mulets. Je lui dis, très poliment, capitaine : « On ne fume pas près de la poudre, monsieur », mais il n'a pas voulu bouger. Y comprenait pas, p't'être bien. Alors je lui dis : « Depotos de poudros, pas de cigaros, señors », mais il a continué de fumer et il m'a tourné le dos. Alors je lui ai enlevé son cigare, et il a tiré son épée, capitaine.

Pendant ce temps Claros avait entendu les explications de son officier ; Claros et Hornblower se firent face.

— Votre marin a insulté mon officier, dit Claros.

— Votre officier s'est montré bien stupide, dit Hornblower.

Cela semblait une impasse.

— Regardez, capitaine, s'écria Gray tout à coup.

Il montrait du doigt l'un des barils de poudre fixé aux flancs de la brave mule qui le portait. Les douves étaient légèrement disjointes, et un mince filet noir s'en échappait. Il y avait de la poudre sur le flanc du mulet, de la poudre par terre. Le danger d'explosion était évident et devait paraître évident même à un Catalan. Claros ne put réprimer un demi-sourire.

— Mon marin a agi avec brusquerie, admit Hornblower. Mais vous conviendrez, je pense, colonel, qu'il avait raison en partie. Il va faire de profondes excuses, et peut-être consentirez-vous ensuite à donner des ordres rigoureux pour interdire de fumer près des poudres.

— Fort bien, s'inclina Claros.

Hornblower se tourna vers Gray.

— Dites à l'officier : « Que Dieu sauve notre gracieuse Majesté, señor. » Dites-le d'un ton humble.

Gray eut l'air tout saisi.

— Allez, jeune homme, insista Hornblower d'un air irrité. Faites donc !

— Dieu sauve notre gracieuse Majesté, señor, répéta Gray d'un ton qui péchait par défaut de naturel autant que d'humilité.

— Cet homme désire vous exprimer ses profonds regrets pour son impolitesse, expliqua Hornblower à l'officier.

Claros approuva d'un signe de tête, jeta un ou deux ordres brefs, et s'éloigna. L'incident était clos, sans que la susceptibilité d'aucune des parties fût blessée. Les marins souriaient, satisfaits, cependant que les Catalans orgueilleux considéraient avec mépris ces barbares insouciants.

XVIII

COOPÉRATION ESPAGNOLE

Le capitaine Hornblower arrêta son cheval au sommet de la dernière ondulation rocheuse ; le chemin lui avait paru interminable. Au-dessus d'eux, le soleil d'août flamboyait, et d'innombrables mouches tourmentaient ses compagnons, son cheval et lui-même. Claros avait engagé son cheval à sa suite ; derrière eux, Longley et Brown, mal à leur aise, chevauchaient leurs rossinantes efflanquées, au côté des trois officiers d'état-major espagnols. Assez loin en arrière, sur le sentier, s'étirait une masse écarlate, compacte : les fusiliers marins du commandant Laird formant l'avant-garde de la colonne ; çà et là, sur les collines d'un vert éteint, d'autres taches écarlates indiquaient les endroits où il avait installé ses postes de couverture pour prévenir une surprise. Plus loin encore vers l'arrière rampait une sorte de chenille composée d'hommes nus jusqu'à la ceinture, travaillant à améliorer le sentier pour le passage des canons. Plus loin enfin, un étrange mille-pattes à l'extrémité duquel un point noir indiquait l'endroit atteint par le premier canon. En cinq heures, ce canon n'avait guère couvert plus de cinq milles. Hornblower regarda le soleil et constata qu'il lui restait encore une heure et demie avant l'heure de son rendez-vous avec le général Rovira ; une heure et demie pour parcourir, en traînant ses lourdes pièces, un mille de rocaille, puis un autre mille de cette plaine qui s'étendait à ses pieds. Il éprouvait du remords à la pensée que le premier de ses canons arriverait probablement avec un certain retard, et qu'il ne pourrait sûrement pas ouvrir le feu contre les murs avant cinq ou six heures du soir.

À environ un mille en contrebas — mais la clarté de l'air faisait paraître la distance bien moindre — s'étendait la ville de Rosas. Hornblower reconnaissait tous les détails portés sur sa carte. À droite était la citadelle ; de la position élevée qu'il occupait, il apercevait le pentagone formé par les remparts gris se détachant sur la mer bleue. Au centre le bourg proprement dit, avec sa longue rue coincée contre le rivage, gardé par une ligne de travaux en terre sur le côté opposé à la mer. À gauche, sur l'autre flanc, se dressait la haute tour du fort Trinidad. Le point le plus vulnérable était sans aucun doute le centre ; mais il ne servirait pas à grand-chose d'attaquer cet endroit, puisque la citadelle et le fort Trinidad pouvaient résister indépendamment. La meilleure solution était de prendre le taureau par les cornes, d'ouvrir une brèche dans la citadelle et de la prendre d'assaut par une attaque menée depuis le bord de mer. L'ennemi ne pouvait tenir la ville si la citadelle tombait, bien que le fort Trinidad pût encore causer des ennuis.

Hornblower avait laissé son imagination prendre la galopade. Il avait été tellement occupé à combiner la réduction de la ville qu'il n'avait pas même remarqué le caractère pacifique qu'offrait le paysage. Les drapeaux tricolores flottaient paresseusement aux mâts de la citadelle et du fort, seuls objets d'apparence guerrière qu'il y eût en vue. Sur la plaine nue, on n'apercevait pas la moindre trace de l'armée assiégeante. Cependant la garnison ne tarderait pas à apprendre d'un convoi important était tout proche et que les forces qui le gardaient étaient bien faibles ; ce n'était qu'une question d'heures.

— Où est l'armée de Catalogne ? demanda Hornblower à Claros, avec colère.

Il reçut en réponse un haussement d'épaules déprécatoire.

— Je ne sais pas, capitaine.

Pour Hornblower, cela signifiait que son précieux convoi et ses troupes de débarquement, bien plus précieuses encore, égrenés sur plus de cinq kilomètres, pouvaient être facilement rattrapés par une colonne ennemie envoyée par le gouverneur de Rosas.

— Vous m'aviez dit que le général Rovira marchait sur Rosas la nuit dernière !

— Il semble avoir été retardé.

— Le messager, celui que vous deviez dépêcher à l'aube, est-il revenu ?

Claros, d'un mouvement de tête accompagné d'un haussement des sourcils, transmit la question à son chef d'état-major.

— Il n'est pas parti, dit cet officier.

— Quoi ! fit Hornblower en anglais — il dut vaincre son ahurissement et sa stupéfaction avant de pouvoir s'exprimer de nouveau en espagnol... et pourquoi donc ?

— C'eût été causer à cet officier des ennuis inutiles, répondit le chef d'état-major. Si le général Rovira vient, il vient ; s'il ne peut pas, ce n'est pas notre message qui le fera venir.

Hornblower tendit le bras vers la droite. Dans un repli des collines, une ligne d'une cinquantaine de chevaux au piquet et quelques groupes d'hommes assis indiquaient la position de l'escadron de cavalerie qui surveillait la ville depuis la veille.

— Pourquoi n'ont-ils pas signalé que le général Rovira n'était pas arrivé ? demanda-t-il.

— L'officier qui les commande avait ordre de me signaler son arrivée, répondit Claros.

Il ne montrait aucune trace d'indignation devant le mépris à peine voilé de l'expression de Hornblower ; mais ce dernier contint encore sa colère, afin de ne pas compromettre définitivement l'entreprise.

— Nous courons ici un danger considérable, protesta-t-il.

De nouveau Claros haussa les épaules devant la pusillanimité de l'Anglais.

— Mes hommes ont l'habitude de la montagne. Si la garnison fait une sortie pour nous attaquer, nous pouvons nous échapper par ces sentiers de chèvres, là-bas, répondit-il en montrant du doigt les flancs escarpés de la Mesa, dans le lointain. Ils n'oseront jamais nous y poursuivre et, s'ils le faisaient, ils ne nous rattraperaient pas.

— Mais mes canons ? mes hommes ?

— À la guerre, il y a toujours du danger, répondit Claros avec hauteur.

En guise de réponse, Hornblower se tourna vers Longley.

— Galopez vers l'arrière, dit-il au jeune homme. Arrêtez les canons. Arrêtez le convoi. Arrêtez toute la colonne. Que rien n'avance d'un pouce sans mon ordre.

— Bien, capitaine.

Longley fit tourner son cheval et partit en un galop assourdissant ; l'enfant avait appris à monter à cheval on ne sait où avant de s'engager dans la marine. Claros et ses officiers, Hornblower et Brown le regardèrent partir, puis se firent face. Les Espagnols pouvaient deviner quels ordres avaient été donnés à Longley.

— Pas un de mes canons et pas un de mes hommes, dit Hornblower, ne bougera avant que je ne voie l'armée du général Rovira dans cette plaine. Et maintenant peut-être aurez-vous la bonté de lui envoyer un message ?

Claros taquina sa longue moustache, puis donna l'ordre ; ses officiers subalternes discutèrent avec mauvaise humeur avant que l'un d'eux ne prît le mot écrit par le chef d'état-major et ne se mît en route. Il était clair qu'aucun d'eux n'appréciait la perspective d'une course de peut-être trente-cinq kilomètres sous un soleil brûlant, à la recherche de la colonne de Rovira.

— Il est presque l'heure du déjeuner, dit Claros. Voulez-vous faire distribuer le repas de mes hommes, capitaine ?

Le visage de Hornblower s'allongea. Il avait pensé que plus rien ne le surprendrait et il s'était trompé. Rien dans le visage couleur tabac de Claros ne montrait qu'il vît quelque chose de tant soit peu extraordinaire dans la prétention qu'il émettait de nourrir ses mille soldats sur les provisions de l'escadre, débarquées avec tant de peine. Hornblower ouvrit la bouche pour refuser catégoriquement, mais il s'arrêta pour réfléchir. Il soupçonnait que, s'il ne les nourrissait pas, les soldats de Claros disparaîtraient tout simplement pour chercher quelque chose à manger. Or il y avait encore une faible chance que Rovira arrivât et que l'on pût s'occuper du siège. Au nom de cette chance, mieux valait faire une concession et utiliser au mieux les quelques heures qui leur restaient avant que leur présence fût découverte.

— Je vais donner les ordres nécessaires, dit-il.

Ni le fait d'avoir demandé une faveur à un homme avec lequel il avait été sur le point de se quereller, ni le fait que cette faveur eût été accordée, ne modifièrent l'expression pleine de dignité du colonel espagnol.

Bientôt marins et Catalans mangèrent tous de bon cœur. Même l'escadron de cavalerie sentit de loin l'odeur de nourriture ; telle une troupe de vautours, il se hâta d'accourir pour prendre part au festin, laissant seulement une demi-douzaine de malheureux continuer à surveiller Rosas. Claros et son état-major s'assirent en groupe ; des plantons les servirent. Et comme on pouvait s'y attendre, le repas fut suivi de la sieste ; après avoir bien mangé, tous les Espagnols s'étendirent sur le dos à l'ombre des arbustes, et ronflèrent avec ce parfait mépris des indigènes pour les mouches qui bourdonnaient autour de leur bouche grande ouverte.

Hornblower ne mangea ni ne dormit. Il confia son cheval à Brown et se mit à arpenter de long en large le sommet de la colline dominant Rosas, le cœur plein d'amertume. Il avait envoyé à l'amiral une lettre où il exposait les raisons de cette halte ; une lettre très prudente, car il ne voulait pas appartenir à cette catégorie d'officiers qui voient partout des difficultés, et la réponse l'avait absolument mis hors de lui. N'était-il pas possible, demandait Leighton, de tenter quelque chose contre la forteresse avec les quinze cents hommes dont il disposait ? Où était le général Rovira ? Le ton de cette question indiquait que Hornblower était en quelque sorte responsable de la non-arrivée de Rovira. Le capitaine Hornblower ne devait pas oublier qu'il était nécessaire de travailler en coopération très étroite et très cordiale avec les alliés de l'Angleterre. L'escadre ne pourrait pas pourvoir longtemps à la nourriture des forces de Rovira ; Hornblower devait avec beaucoup de tact attirer l'attention du général Rovira sur la nécessité de prendre sur ses propres approvisionnements. Il était particulièrement important que l'arrivée de l'escadre anglaise fût marquée par un grand succès ; mais il ne fallait en aucun cas entreprendre d'opérations qui pussent faire courir des risques aux troupes de débarquement. La lettre de Leighton était un monument de futilité, eu égard aux circonstances présentes, mais, à coup sûr, une commission d'enquête, ignorant tout de ces faits, la considérerait comme éminemment sensée et raisonnable.

— Je vous demande pardon, capitaine, signala Brown tout à coup, mais les Français là-bas commencent à s'agiter.

Surpris, Hornblower regarda vers Rosas. Trois serpents sortaient de la forteresse, trois colonnes de troupes longues et étroites qui s'avançaient lentement dans la plaine ; l'une sortait de la citadelle, une autre du village, la troisième de la Trinidad. Un cri rauque, parti du détachement de cavalerie, indiqua que les Espagnols avaient pu observer eux aussi le phénomène ; les cavaliers abandonnèrent leur poste et se dirigèrent à bride abattue vers l'armée espagnole éparpillée. Hornblower poursuivit ses observations pendant quelques minutes : rien ne laissait prévoir la fin des colonnes qui continuaient à sortir des fortifications en un serpentin interminable. Deux se dirigeaient vers lui, tandis que la colonne sortant de la citadelle prenait une route différente, vers sa droite, dans l'intention évidente de couper la retraite des Espagnols en direction du continent. Hornblower voyait scintiller au soleil les canons des mousquets, et les colonnes s'allongeaient toujours ; il devait y avoir au moins mille hommes dans chaque unité. Le renseignement espagnol qui estimait les forces de la garnison à deux mille hommes devait être aussi inexact que tout le reste.

Claros et son état-major vinrent à cheval jusqu'au sommet de la colline pour inspecter la plaine. Le colonel ne s'arrêta qu'un instant pour apprécier la signification de ce qu'il voyait ; tous ceux qui l'accompagnaient tendirent simultanément le bras en direction de la colonne débordante ; puis il fit tourner son cheval et l'éperonna. Tandis qu'il faisait demi-tour, ses yeux rencontrèrent ceux de Hornblower ; ils étaient toujours aussi vides d'expression, mais Hornblower connaissait ses intentions ; s'il abandonnait le convoi et faisait prendre à ses hommes, en toute hâte, le chemin de la Mesa, il pouvait s'échapper à temps et il y était bien décidé. Hornblower comprit sur-le-champ qu'il était parfaitement inutile de lui demander de couvrir la retraite du convoi, à supposer que les Catalans eussent assez de cran pour livrer un combat d'arrière-garde contre des forces grandement supérieures.

C'est de ces efforts à lui, Hornblower, que dépendait uniquement la sécurité du convoi et il n'y avait pas un instant à perdre. Il grimpa sur son cheval ; la tête des colonnes françaises était maintenant largement engagée dans la plaine, et l'une ou l'autre ne tarderait pas à gravir l'escarpement abrupt du plateau. Hornblower se précipita à la suite de Claros. Puis, lorsqu'il approcha de l'endroit où le commandant Laird avait disposé ses hommes en ligne, il ralentit sa course et mit son cheval au petit trot. Il ne devait pas montrer trop de hâte ni trop d'inquiétude ; cela ne ferait qu'affoler inutilement ses hommes.

Et il avait à résoudre un problème difficile. La meilleure solution était évidemment d'abandonner tout : canons, approvisionnements et le reste et de ramener ses hommes au navire aussi vite que possible. La vie de marins exercés était trop précieuse pour être gaspillée : s'il faisait ce que commandait le bon sens, tous les hommes seraient en sécurité à bord avant que la colonne française n'atteignît le rivage. D'un point de vue purement pratique, un petit groupe de marins avait plus de valeur que dix canons de vingt-quatre, leurs munitions et tous les approvisionnements débarqués. À la guerre cependant, le point de vue pratique ne venait souvent qu'en second lieu. Un sauve-qui-peut vers les navires, l'abandon des canons et des approvisionnements abaisseraient démesurément le moral des hommes ; une retraite en bon ordre, même au prix de quelques pertes, relèverait leur moral. Il prit sa décision en arrêtant son cheval auprès de Laird.

— Nous allons avoir trois mille Français sur les bras dans une heure, Laird, dit-il tranquillement... Il vous faudra les contenir pendant que nous réembarquerons le matériel.

Laird acquiesça de la tête ; c'était un grand Écossais au visage rouge, aux cheveux roux, qui avait une tendance à l'embonpoint ; son bicorne rejeté en arrière dégageait son front et il s'épongeait avec un mouchoir de soie d'une teinte lilas qui jurait effroyablement, dans ce soleil, avec sa tunique et son écharpe rouges.

— Bien, dit-il. Entendu.

Hornblower s'attarda une seconde à passer en revue la double ligne de soldats de l'infanterie de marine : des visages brunis, tout ordinaires, sous les shakos et les bandoulières blanches impeccablement alignées. La discipline et le sang-froid dont ces hommes faisaient preuve étaient réconfortants et rassurants. Hornblower enfonça ses éperons dans le maigre flanc de son cheval et descendit le sentier au trot. Longley arrivait, au galop de son poney.

— Galopez jusqu'au rivage, Longley. Dites à l'amiral qu'il est nécessaire de réembarquer les hommes et le matériel et demandez que tous les bateaux de l'escadre soient prêts à nous prendre.

Une colonne d'Espagnols se sauvait déjà en désordre vers l'intérieur par un sentier de traverse. Un sous-officier catalan rassemblait ce qui restait de ses hommes ; un sous-officier anglais, l'air embarrassé, les regardait dételer les chevaux de l'un des canons et les emmener.

— Arrêtez ! hurla Hornblower, arrivant juste à temps et cherchant rapidement dans sa mémoire les mots espagnols appropriés à la situation. Nous allons garder ces chevaux-là. Sheton, Drake, ramenez-moi ces chevaux ici. Brown, poursuivez votre chemin. Allez dire à tous les officiers que les Espagnols peuvent partir, mais qu'ils ne doivent emmener ni un cheval ni un mulet.

Les Espagnols prirent un air renfrogné. Dans un pays où de toutes parts une guerre implacable faisait rage depuis deux ans, les animaux de trait et de bât avaient une valeur inimaginable. Le moindre paysan de l'armée espagnole le savait, comme il savait que la perte de ces animaux le priverait d'approvisionnement pendant la prochaine campagne, dans un mois peut-être. Mais les marins anglais avaient l'air tout aussi décidés. Ils agitaient leurs pistolets et leurs couteaux avec l'intention bien arrêtée de s'en servir s'il le fallait, et les Espagnols se rappelaient la colonne française qui s'avançait pour couper leur retraite. Ils abandonnèrent les animaux et se retirèrent d'un air boudeur, tandis que Hornblower exigeait à coups d'éperons un nouvel effort de son cheval fatigué et repartait vers la plage, en faisant faire demi-tour à tous les canons et à tout le matériel que l'on avait halés jusqu'ici au prix de tant d'efforts. Par cet après-midi tranquille, la mer était bleue et lisse comme de l'émail ; au loin, les navires de l'escadre se balançaient paisiblement sur leurs ancres ; à ses pieds s'étendait le sable doré du rivage tandis que, sur la mer unie, les canots de l'escadre, semblables à d'énormes scarabées, faisaient force de rames. Partout autour de lui les sauterelles répandaient un vacarme assourdissant. L'équipe restée sur le rivage s'occupait déjà activement à réembarquer les barils de bœuf et les sacs de pain que l'on avait empilés là. Hornblower pouvait en toute tranquillité laisser Cavendish s'occuper de ce travail ; il fit demi-tour et remonta le ravin. Au sommet arrivait un groupe de marins avec le premier convoi de mulets. Il laissa des ordres pour que l'on ramenât les bêtes vers les canons aussitôt qu'elles seraient déchargées et il s'éloigna.

Le canon le plus proche était à moins d'un demi-mille du ravin ; hommes et chevaux s'éreintaient à lui faire gravir le sentier ; en effet, pendant un demi-mille depuis le haut des falaises, le terrain descendait en pente assez raide vers l'intérieur. Les hommes poussèrent des hourras en le voyant passer ; il leur fit un signe de la main et essaya de se tenir en selle comme s'il était un cavalier accompli ; il était réconfortant de penser que Brown, qui le suivait, était encore plus mauvais monteur que lui, si bien que le contraste était en sa faveur. Puis des coups de feu dans le lointain — dont le bruit paraissait anormal dans cet air si chaud —, lui apprirent que l'arrière-garde de Laird était entrée en action.

Il précipita sa course le long du sentier, suivi de près par Brown et Longley ; il croisa les autres canons, dont les attelages suaient sang et eau pour gravir la pente, et se dirigea vers l'endroit d'où partaient les coups de feu. À un certain endroit du sentier gisait une longue ligne de boulets, là même où les Espagnols qui les transportaient les avaient jetés au moment de l'alarme. Il lui faudrait abandonner ces munitions ; il n'y avait absolument aucun espoir de les rapporter aux navires. Il arriva au moment où il ne s'y attendait pas sur le lieu de la fusillade. À cet endroit, le terrain présentait une série d'ondulations escarpées de médiocre amplitude, dont la rocaille était livrée à un maquis épais où le chant bruyant des cigales faisait presque oublier celui de la mousqueterie. Laird avait étiré ses hommes le long d'une des crêtes majeures ; Hornblower le trouva debout sur un rocher dominant le sentier, tenant toujours son mouchoir lilas d'une main et de l'autre son épée ; de chaque côté, les mousquets tiraient sans interruption, tout le long de la crête. Il avait l'air de s'amuser vraiment : il abaissa les yeux vers Hornblower, de l'air irrité d'un homme que l'on dérange au moment où il est en train de composer une œuvre d'art.

— Tout va bien ? s'enquit Hornblower.

— Parfaitement, répondit Laird, qui ajouta, de mauvaise grâce : Venez vous rendre compte vous-même.

Hornblower mit pied à terre et escalada le rocher, cramponné à côté du commandant sur le sommet glissant, dans un équilibre précaire.

— Vous remarquerez, exposa Laird d'un ton académique, mais en roulant les « r », que les formations de troupes, sur ce genre de terrain, sont obligées d'emprunter les sentiers. De plus, les tirailleurs isolés perdent rapidement le sens de la direction, car rien ne gêne autant la liberté de mouvement que cette végétation épineuse.

Du haut de son rocher, Hornblower dominait une mer de verdure — le maquis presque impénétrable qui revêt les collines rocailleuses de l'Espagne méditerranéenne — où l'on apercevait à peine les tuniques rouges de l'infanterie de marine. Çà et là, des panaches de fumée blanche, flottant au-dessus des buissons, indiquaient les endroits où des coups de feu venaient d'être tirés. Sur le versant opposé on apercevait d'autres panaches, ainsi qu'une légère agitation parmi les arbustes. Hornblower voyait des visages blancs et des tuniques bleues, parfois même des culottes blanches, au milieu des buissons épineux où se débattaient les Français. Beaucoup plus en arrière, une portion de colonne d'infanterie attendait sur le sentier. Deux ou trois balles de mousquet passèrent en sifflant juste au-dessus de sa tête.

— Nous sommes ici tout à fait en sécurité, reprit Laird, jusqu'à ce que l'ennemi tourne notre flanc. Si vous regardez par là, vers la droite, vous apercevrez un régiment français qui s'avance le long d'un sentier à peu près parallèle à celui-ci. Dès qu'il aura atteint cette épine, là-bas, nous devrons reculer ; nous nous installerons sur de nouvelles positions et tout leur travail sera à recommencer. Heureusement cette piste n'est qu'un sentier de chèvres à la direction incertaine. Il peut fort bien ne jamais parvenir à cette épine.

En suivant la direction indiquée par le doigt tendu de Laird, Hornblower vit une longue ligne de shakos danser au-dessus du maquis ; les boucles et les méandres qu'elle formait indiquaient que le sentier devait être, comme Laird l'avait suggéré, un simple sentier de chèvres sans destination précise. Une autre balle siffla près d'eux.

— La qualité du tir des Français est encore inférieure à ce qu'elle était à Maida, où j'avais l'honneur de servir comme officier de l'état-major de sir John Stuart. Il y a une demi-heure que ces gaillards-là me canardent en pure perte, sans la moindre chance de m'atteindre. Mais si nous sommes deux ici, cette chance se trouve par le fait doublée. Je me permets, capitaine, de vous recommander de descendre et de consacrer tous vos soins à accélérer la marche du convoi.

Ils échangèrent un regard aigu. Hornblower savait très bien que le commandement de l'arrière-garde appartenait à Laird et qu'il ne devait pas intervenir tant que Laird faisait son travail convenablement. C'était la crainte de paraître avoir peur qui le faisait hésiter à descendre. À ce moment, son bicorne reçut un coup violent qui le mit presque devant derrière ; d'un mouvement instinctif, Hornblower le rattrapa.

— La colonne débordante, poursuivit Laird placidement, est sur le point d'atteindre l'épine. Je dois vous demander officiellement, capitaine — il insista sur le mot « officiellement » — de partir avant que je n'ordonne à mes hommes de se retirer. Notre retraite sera forcément précipitée.

— Très bien, commandant, fit Hornblower, qui souriait malgré lui en se laissant glisser du rocher avec toute la dignité dont il était capable.

Il remonta à cheval et descendit le sentier au trot ; il examina son chapeau et éprouva un petit frisson d'orgueil en constatant que la balle avait atteint la boucle en or, sur le devant, passant ainsi à moins de deux pouces de sa tête, et qu'il n'avait pas eu peur. À l'endroit où le sentier franchissait le sommet de l'arête suivante, il arrêta son cheval ; derrière lui la mousqueterie était devenue plus fournie. Il attendit et un détachement de soldats accourut sur le sentier ; le capitaine Morris était à leur tête. Ils n'avaient pas le temps de faire attention à lui ; ils quittèrent le sentier pour s'élancer ici et là dans les broussailles, à la recherche de positions avantageuses d'où leur feu pourrait couvrir la retraite de leurs camarades. La mousqueterie cessa brutalement et d'autres hommes apparurent, conduits par Laird ; ils grimpèrent le sentier tandis qu'une demi-douzaine de soldats accompagnés d'un jeune lieutenant fermaient la marche et se retournaient en position de tirailleurs afin d'accueillir les éclaireurs ennemis.

Certain que l'arrière-garde était bien commandée, Hornblower continua son chemin jusqu'à l'endroit où le dernier canon, au bas d'une pente, refusait opiniâtrement d'avancer. Les chevaux fatigués, talonnés par les marins, plongeaient et glissaient sur la surface rocailleuse, en s'efforçant de mettre cette masse en mouvement ; il n'y avait plus maintenant qu'une demi-douzaine de marins, au lieu des cinquante Espagnols qui avaient aidé à l'amener depuis le rivage. Ils en étaient réduits à lui faire grimper la pente pied par pied à l'aide d'anspects ; leurs torses nus — la plupart avaient enlevé leur chemise — luisaient de sueur. Hornblower se tortura la cervelle pour trouver quelque chose de convenable à leur dire.

— Allez-y, les gars ! Bonaparte n'a pas de canons aussi bons que ceux-là. Ne laissez pas les Espagnols lui en faire cadeau pour son anniversaire.

La colonne espagnole apparaissait maintenant comme un long ver rampant au flanc escarpé de la Mesa. Elle avait réussi à s'échapper. Hornblower à cette vue éprouva soudain un sentiment de haine pour ces hommes et pour la race qu'ils représentaient. C'était une nation fière, mais pas au point de dédaigner les faveurs des autres ; ils détestaient les étrangers, soit — juste un peu plus qu'ils ne se détestaient entre eux. Ils étaient ignorants, mal gouvernés et faisaient mauvais usage des richesses dont la nature avait doté leur pays. L'Espagne était une proie naturelle pour une nation plus forte, quelle qu'elle fût. La France avait fait cette tentative de conquête et seule la jalousie de l'Angleterre déjouait ce plan. Un jour, le pays serait déchiré par les luttes entre libéraux et conservateurs, et à un certain moment de cette guerre civile, les puissances européennes trouveraient bien le moyen de se mettre d'accord pour s'emparer des débris. Guerre civile et agression étrangère, voilà quel serait, pendant des siècles peut-être, l'avenir de l'Espagne si les Espagnols ne mettaient un peu d'ordre dans la maison.

Hornblower fit un effort pour arracher son esprit à ces spéculations gratuites sur l'avenir et le ramener aux problèmes moins grandioses, mais immédiats, qu'il avait à résoudre : répartir entre les différents canons les attelages de mulets revenant du rivage, distribuer ses hommes, dont la force faiblissait, de façon à emmener aussi vite que possible le matériel restant. Le feu de mousqueterie qui crépitait à l'arrière indiquait que des hommes se faisaient tuer ou blesser pour soustraire ce matériel à l'ennemi. Il rejeta délibérément les doutes qui l'assaillaient quant à la valeur relative de l'opération et des pertes qu'elle entraînait et éperonna son cheval épuisé pour en obtenir un dernier effort.

La moitié des canons était enfin sur la plage ; la descente finale, du haut de la ravine abrupte jusqu'au sable, demandait peu d'efforts, et les dernières pièces approchaient rapidement du sommet de la ravine. La plage était débarrassée de tout le matériel débarqué, et l'on était précisément en train de haler le premier canon le long de la jetée de débarquement en vue de son transfert à bord. Cavendish, responsable de l'embarquement, s'avança vers Hornblower.

— Que fait-on des chevaux et des mulets, capitaine ?

Il serait aussi difficile de hisser cent cinquante chevaux sur les navires que de hisser des canons, et leur présence à bord serait une gêne considérable. Certes, il ne fallait pas laisser ces bêtes aux mains des Français ; dans l'état actuel de la situation en Espagne, ils représentaient le butin le plus précieux. La seule solution raisonnable était de leur couper la gorge sur le rivage. Pourtant ils représentaient une valeur énorme. Si seulement on pouvait les emmener et les nourrir à bord pendant quelques jours, il serait facile ensuite de les débarquer et de les rendre aux Espagnols. Massacrer ces pauvres bêtes aurait un effet moral aussi désastreux sur les hommes que d'abandonner des canons. On pourrait les nourrir de biscuit de mer écrasé ; à en juger d'après leur apparence, ce serait toujours mieux que la pitance à laquelle ils avaient eu droit ces derniers mois. Enfin, le problème de l'eau n'était pas insurmontable. Laird livrait toujours avec succès son combat d'arrière-garde, et le soleil descendait rapidement sur la Mesa.

— Faites-les transporter à bord avec le reste du matériel, décida-t-il.

— Bien, capitaine, fit Cavendish qui ne laissa son visage trahir en aucune façon sa conviction qu'il serait bien plus difficile de hisser des mulets que des canons à bord des navires, et plus encore de les persuader d'entrer dans les canots.

Le travail continua. L'un des canons, avec la malignité ingénue qui appartient aux choses de cette espèce, bascula et se sépara de son affût en descendant la ravine ; mais les hommes ne se laissèrent pas retarder longtemps par l'accident. Avec des leviers, ils poussèrent l'énorme tube de fer le long de la pente, puis sur le sable en le faisant rouler comme un tonneau, et enfin le long du ponton jusqu'à la chaloupe qui l'attendait. Les navires avaient des palans qui se moqueraient de son poids et le remonteraient en un clin d'œil. Hornblower abandonna son cheval et le fit conduire à la rive pour qu'on l'embarquât ; puis il gagna au sommet de la falaise une hauteur d'où il dominait à la fois la plage et l'entrée de la ravine où Laird ferait sa dernière halte.

— Courez jusqu'au commandant Laird, dit-il à Brown, et faites-lui savoir que tout le matériel a pu être ramené sur la plage.

Dix minutes plus tard, les événements se précipitèrent. Brown avait certainement rencontré l'infanterie de marine en train d'accomplir son dernier repli, car les uniformes rouges apparurent en foule au haut du sentier et prirent position le long de la crête, leur ligne atteignant presque l'endroit où se tenait Hornblower. Les Français les suivaient de près ; Hornblower voyait leurs uniformes se déplacer parmi les arbustes et la mousqueterie faisait rage tout le long de la ligne.

— Attention, capitaine ! s'écria tout à coup Longley — sur quoi il donna dans les côtes de son capitaine une violente bourrade qui le fit dégringoler du rocher plat qui lui servait d'observatoire.

Hornblower entendit plusieurs balles siffler au-dessus de sa tête tandis qu'il s'efforçait de reprendre son équilibre ; à ce moment, un groupe de fantassins français, une cinquantaine d'hommes au moins, quitta le couvert des buissons et s'élança vers eux, les isolant par le fait du détachement anglais le plus proche ; le seul moyen d'échapper était de descendre la pente escarpée de la falaise, et il ne disposait que d'une seconde pour se décider.

— Par ici, capitaine ! cria Longley d'une voix aiguë. Par la falaise !

Avec l'agilité d'un singe, le gamin se laissa glisser jusqu'à une étroite corniche, faisant à Hornblower de grands signes du bras. Deux fantassins en tunique bleue étaient déjà presque sur lui, baïonnettes levées ; l'un d'eux cria quelque chose que Hornblower ne comprit pas. Il fit demi-tour et sauta à la suite de Longley ; ses pieds atteignirent tout juste la corniche, quatre mètres plus bas, et il vacilla au bord d'un précipice de plus de trente mètres. Longley lui saisit le bras, et, penché en avant, scruta attentivement la falaise, avec un sang-froid qui tenait du prodige.

— Voilà le meilleur chemin, capitaine. Vous voyez ce buisson ? Si nous pouvons l'atteindre, nous pourrons peut-être arriver jusqu'à ce point là-bas ; à partir de là, il y a une espèce de petite ravine qui va rejoindre la grande. Est-ce que je passe le premier, capitaine ?

— Oui, dit Hornblower.

Un coup de feu partit au-dessus d'eux et il sentit le vent de la balle ; les Français, penchés au-dessus du bord de la falaise, essayaient de les atteindre. Longley raidit sa volonté et se lança à corps perdu le long de la paroi ; il glissa au milieu d'un nuage de poussière et de cailloux, et attrapa le buisson résistant qu'il avait montré à Hornblower. Puis il s'en éloigna prudemment, trouva refuge sur une saillie du roc, et de là fit signe à son capitaine. Hornblower essaya de rassembler tout son courage pour sauter, mais recula. Une autre balle s'écrasa sur la corniche, tout près de ses pieds, cette fois. Il plongea lourdement, le visage tourné contre la falaise. Il sentit que ses vêtements se déchiraient tandis qu'il glissait sur le rocher. Puis il arriva en plein sur le buisson et l'étreignit désespérément, tout en cherchant un appui pour ses pieds.

— Maintenant par ici, capitaine. Attrapez ce bloc-là avec vos mains. Mettez votre pied dans cette fente, capitaine. Non ! Pas ce pied-là ! L'autre !

Dans son excitation Longley criait d'une voix pointue qui évoquait le cri d'une chauve-souris, tandis qu'il se glissait le long de la falaise tout en indiquant à son capitaine les endroits où il devait poser les mains et les pieds. Hornblower était collé à la paroi comme une mouche sur une vitre. Ses mains et ses bras étaient déjà douloureux : deux jours et une nuit d'activité incessante avaient diminué ses forces. Une balle s'aplatit sur le rocher entre le petit aspirant et lui ; un éclat qu'elle fit voler cingla cruellement son genou. Il regarda en bas, et la tête lui tourna en voyant l'abîme sous lui. Dans l'état d'épuisement où il se trouvait, il aurait volontiers lâché prise pour s'abandonner à la mort rapide qui l'attendait.

— Venez, capitaine ! l'encouragea Longley. Vous êtes presque arrivé. Ne regardez pas en bas !

Il se reprit et revint à quelque bon sens. Changeant pouce par pouce la position de ses mains et de ses pieds, il se traîna lentement, suivant les instructions de l'enfant.

— Une seconde, l'arrêta Longley. Est-ce que ça va, capitaine ? Attendez ici pendant que je vais jeter un coup d'œil plus loin.

Hornblower continua à s'agripper, bras et jambes endoloris. Stupide de fatigue et de peur, il tenait son visage collé au rocher. Puis il entendit de nouveau Longley, tout près de lui.

— Tout va bien, capitaine. Il n'y a plus qu'un mauvais passage. Posez vos pieds là, sur cette bosse où il y a un petit peu d'herbe.

Ils durent franchir une partie de la falaise qui formait saillie, et il y eut une seconde épouvantable pendant laquelle Hornblower n'eut pas d'appui pour ses pieds et dut allonger le bras vers une nouvelle prise, ses jambes soudain dans le vide.

— Ils ne peuvent plus nous voir ici, capitaine. Vous pouvez vous reposer un peu si vous voulez, dit Longley avec sollicitude.

Hornblower resta allongé, le visage contre terre, dans la petite dépression qui creusait la falaise, n'ayant pendant un instant conscience de rien si ce n'est de la cessation de l'effort. Puis d'un seul coup, il se rappela tout : sa dignité, l'activité sur le rivage, la bataille là-haut. Il s'assit et jeta un coup d'œil en bas ; sa tête le lui permettait maintenant qu'il sentait sous lui un solide morceau de falaise. La plage était débarrassée des canons ; seuls quelques chevaux attendaient, dans le soir qui tombait, le moment d'être embarqués. Au-dessus d'eux, les coups de feu avaient cessé pour l'instant ; ou bien les Français commençaient à désespérer de parvenir à un résultat, ou bien ils se préparaient à fournir un dernier effort.

— Venez ! dit Hornblower brusquement.

Le reste de la descente n'offrait guère de difficultés ; ils glissèrent et dégringolèrent en s'aidant des pieds et des mains, jusqu'à ce qu'il sentît sous ses semelles le sable béni. Brown apparut devant eux, l'air inquiet ; son visage s'éclaira lorsqu'il reconnut son capitaine. Cavendish surveillait le départ du dernier canot.

— Très bien, Cavendish ! Les marins pourront partir ensuite. Est-ce que les chaloupes armées sont prêtes ?

— Oui, capitaine.

Il faisait maintenant presque noir, et l'on n'y voyait plus

guère lorsque l'infanterie de marine, après avoir dévalé la pente de la ravine, franchit le sable du rivage. Les derniers coups de feu de cette longue retraite furent tirés par les canons de quatre livres montés à l'avant des deux chaloupes, placées le nez dans le sable, tandis que la dernière section d'infanterie se dirigeait vers elles en pataugeant. De longues langues de flammes rouges éclairèrent les masses sombres des Français qui accouraient en foule vers le rivage, et la volée de mitraille fut suivie par un concert de hurlements et de cris, concert agréable aux oreilles ennemies.

— Une belle opération en vérité, commenta le commandant Laird, assis à l'arrière de la chaloupe près de Hornblower.

Ce dernier, tombant de fatigue, était porté à être de cet avis, bien que sa culotte trempée le fît grelotter de froid, qu'il souffrît de coupures et d'écorchures aux mains, et que d'autres parties de son individu, meurtries par la selle, fussent aussi douloureuses que si elles avaient été exposées à un feu ardent. Ils ramèrent sur la mer silencieuse, vers un navire où le hennissement des chevaux créait une atmosphère singulière et qui déjà sentait l'écurie.

Hornblower monta à bord en titubant ; il vit le second maître qui l'éclairait examiner d'un air étonné ses vêtements déchirés et son visage pâle de fatigue. Il marcha en aveugle le long des rangées sombres de chevaux et de mules attachés par la tête et par les pieds aux boucles d'amarrage du pont, et se réfugia dans la sécurité de sa cabine. Il aurait dû faire son rapport à l'amiral ; mais cela pouvait bien attendre à demain. Le plancher de la cabine semblait se soulever sous ses pieds suivant un mouvement rythmé. Polwheal était là, et le repas tout préparé l'attendait sur la table qu'éclairait une bougie ; mais Hornblower ne se souvint pas d'avoir mangé ce soir-là. Il se rappela vaguement que Polwheal l'avait aidé à se mettre au lit ; en revanche il garda toujours le souvenir net, précis, de la voix de Polwheal discutant avec la sentinelle derrière la porte fermée de la cabine.

— C'est toujours pas la faute du patron, commentait le steward d'un ton sentencieux.

Puis le sommeil s'abattit sur Hornblower, un sommeil qui ne l'abandonna pas, bien qu'il continuât d'avoir conscience des maux qui l'accablaient, des périls qu'il avait affrontés ce jour-là, et de la peur qui l'avait torturé sur la falaise.

XIX

SURPRISE

Sous un ciel gris, le *Sutherland* roulait dans les eaux tumultueuses du golfe du Lion, entouré de vagues à la crête mouchetée de blanc ; le capitaine se tenait sur le pont en perpétuel mouvement, appréciant le mistral froid qui lui soufflait aux oreilles. Le cauchemar de l'aventure en terre d'Espagne était déjà vieux de trois semaines ; depuis plus de quinze jours le navire était débarrassé des chevaux et des mulets ; l'odeur d'écurie avait presque disparu et les ponts étaient de nouveau blancs. Et ce qui était plus important encore, le *Sutherland* avait été envoyé en mission spéciale pour étudier toute la côte de France jusqu'à Toulon ; Hornblower était de nouveau libéré de l'autorité si gênante de l'amiral, et il respirait l'air vif avec la joie d'un esclave retrouvant la liberté. Le mari de Barbara n'était pas un homme que l'on avait plaisir à servir.

Le bateau tout entier semblait éprouver la contagion de ce sentiment de liberté ; à moins qu'il ne jouît simplement du contraste entre le temps d'aujourd'hui et la tranquillité du ciel et de la mer pendant les longs jours précédents. Bush apparut, se frottant les mains et grimaçant comme une gargouille.

— Une bonne petite brise, capitaine. Et elle ne nous quittera pas avant d'avoir fraîchi encore un peu.

— Très probablement, répondit Hornblower.

Il rendit son sourire à Bush ; il débordait de bonne humeur et se sentait tout guilleret. C'était vraiment extraordinaire de voir comme de marcher vent debout avec une bonne brise vous stimulait un homme, surtout quand l'amiral le plus proche était à cent milles de là. Dans le sud de la France, ce même petit vent faisait probablement grogner et se plaindre les gens, et les Français devaient serrer étroitement leur manteau autour d'eux ; mais ici, en mer, c'était un vrai délice.

— Vous pouvez faire faire ce que vous voulez aux hommes, Bush, déclara Hornblower avec magnanimité, se rappelant qu'il devait être discret et éviter de se laisser séduire par les charmes si tentants d'une conversation futile.

— Bien, capitaine.

Le jeune Longley arriva sur le gaillard avec le sablier pour filer le loch comme on le faisait d'heure en heure ; Hornblower l'observa du coin de l'œil. Le jeune homme se comportait maintenant avec assurance, et donnait ses ordres posément. C'était le seul de tous les aspirants qui savait prévoir avec un peu d'exactitude les travaux de bord pour la journée, et l'affaire de la falaise avait montré qu'il était capable de décision rapide. Hornblower décida que, vers la fin de ce voyage, lorsque l'occasion s'en présenterait, il lui ferait remplir les fonctions de lieutenant ; il le regarda se pencher sur le renard pour inscrire la distance parcourue dans l'heure, et il se demanda s'il était en train d'observer un futur Nelson, un amiral qui commanderait un jour à quarante vaisseaux de ligne...

C'était un petit laideron, avec ses cheveux courts et raides, et son visage de singe, et pourtant il était difficile de ne pas éprouver de l'affection pour lui. Si le petit Horatio, l'enfant que la variole avait emporté au troisième jour de la maladie, dans cet appartement de Southsea, avait en grandissant ressemblé à ce jeune homme, Hornblower aurait été fier de lui. Il lui aurait peut-être ressemblé, mais par une belle matinée comme celle-ci, il était mauvais de se laisser aller à la mélancolie à propos de ce petit être qu'il avait aimé. Lorsqu'il rentrerait chez lui, il y aurait un autre enfant. Hornblower espérait que ce serait un garçon, et Maria aussi, il en était presque certain. Non pas qu'un autre garçon — si gentil fût-il — pût tout à fait remplacer le petit Horatio ; Hornblower éprouva une nouvelle vague de tristesse en se rappelant comment le petit Horatio disait : « Papa ! Ze veux papa ! » et comment il avait posé son petit visage contre son épaule, le soir fatal où les premiers symptômes de la maladie s'étaient appesantis sur lui. Hornblower secoua sa tristesse ; même si son retour en Angleterre avait lieu aussi tôt qu'il pouvait décemment l'espérer, le nouveau bébé saurait déjà marcher à quatre pattes sur le plancher, avec toute l'ardeur maladroite des bambins de cet âge. Peut-être même parlerait-il un peu, et baisserait-il la tête, tout timide, lorsque arriverait ce papa qu'il ne connaîtrait pas. Enfin Hornblower devrait gagner sa confiance et son affection, ce qui serait, ma foi, une tâche bien agréable.

Maria devait demander à lady Barbara d'être la marraine de cet enfant ; ce serait merveilleux si lady Barbara acceptait. Tout enfant qui pouvait compter sur l'appui de la famille Wellesley avait un avenir assuré. Sans aucun doute, c'était le crédit des Wellesley qui avait mis Leighton à la tête de cette escadre qu'il commandait si mal. Et Hornblower était maintenant bien certain que c'était le crédit des Wellesley qui lui avait donné, à lui, Hornblower, le commandement de l'un des navires de cette escadre, et qui l'avait maintenu en fonction, sans un seul jour de demi-solde. Il n'était pas encore bien sûr des motifs qui avaient poussé lady Barbara ; mais par une matinée comme celle-ci, qui vous mettait la joie au cœur, il pouvait presque aller jusqu'à penser que c'était parce qu'elle l'aimait ; il aurait de beaucoup préféré que ce fût cette raison, plutôt qu'une simple admiration pour ses qualités de marin. Ou bien ce pouvait n'être qu'un geste de tolérance amusée et bienveillante envers un inférieur qui l'aimait, elle le savait fort bien.

Cette pensée fit naître en lui un mouvement de révolte. Il n'avait tenu qu'à lui qu'elle fût sienne[1]. Il l'avait embrassée, il l'avait serrée dans ses bras. Peu importait qu'il eût eu peur de la prendre, il glissait sur ce détail dans son état d'indignation actuel ; elle s'était offerte, et il l'avait refusée. Après avoir supplié, elle n'avait plus le droit de se poser maintenant en protectrice. Dans son humiliation, il tapa du pied en arpentant le gaillard.

Mais aussitôt la représentation idéale qu'il se faisait de

1. Cf. *Retour à bon port, op. cit.*

lady Barbara l'emporta sur sa clairvoyance. Le souvenir qu'il avait conservé d'une personne calme, pleine de sang-froid, hôtesse parfaite, femme d'amiral pleine de dignité, fut remplacé dans son esprit par l'image d'une jeune fille tendre, aimante et belle à faire damner un saint. L'ardent désir qu'il éprouvait lui déchirait le cœur ; il se sentait malade, triste et seul, tant était grand ce besoin qu'il avait d'elle, de l'ange de bonté, de douceur et de bienveillance qu'il la croyait être. Son pouls battit plus vite au souvenir de son sein blanc où reposait le pendant de saphirs, et un autre désir, primitif, vint renforcer l'affection puérile qu'il éprouvait pour elle.

— Navire en vue ! hurla la vigie au ton de mât.

En un éclair, Hornblower fut arraché à sa rêverie.

— Quelle direction ?

— En plein dans le vent, capitaine. Et il s'approche vite.

Un bon petit vent du nord-est comme celui qui soufflait en ce moment était idéal pour les vaisseaux français désirant percer le blocus de Marseille et de Toulon. La brise était favorable à un vaisseau qui s'échappait ; elle lui permettait de sortir du port et de couvrir une longue distance pendant la première nuit, en même temps qu'elle faisait dériver sous le vent l'escadre du blocus. Ce navire-ci pouvait bien être un forceur de blocus, et si tel était le cas, il aurait peu de chances de s'échapper, étant donné la position du *Sutherland* en plein sous son vent. Depuis le début de son voyage, Hornblower avait eu de la chance toutes les fois qu'il avait été détaché seul ; il serait assez conforme à son heureuse fortune que ce navire fût destiné à être capturé par lui.

— Gouvernez droit comme ça ! dit-il en réponse au regard interrogateur de Bush. Et tout le monde en haut, Bush, s'il vous plaît.

— Ohé du pont ! héla la vigie. C'est une frégate et elle a l'air anglaise.

C'était une déception. La présence d'une frégate anglaise dans ces eaux et sa route actuelle pouvaient s'expliquer de cinquante façons dont aucune n'entraînait pour Hornblower la perspective d'un engagement immédiat ; mais l'une de ces explications pouvait laisser supposer la proximité de l'ennemi. Les huniers étaient déjà visibles, tout blancs sur ce ciel gris.

— Faites excuse, capitaine, dit le pointeur de l'une des caronades du gaillard à bâbord. Il y a là Stebbings qui croit la reconnaître.

Stebbings était l'un des marins enlevés au convoi des Indes ; c'était un homme entre deux âges, dont la barbe grisonnait.

— *Cassandra*, capitaine ; numéro trente-deux, il me semble. Elle nous avait escortés pendant notre dernier voyage.

— Capitaine Frédéric Cooke, capitaine, ajouta Vincent qui tournait fébrilement les pages de sa liste imprimée.

— Demandez-lui son numéro pour en être sûr, ordonna Hornblower.

Cooke avait été nommé capitaine six mois après lui ; en cas d'opérations en commun, ce serait Hornblower l'officier le plus ancien.

— Oui, c'est la *Cassandra*, capitaine ! confirma Vincent, l'œil à la lunette, tandis qu'une série de signaux montait au bout de vergue du petit hunier.

— Elle laisse ralinguer ses voiles, observa Bush, non sans quelque excitation dans la voix. Bizarre, ça, capitaine !

Depuis des temps immémoriaux, et bien avant qu'on eût inventé un système pratique de signaux, le fait de laisser ralinguer les voiles avait été dans le monde entier l'avertissement conventionnel de l'approche d'une flotte.

— Elle fait de nouveaux signaux, capitaine, dit Vincent. C'est difficile à lire parce que la pointe des pavillons est dirigée vers nous, à cause du vent.

— Sacrebleu, monsieur ! lança Bush furieux. Tâchez d'ouvrir vos yeux, ou vous aurez de mes nouvelles.

— Signal communiqué : Quatre. Littéral : dix-sept —... commença Vincent lentement. Quatre — vaisseaux de ligne — ennemis — à l'arrière — au vent — cap — sud-ouest — traduisit Longley à l'aide du code.

— Sonnez le branle-bas, Bush, s'il vous plaît. Et virez lof pour lof sur-le-champ.

Ce n'était pas le rôle du *Sutherland* de livrer bataille à un contre quatre. Si ces vaisseaux étaient poursuivis par d'autres navires britanniques, Hornblower se jetterait peut-être à la traverse de l'ennemi et pourrait compter en désemparer deux au moins, de façon à rendre certaine leur capture ; mais tant qu'il ne connaîtrait pas mieux la situation, il devait s'éloigner autant qu'il le pouvait.

— Demandez s'il y a des navires anglais à proximité, dit-il à Vincent, cependant que le *Sutherland* se couchait sur le côté, puis revenait dans ses lignes d'eau à la suite de la manœuvre commandée par Bush.

— Réponse négative, capitaine, dit Vincent un instant plus tard, au milieu du vacarme de branle-bas.

C'était comme Hornblower le pensait. Les quatre vaisseaux de ligne français s'étaient échappés de Toulon dans l'obscurité, tandis que l'escadre du blocus était dépalée. Seule la *Cassandra*, qui courait un bord à terre, les avait aperçus, et avait fui devant eux pour ne pas les perdre de vue.

— Demandez « où est l'ennemi ? » fit Hornblower.

Composer un message en employant le moins de drapeaux possible était un exercice intéressant, qui exigeait une certaine familiarité avec le code.

— Six — milles — à l'arrière — direction — nord-est — traduisit Longley à mesure que Vincent lisait les chiffres.

Donc les Français filaient vent en poupe. C'était peut-être tout simplement parce qu'ils voulaient s'éloigner autant que possible de l'escadre qui surveillait Toulon ; mais il était probable que l'officier qui les commandait ne fuirait pas devant le vent de cette façon si ce n'était la route convenant le mieux à son plan. Cela excluait la Sicile, l'Adriatique ou la Méditerranée orientale, destinations possibles d'une escadre française, mais par contre indiquait clairement que son objectif était la côte espagnole, près de Barcelone sans doute, et jusqu'au détroit de Gibraltar tout aussi bien.

Sur son gaillard d'arrière, Hornblower essayait d'imaginer quelles pouvaient être les pensées de Bonaparte aux Tuileries. Par-delà le détroit de Gibraltar s'étendait l'Atlantique, et le monde entier. Mais il était difficile d'imaginer ce que quatre navires de ligne français pouvaient aller faire d'utile de ce côté ; les Antilles françaises avaient été en grande majorité réduites, le cap de Bonne-Espérance était aux mains des Britanniques, et l'île Maurice était sur le point de capituler. L'escadre était peut-être simplement destinée à attaquer les navires de commerce anglais ; mais, dans ce cas, un même nombre de frégates aurait été à la fois moins coûteux et plus efficace que des vaisseaux — une erreur qui n'était pas dans la manière de Bonaparte. Et puis il s'était passé juste assez de temps pour que fût parvenue aux Tuileries la nouvelle de l'arrivée sur la côte catalane de l'escadre anglaise, ainsi que de la pénurie d'approvisionnements qui en résultait... assez de temps enfin pour que des ordres fussent transmis à Toulon : ordres qui porteraient la marque de Bonaparte. Trois vaisseaux anglais sur la côte catalane ? Eh bien, opposez-leur quatre vaisseaux français ; armez-les d'hommes prélevés sur tous les navires qui pourrissent dans le port de Toulon ; chargez-les de toutes les marchandises que réclame à grands cris la garnison de Barcelone ; qu'ils s'échappent par une nuit obscure, se fraient un chemin jusqu'à Barcelone, écrasent l'escadre anglaise s'ils le peuvent, et rentrent à Toulon s'ils ont de la chance. Une semaine plus tard, ils pouvaient être revenus sains et saufs ; sinon, eh bien, on ne fait pas d'omelette sans casser d'œufs...

Tel devait être le plan des Français, et Hornblower était prêt à parier tout ce qu'il possédait qu'il avait raison. Il ne restait plus qu'à décider comment il pourrait déjouer ces projets, et les premières mesures à prendre qui s'imposaient. En premier lieu il devait rester entre les Français et leur objectif ; ensuite il était souhaitable qu'il restât hors de vue de l'ennemi, par-delà son horizon, aussi longtemps que possible ; ce serait une surprise pour lui que de trouver sur sa route un vaisseau de grande puissance, et non pas une simple frégate, et la surprise était la moitié de la victoire. Dans ces conditions, sa première réaction instinctive avait été judicieuse, et le *Sutherland* suivait la route qu'il fallait pour parvenir à ce double résultat ; Hornblower se demanda anxieusement si son moi inconscient n'était pas parvenu d'un coup à ces mêmes conclusions auxquelles son moi calculateur venait seulement d'aboutir. Il ne restait plus qu'à faire venir par ici le *Pluton* et le

Caligula. Trois vaisseaux de ligne anglais et une frégate pouvaient livrer bataille à quatre vaisseaux de ligne français, quelle que fût la qualité de leurs équipages, et quoi qu'en pensât Bonaparte.

— Branle-bas terminé, capitaine, annonça Bush, la main au chapeau.

Ses yeux brillaient déjà à la perspective du combat. Hornblower voyait en lui le type de combattant auquel il regrettait de ne pas appartenir : un homme qui aimait la bataille pour elle-même, à qui le danger physique plaisait, et qui ne s'arrêtait jamais à considérer si les chances étaient contre lui.

— Renvoyez la bordée libre de quart, s'il vous plaît, dit Hornblower.

Il n'y avait pas de raison de maintenir tout le monde à son poste alors que l'engagement était encore lointain ; Hornblower vit s'altérer l'expression de Bush en entendant ces mots. Ils signifiaient que le *Sutherland* n'allait pas engager immédiatement le combat à quatre contre un.

— Bien, capitaine, dit-il à regret.

Le point de vue de Bush était défendable car le *Sutherland* bien manœuvré aurait pu endommager les bâtiments français à tel point que deux ou trois d'entre eux au moins, désemparés, fussent condamnés à tomber tôt ou tard entre les mains des Anglais. Mais par contre le *Sutherland* serait détruit, et il serait assez temps d'envisager cette solution par la suite. Le vent aujourd'hui favorable à l'ennemi pouvait ne plus l'être demain ; enfin il se pouvait que le *Pluton* et le *Caligula* eussent le temps d'arriver si seulement on pouvait les informer de la proximité de cette proie.

— Passez-moi le code, fit-il à l'adresse de Longley.

Il feuilleta le livre pour se rafraîchir la mémoire à propos de l'expression de certains signaux arbitraires. Lorsqu'on envoyait un long message, on risquait toujours d'être mal compris. Hornblower taquina son menton en composant son texte. Comme tout officier anglais battant en retraite, il courait le risque de voir ses motifs mal interprétés ; bien que personne, se dit-il avec irritation, pas même le public anglais, tout forcené et tout gorgé de victoires qu'il fût, ne pût le condamner pour avoir refusé de se battre à un contre quatre. Mais si tout allait mal, la clique des Wellesley pouvait fort bien chercher un bouc émissaire, et l'ordre qu'il était sur le point de transmettre représentait peut-être toute la différence entre le succès et l'échec, entre les remerciements du Parlement et la commission d'enquête.

— Envoyez ce message, dit-il brusquement à Vincent.

Les petits drapeaux grimpèrent au mât, série par série. La *Cassandra* devait hisser toute sa toile et profiter de sa vitesse de frégate pour faire route vers l'ouest, découvrir le *Pluton* et le *Caligula* (Hornblower ne pouvait pas indiquer leur position avec exactitude) et les amener à Barcelone. Après chaque phrase, la *Cassandra* faisait aperçu. Puis il y eut une pause lorsque tout fut terminé, avant que Vincent, la lunette à l'œil, ne s'écriât :

— Signal de la *Cassandra*, capitaine. « Suggérons... »

C'était la première fois que l'on adressait ce mot à Hornblower. Il l'avait si souvent adressé à des amiraux ou à des officiers plus anciens ! Il l'avait si souvent inscrit dans ses rapports ! Et maintenant un autre officier commençait le signal qu'il lui adressait par ce mot : suggérons. C'était la preuve nette, définitive, que son ancienneté en imposait, et il en ressentit une émotion plus vive encore que celle qu'il avait éprouvée lorsque, jeune capitaine, il avait eu pour la première fois les honneurs des sifflets. Bien entendu, ce mot « suggérons » introduisait une protestation. Cooke, qui commandait la *Cassandra*, ne tenait pas du tout à se voir éloigné avec si peu de formalités du lieu d'un combat intéressant. Il suggérait qu'il valait mieux que la *Cassandra* restât en vue des Français.

— Faites passer : « Exécutez ordres reçus », dit brièvement Hornblower.

Cooke avait tort, et lui, Hornblower, avait raison, la protestation de Cooke l'aida à s'ancrer fermement dans sa décision. La fonction essentielle d'une frégate, sa véritable raison d'être, était de permettre aux navires de ligne d'entrer en action. La *Cassandra* n'aurait pas pu supporter une seule bordée de l'un des vaisseaux qui la suivaient, roulant et tanguant ; s'il pouvait amener le *Pluton* et le *Caligula* au combat, il aurait multiplié sa propre force une infinité de fois. Hornblower était réconforté non seulement par la certitude où il était d'avoir raison, mais par la possibilité qui lui était offerte d'imposer la décision qu'il avait prise. Cette différence de six mois d'ancienneté obligeait Cooke à lui obéir, et l'obligerait à lui obéir aussi longtemps qu'ils vivraient tous les deux ; et si un jour Cooke et lui arboraient leurs pavillons d'amiraux, ce serait encore Hornblower l'ancien, et Cooke le subalterne. Il regarda la *Cassandra* larguer les ris de ses huniers et se diriger vers l'ouest, en tirant le meilleur parti de ses cinq nœuds de vitesse supplémentaire.

— Diminuez la voilure, Bush, fit-il à la fin.

Les Français verraient la *Cassandra* disparaître de leur horizon ; le *Sutherland* avait une chance de les tenir en observation sans être vu. Il mit sa longue-vue dans sa poche et commença à escalader les haubans d'artimon, posément, et même laborieusement ; c'était un peu dangereux pour sa dignité, car n'importe quel marin à bord pouvait grimper au mât plus vite que lui ; mais il lui fallait voir de ses propres yeux l'ennemi derrière lui. Le navire plongeait lourdement dans cette mer et un vent vif soufflait aux oreilles de Hornblower. Il eut besoin de fermeté pour continuer son ascension, sans porter atteinte à sa dignité par des arrêts fréquents, et conserver simplement cette allure mesurée, légitime chez un capitaine, sans paraître pour autant timoré ou emprunté.

Il trouva enfin un perchoir stable sur les barres de hune d'artimon, et put braquer sa lunette vers l'horizon mouvant. Avec son grand hunier cargué, la vitesse du *Sutherland* était considérablement réduite, et les Français ne tarderaient pas à apparaître. Il les vit bientôt : un rectangle blanc minuscule juste au-dessus de l'horizon, puis un deuxième, un troisième et un quatrième.

— Bush ! hurla-t-il. Déployez le grand hunier, s'il vous plaît, et envoyez-moi Savage ici !

Les quatre vaisseaux roulaient lourdement avec cet air empoté propre aux bâtiments français. Ils étaient en ligne de front, distants les uns des autres d'un demi-mille ; leurs capitaines redoutaient probablement une collision s'ils se rapprochaient davantage. Il y avait cent à parier contre un que leurs vigies n'apercevraient pas le point minuscule formé par le grand hunier du *Sutherland*, et c'était bien tout ce qu'ils pouvaient apercevoir du navire. Savage apparut à son côté, à peine essoufflé bien qu'il eût escaladé les enfléchures quatre à quatre.

— Prenez cette lunette, dit Hornblower. Vous voyez l'escadre française ? Eh bien, je veux être prévenu immédiatement s'ils changent de route, ou s'ils gagnent sur nous, ou nous sur eux.

— Bien, capitaine, dit Savage.

Lorsque Hornblower atteignit le pont, il avait l'impression d'avoir fait tout ce qu'il pouvait faire. Il ne restait plus qu'à attendre le lendemain, patiemment. La journée du lendemain verrait une bataille, désespérée ou égale ; s'il n'y avait pas de bataille, cela voudrait dire que les Français auraient disparu... et que Hornblower passerait en conseil de guerre. Il eut soin de conserver un visage composé et d'essayer de ne pas donner l'impression qu'il éprouvait le moins du monde la tension de l'attente. Ce serait en accord avec la tradition qu'il avait établie s'il invitait ce soir ses officiers à dîner et à jouer au whist.

XX

UN CONTRE QUATRE

Telle qu'elle se présentait, la situation était bien capable d'empêcher un capitaine de dormir ; Hornblower devait maintenir en observation quatre vaisseaux de ligne ennemis, et il ne cessait de calculer, consciemment ou inconsciemment, les chances qu'avait la *Cassandra* de ramener l'amiral Leighton à temps pour couper la route à l'ennemi. En outre, le temps était variable ; après avoir presque soufflé en tempête, le vent avait diminué régulièrement jusqu'à minuit, puis avait forci de nouveau, et enfin, fidèle à l'inconséquence du climat méditerranéen, il s'était mis à tomber progressivement.

Bien entendu, Hornblower ne s'attendait pas à dormir. Il était bien trop énervé, et son esprit bien trop occupé. Au changement de quart, dans la soirée, il s'allongea sur son cadre pour se reposer un peu, et comme il était convaincu qu'il n'avait aucune chance de s'endormir, il sombra naturellement dans un sommeil sans rêve, si profond et si lourd que Polwheal dut le secouer par l'épaule pour le réveiller à minuit. Il monta sur le pont et trouva Bush près de l'habitacle.

— Il fait trop noir pour qu'on puisse voir quelque chose, capitaine, annonça Bush ; puis l'énervement et l'exaspération l'emportant sur l'étiquette, il ajouta : noir comme dans un four !

— Avez-vous aperçu l'ennemi ?

— Il m'a semblé que oui, capitaine, il y a une demi-heure, mais j'en suis pas sûr. Et le vent est joliment tombé, en plus !

— Oui, fit Hornblower.

Comme cela se produisait si souvent en mer, il n'y avait rien d'autre à faire qu'à attendre. Deux lanternes sourdes se balançaient sur le pont principal et marquaient l'endroit qu'occupaient les hommes de quart, près des canons ; le vent âpre chantait dans le gréement, et le navire se soulevait et plongeait avec une légèreté et une grâce dont on ne l'aurait pas cru capable en le voyant marcher sur la perpendiculaire du vent. Rien d'autre à faire qu'attendre ; si Hornblower restait sur le pont, il ne pourrait pas tenir en place et trahirait son énervement ; il valait mieux qu'il aille cacher sa nervosité derrière les rideaux de sa couchette.

— Envoyez-moi chercher immédiatement si vous apercevez quoi que ce soit, dit-il avec une désinvolture étudiée, et il redescendit.

Il s'allongea sur son cadre, l'esprit très occupé ; ayant déjà dormi, il savait qu'il n'avait absolument aucune chance de retrouver le sommeil. Cette certitude était si absolue qu'une fois de plus le sommeil le saisit par surprise et le terrassa à l'improviste, au moment où il réfléchissait au sort de la *Cassandra* ; si bien qu'il eut l'impression de n'avoir dormi que deux minutes lorsqu'il entendit la voix de Polwheal lui parvenir d'un autre monde.

— Le lieutenant Gérard vous présente ses devoirs, capitaine, et dit qu'il commence à faire jour.

Il lui fallut faire un réel effort pour sortir de sa torpeur et sauter à bas de son cadre ; mais lorsqu'il fut debout, encore tout somnolent, il se félicita de s'être laissé arracher à un profond sommeil les deux fois que Polwheal était venu l'appeler. Il se représentait Polwheal parlant à ses copains du calme extraordinaire de ce capitaine qui était capable de dormir comme un enfant alors que la perspective du combat mettait tout le navire en effervescence.

— Rien à signaler, Gérard ? dit-il en atteignant le gaillard.

— Rien, capitaine. J'ai été obligé de prendre des ris pendant une heure, peu après minuit. Mais maintenant le vent tombe rapidement et tourne au sud-est.

— Hum ! fit Hornblower.

Un très léger soupçon de jour commençait à teinter le ciel sombre, mais on ne distinguait encore rien à plus d'une encablure. Un vent de sud-est serait assez défavorable pour les Français en route vers Barcelone, mais plus défavorable encore pour le *Pluton* et le *Caligula*.

— Il m'a semblé que je sentais la terre, capitaine, juste avant le jour, dit Gérard.

— Oui, fit Hornblower.

La route qu'ils avaient suivie pendant la nuit devait les avoir amenés à proximité du cap Creus, de sinistre mémoire ; il prit l'ardoise à côté de l'habitacle, et en partant des indications données heure par heure par le loch, il calcula qu'ils devaient se trouver à environ quinze milles du cap. Si les Français avaient suivi la même direction pendant la nuit, ils auraient bientôt la baie de Rosas sous leur vent, ce qui pour eux signifiait une sécurité relative ; si en revanche ils lui avaient échappé dans l'obscurité, mieux valait ne pas penser aux conséquences.

Le jour croissait rapidement. Vers l'est, des nuages gorgés de pluie s'étiraient tout près de l'horizon. L'espace d'une seconde, ils se déchirèrent, et un petit point doré apparut entre eux, à l'endroit précis où la mer émaillée de blanc rencontrait le ciel ; un long rayon horizontal brilla à la surface de l'eau.

— Terre ! cria la vigie.

Vers l'ouest, ils aperçurent à l'horizon une tache bleuâtre : les montagnes d'Espagne, estompées par la courbure terrestre.

Gérard lança un regard inquiet à son capitaine, fit deux ou trois tours sur le gaillard, se rongeant les poings. Enfin, ne pouvant plus contenir son impatience :

— Ohé du mât ! Qu'est-ce que vous voyez de l'ennemi ?

L'intervalle qui s'écoula avant que parvienne la réponse parut durer des siècles.

— Rien, lieutenant. Rien en vue nulle part, sauf la terre sous le vent.

Gérard observa de nouveau son capitaine avec inquiétude ; mais dans l'intervalle Hornblower avait durci son visage, lequel arborait à présent une expression impassible. Maintenant Bush arrivait sur le gaillard ; on voyait au premier coup d'œil qu'il était éperdu d'angoisse. Si quatre navires de ligne français avaient réussi à fuir le combat, cela signifiait la mise en demi-solde de Hornblower pour le restant de ses jours, à tout le moins. Hornblower conserva un visage de pierre ; il était fier de pouvoir le faire.

— Virez de bord, Gérard, s'il vous plaît, et courez tribord amures.

Peut-être l'ennemi avait-il changé de cap pendant la nuit et se trouvait-il, à l'heure qu'il était, perdu quelque part, en pleine Méditerranée occidentale ; mais Hornblower ne croyait pas la chose probable. Ses officiers oubliaient la gaucherie célèbre des Français. Si Gérard avait été obligé de serrer les ris dans les huniers pendant la nuit, ces maladroits risquaient fort d'avoir mis tout bonnement en panne ; Bush aussi bien que Gérard étaient des officiers trop ardents ; pendant la nuit le *Sutherland* avait fort bien pu gagner vingt milles sur les navires ennemis. En rebroussant chemin, il était convaincu qu'il allait les apercevoir à nouveau. Ou plutôt, c'était le joueur de whist en lui qui en était convaincu. Mais il ne pouvait empêcher son cœur de battre plus vite, ni vaincre l'affreux désespoir qu'il éprouvait ; tout ce qu'il pouvait faire était de ne rien laisser paraître, de conserver un visage impassible, et de se forcer à rester immobile au lieu de faire les cent pas. Puis il pensa à quelque chose qui l'aiderait à distraire son esprit sans trahir sa nervosité.

— Faites appeler mon steward, dit-il.

Sa main était juste assez ferme pour qu'il pût se raser, mais une douche froide sous la pompe d'étrave lui rendit une vigueur nouvelle. Il mit des vêtements propres et arrangea ses cheveux clairsemés avec un soin minutieux ; car il s'était dit, sous la pompe, que les Français seraient en vue avant qu'il eût achevé sa toilette. Ce fut avec un sentiment de déception aiguë qu'il posa le peigne lorsqu'il n'eut plus la moindre excuse de continuer à s'en servir, et qu'il enfila sa tunique, toujours sans nouvelles de l'ennemi. Puis, comme il posait le pied sur l'escalier, on entendit un cri forcené de l'aspirant Savage, en haut du mât.

— Navire en vue ! Deux, trois, lieutenant ! Quatre ! C'est l'ennemi !

Hornblower gravit les marches d'un pas égal et assuré, il espérait bien qu'on l'aurait remarqué. Bush était déjà au milieu du gréement avec sa lunette, et Gérard arpentait le gaillard, ou plutôt il dansait de joie. Les voyant ainsi, il se trouva tout heureux de n'avoir pas éprouvé de doutes puérils quant à l'exactitude de ses prévisions.

— Virez lof pour lof, Bush, s'il vous plaît. Et faites route bâbord amures.

Un capitaine bavard aurait accompagné cet ordre d'un bref commentaire, vu la nécessité de rester entre l'ennemi et l'Espagne ; mais Hornblower arrêta les mots qui lui montaient aux lèvres. Il ne lâcherait aucune parole inutile.

— Le vent tourne toujours au sud, capitaine, observa Gérard.

— Oui, fit laconiquement Hornblower.

Il estima que la brise tomberait sensiblement à mesure que la journée s'avancerait. Le soleil se hâtait de percer les nuages, et tout laissait prévoir une journée chaude, une journée d'automne méditerranéen, avec le baromètre en hausse et de toutes petites brises. On avait empilé les hamacs dans les bastingages, et les hommes de quart qui n'étaient pas à leur poste de combat s'affairaient bruyamment sur le pont, munis de leurs seaux et de leurs briques. Il fallait observer la routine de la vie à bord, même s'il était tout à fait probable que les ponts qu'ils faubertaient ruisselleraient de sang avant la fin de la journée. Les hommes riaient et plaisantaient ; Hornblower, en les regardant, éprouva un petit frisson d'orgueil au souvenir de l'équipage maussade et découragé avec lequel il avait commencé ce voyage. La conscience d'avoir vraiment fait quelque chose compensait un peu l'ingratitude de ce service qui l'employait, et l'aidait à oublier son malaise à la pensée qu'aujourd'hui même, ou demain — bientôt, en tout cas —, lorsque le tourbillon de la bataille l'envelopperait, il connaîtrait de nouveau cette peur physique dont il avait tant honte.

À mesure que le soleil montait au ciel, le vent tombait régulièrement et tournait encore un peu plus au sud ; les montagnes d'Espagne se rapprochaient, et elles devinrent de plus en plus nettes tandis que le *Sutherland* gagnait vers la terre. Hornblower continua sa route aussi longtemps qu'il le put, brassant les vergues lorsque le vent tournait, puis mettant en panne tandis que l'escadre française apparaissait à l'horizon. La saute de la brise avait privé l'ennemi de l'avantage de sa position au vent ; si les Français venaient l'attaquer, il pourrait fuir vers le nord et s'ils le poursuivaient, il les entraînerait à portée du *Pluton* et du *Caligula* ; mais Hornblower n'espérait pas qu'on le poursuivrait. Des vaisseaux de ligne qui avaient échappé à l'escadre du blocus se hâteraient d'accomplir leur mission et ne combattraient qu'après, si tentant que fût l'appât que l'on ferait miroiter à leurs yeux. Si le vent ne tournait pas davantage, ils pourraient tout juste maintenir leur cap sur Barcelone et Hornblower ne doutait pas le moins du monde que telle fût leur intention pourvu qu'on les laissât faire. Si aucune aide ne lui parvenait, il s'accrocherait à l'ennemi et essaierait d'attaquer un bâtiment isolé pendant la nuit.

— Ils échangent beaucoup de signaux, capitaine, commenta Bush, la lunette à l'œil.

Ils n'avaient fait que ça toute la journée, d'ailleurs ; Hornblower soupçonnait non sans perspicacité que la première envolée de signaux avait eu lieu au moment où l'ennemi avait aperçu le *Sutherland* sans se douter que ce dernier lui tenait compagnie depuis quinze heures. Les Français conservaient à la mer leurs habitudes de bavardage et un capitaine français n'était heureux que s'il échangeait constamment des messages avec toute son escadre.

Le *Sutherland* avait maintenant doublé la péninsule du cap Creus et la baie de Rosas s'ouvrait sur son travers. C'était dans ces mêmes eaux, mais par un temps tout différent, que le *Pluton* avait perdu ses mâts, et que le *Sutherland* l'avait pris en remorque et éloigné du danger ; là-bas, ces pentes gris-vert avaient été le théâtre du fiasco de l'attaque sur Rosas ; dans sa lunette, Hornblower crut distinguer la face escarpée de la Mesa par où le colonel Claros avait fait fuir ses Catalans. Si le vent tournait encore un peu, les Français pourraient maintenant se réfugier sous les canons de Rosas, où ils seraient en sécurité jusqu'à ce que les Anglais amènent des brûlots et des vaisseaux chargés d'explosifs pour les en chasser ; en fait, ce serait pour eux un refuge plus sûr que le mouillage de Barcelone.

Il regarda la flamme qui battait au mât ; assurément le vent tournait au sud. Il devenait douteux que les Français pussent doubler la pointe de Palamos sans changer d'amures ; quant à lui, il devrait sûrement virer de bord bientôt et se tenir dans les eaux de l'ennemi, en perdant tous les avantages de sa position actuelle par suite de l'inconstance du vent. La brise commençait à souffler par bouffées irrégulières, signe certain que sa force diminuait. Il dirigea de nouveau sa lunette vers l'escadre française pour voir comment elle se comportait. Une nouvelle série de signaux flottait à leurs bouts de vergues.

— Ohé du pont ! hurla Savage, du haut du mât.

Puis il y eut un silence ; Savage n'était pas très sûr de ce qu'il voyait.

— Qu'est-ce que c'est, Savage ?

— Je crois — je ne suis pas tout à fait sûr, capitaine — qu'il y a une autre voile, en plein sur l'horizon, sur l'arrière du travers ennemi.

Une autre voile ! Peut-être un navire marchand égaré. Autrement ce ne pouvaient être que les vaisseaux de Leighton, ou bien la *Cassandra*.

— Ne la perdez pas de vue, Savage !

Il était impossible d'attendre ici d'autres nouvelles. Hornblower se hissa dans les haubans et commença l'escalade. En arrivant près de Savage, il braqua promptement sa lunette dans la direction indiquée. Tandis qu'il cherchait, l'escadre française dansait dans l'objectif, mais il n'y prêta pas attention.

— Un petit peu plus à droite, capitaine ; à peu près là, il me semble.

C'était une tache blanche minuscule, trop constante pour être la crête d'une vague, et d'une couleur différente de celle des quelques nuages qui se détachaient sur le ciel bleu. Hornblower fut sur le point de parler, mais il réussit à se limiter à un « Hum, hum ».

— Elle est plus proche maintenant, capitaine, dit Savage, lunette à l'œil. Il me semble, capitaine, que c'est un petit cacatois.

Il ne pouvait y avoir de doute à cet égard. Un navire, toutes voiles dehors, se trouvait là, au-delà des Français, et s'apprêtait à traverser leurs eaux.

— Hum ! hum ! fit Hornblower — il n'en dit pas plus, ferma sa lunette d'un coup sec et entreprit de descendre.

Bush avait grimpé aux haubans ; il redescendit sur le pont pour l'accueillir. Gérard, Crystal, tout le monde était là sur le gaillard, et regardait Hornblower avec anxiété.

— C'est la *Cassandra* qui se dirige vers nous, fit-il.

En disant cela, il hasardait sa dignité pour démontrer l'excellence de sa vue. D'après le peu que l'on voyait de ces cacatois, personne n'aurait pu deviner que le nouvel arrivant était la *Cassandra* ; mais seule la *Cassandra* pouvait tenir ce cap, à moins que le jugement de Hornblower ne fût étrangement en défaut. S'il apparaissait que ce n'était pas la frégate, il paraîtrait ridicule ; mais la tentation était trop forte de paraître la reconnaître alors que Savage n'était pas même sûr d'avoir affaire à un navire plutôt qu'à un nuage.

Toute la portée de l'apparition de la *Cassandra* s'imposa aussitôt à l'esprit de ses officiers.

— Où donc sont le *Caligula* et le vaisseau amiral ? s'enquit Bush, ne s'adressant à personne en particulier.

— Peut-être qu'ils arrivent aussi, dit Gérard.

— Si c'est vrai, la route des Français est coupée, conclut Crystal.

Avec le *Pluton* et le *Caligula* au large des Français, le *Sutherland* du côté de la terre, et la pointe de Palamos au vent, ce serait vraiment un coup de fortune si l'ennemi échappait à la bataille, surtout que le vent changeant tournait à son désavantage. Tous les regards se portèrent vers l'escadre française, dont la route était sud-quart-sud-ouest ; les coques étaient maintenant presque entièrement visibles : un trois-ponts à l'avant-garde, suivi de trois navires à deux ponts. Le pavillon amiral flottait au mât de misaine des premier et troisième vaisseaux. Les larges bandes blanches qui ornaient leurs flancs se détachaient avec netteté dans l'air pur. Si le *Pluton* et le *Caligula* étaient loin derrière la *Cassandra*, les Français ignoreraient leur présence proche tout autant que le *Sutherland*, ce qui expliquait qu'ils maintinssent leur cap actuel.

— Ohé du pont ! héla Savage. Le navire inconnu est la *Cassandra*. Je vois maintenant ses huniers, capitaine.

Bush, Gérard et Crystal regardèrent Hornblower avec un nouveau respect ; cela valait vraiment la peine de risquer sa dignité.

Soudain les voiles claquèrent violemment ; un coup de vent avait rompu le calme relatif, et il venait du sud de façon encore plus franche qu'auparavant. Bush se détourna pour faire orienter les voiles, et les autres observèrent immédiatement la réaction des Français.

— Ils virent de bord ! s'écria Gérard.

C'était indiscutable ; amurée de cette façon, l'escadre

doublerait la pointe de Palamos, mais en gagnant le large, se rapprocherait de l'escadre britannique, si toutefois cette dernière était dans les parages.

— Bush, fit Hornblower, virez de bord, s'il vous plaît.

— Signal de la *Cassandra*, capitaine, hurla Savage.

— Allez, hop ! Grimpez là-haut ! dit Hornblower à Vincent et à Longley.

Lunette et code en mains, ils se précipitèrent dans la mâture ; chacun sur le gaillard les regarda grimper avec angoisse.

— La *Cassandra* fait des signaux au vaisseau amiral, capitaine, hurla Vincent.

Ainsi donc Leighton était là, par-delà l'horizon, par-delà l'horizon des Français également, à en juger par leur action. Bonaparte pouvait bien envoyer quatre navires combattre trois vaisseaux anglais ; mais parce qu'il connaissait la valeur de ses équipages bien mieux que son empereur, aucun amiral français, bien tranquille en mer, n'eût obéi à ces ordres s'il eût pu faire autrement.

— Que dit-il, mon petit ? demanda Hornblower.

— Il est trop loin pour qu'on puisse être sûr, capitaine, mais je pense qu'il signale la nouvelle route de l'ennemi.

Que les Français maintinssent cette route pendant une heure, et ils seraient perdus, coupés de Rosas et certains d'être rattrapés avant d'atteindre Barcelone.

— Ils virent de bord à nouveau, bon Dieu ! s'écria Gérard.

Sans un mot, les officiers regardèrent les quatre bâtiments français s'effacer dans le lit du vent et changer d'amures, puis virer jusqu'à ce que les trois mâts de chacun des navires fussent en ligne ; les quatre vaisseaux se dirigeaient en plein sur le *Sutherland* !

— Hum ! hum ! fit Hornblower en voyant son destin fondre sur lui ; hum ! hum !

Les vigies des bâtiments français avaient dû apercevoir les mâts de Leighton. Avec la baie de Rosas à six milles sous son vent, et Barcelone presque à cent milles au vent, il n'avait pas fallu longtemps à l'amiral ennemi pour prendre une décision en découvrant ces voiles inconnues à l'horizon ; il se précipitait immédiatement vers l'abri ; le navire de ligne isolé qui se trouvait directement sur sa route devait être détruit si on ne pouvait lui échapper.

La vague d'appréhension et d'excitation que Hornblower éprouva ne l'empêcha pas de se mettre à calculer fiévreusement. Les Français avaient six milles à parcourir avec un vent favorable. Leighton se trouvait en un point de la circonférence qui avait pour centre le vaisseau amiral français, mais Hornblower ne connaissait pas ce point avec exactitude. En tout cas, Leighton avait vingt milles à parcourir, peut-être un peu plus. Avec le vent — le peu de vent qu'il y avait — il lui faudrait marcher par le travers dans le meilleur des cas, et par le bossoir de bâbord s'il était loin sur l'arrière. D'ailleurs, si le vent continuait à changer, il lui serait tout à fait contraire dans deux heures. Hornblower estima que l'amiral n'avait pas une chance sur vingt de rattraper les Français avant que ces derniers n'atteignent la protection des canons de Rosas. Seul un coup de vent improbable pouvait accomplir ce miracle — et à condition que le *Sutherland* pût endommager sérieusement l'ennemi avant d'être lui-même réduit à l'impuissance. Hornblower s'était laissé absorber si complètement par ses calculs qu'il se souvint seulement alors, avec un frisson d'excitation, que le *Sutherland* était son navire, et que la responsabilité était également sienne.

Longley se laissa glisser en bas du galhauban, depuis le ton de mât ; son visage était pâle d'énervement.

— C'est Vincent qui m'envoie, capitaine. La *Cassandra* fait des signaux, et il pense que c'est « Signal au *Sutherland* N° 21 ». Le numéro 21 signifie « Engagez le combat », capitaine. Mais il est très difficile de lire les signaux.

— Très bien. Faites aperçu.

Donc Leighton avait au moins assez de courage moral pour prendre la responsabilité d'envoyer un navire contre quatre. À cet égard, il était digne d'être le mari de lady Barbara.

— Bush, dit Hornblower. Nous avons un quart d'heure. Veillez à ce que les hommes en profitent pour manger un morceau.

— Bien, capitaine.

Il observa encore les quatre vaisseaux, qui tous se dirigeaient lentement vers lui. Il ne pouvait espérer leur faire faire demi-tour ; tout ce qu'il souhaitait était de les accompagner dans leur course vers la baie de Rosas. S'il pouvait démâter complètement l'un des navires, Leighton s'en emparerait ; quant aux trois autres, il devrait les endommager assez gravement pour qu'on ne pût les réparer à Rosas, qui ne possédait pas de chantiers suffisants. Il leur faudrait donc y rester, jusqu'à ce que l'on parvienne à les détruire à l'aide de brûlots, ou en coupant leurs amarres, ou en organisant une attaque sérieuse par terre contre la forteresse. Hornblower pensait qu'il pourrait parvenir à ce résultat ; mais il n'osait pas s'arrêter à considérer ce qui arriverait au *Sutherland* dans l'intervalle. Il avala sa salive et se mit à combiner la manœuvre pour le premier engagement. Le premier vaisseau portait quatre-vingts canons ; ils étaient en batterie et le regardaient d'un air menaçant par les sabords ouverts. Tous les bâtiments français arboraient comme par bravade au moins quatre drapeaux tricolores qui flottaient dans le gréement. Hornblower regarda le pavillon rouge déchiré qui pendait à sa corne, puis revint d'un coup aux réalités.

— Les hommes aux bras de vergues, Bush. Je veux que la manœuvre soit exécutée en un clin d'œil lorsque le moment sera venu. Gérard ! Je ferai fouetter demain les chefs de pièce qui feront feu avant que leur canon ne porte.

Les hommes aux pièces sourirent silencieusement ; ils feraient tout ce qu'ils pourraient pour lui, sans qu'il fût nécessaire de les menacer du fouet, et ils savaient bien que Hornblower ne l'ignorait pas.

Le *Sutherland* approchait du navire de quatre-vingts, résolument, les deux étraves se faisant face ; si les deux capitaines maintenaient rigidement leur route, on allait vers une collision qui coulerait peut-être les deux navires. Hornblower ne perdait pas de vue le Français pour déceler chez lui le moindre signe d'hésitation ; le *Sutherland* serrait le vent d'aussi près que possible, et ses voiles étaient sur le point de fouetter. Si le capitaine français avait l'idée d'aller au lof, le *Sutherland* ne pourrait rien faire de décisif contre lui ; mais il était plus probable qu'il attendrait le tout dernier moment pour prendre une décision, et qu'alors, instinctivement, il choisirait de courir vent arrière, puisque c'était la solution la plus facile avec un équipage maladroit. À un demi-mille, la fumée tourbillonna autour de l'étrave du Français, et un boulet passa au-dessus d'eux en ronflant : ses pièces de chasse étaient en action, mais il n'y avait pas besoin d'avertir Gérard de ne pas répondre, il connaissait trop bien la valeur de la première bordée préparée à loisir. À un quart de mille, deux trous apparurent dans le grand hunier du *Sutherland* ; Hornblower n'entendit même pas le passage des boulets, tant il était occupé à observer les réactions de son adversaire.

— Par où va-t-il aller ? s'impatientait Bush, perplexe. Par où ? Il tient le coup plus longtemps que je n'aurais cru.

C'était tant mieux ; plus sa manœuvre serait précipitée, plus il serait impuissant. Les beauprés n'étaient plus qu'à cent mètres l'un de l'autre et Hornblower serra les dents pour ne pas donner instinctivement l'ordre de mettre la barre au vent. Puis il vit qu'on s'agitait sur le pont du Français dont l'étrave s'écarta soudain du *Sutherland*, du côté sous le vent.

— Réservez votre feu ! cria Hornblower à Gérard, de peur qu'une bordée prématurée ne compromît sa chance.

En réponse, Gérard agita son chapeau, et ses dents blanches brillèrent dans son visage hâlé. Maintenant les deux navires, distants de moins de trente mètres, allaient se croiser, et les canons du Français étaient prêts à porter. Dans le clair soleil, Hornblower voyait scintiller les épaulettes des officiers sur le gaillard d'arrière, et les servants des caronades du gaillard d'avant étaient baissés, l'œil fixé au viseur. C'était le moment.

— Barre au vent, lentement, dit-il au timonier.

Un coup d'œil à Bush suffit : Bush avait prévu cet ordre. Le *Sutherland* se mit à virer, lentement, manœuvrant de façon à passer à poupe du Français avant que les deux navires ne soient contre à contre. Bush commençait à hurler des ordres aux hommes placés aux bras de vergues et aux écoutes de focs, quand la bordée ennemie éclata en tonnerre, en flammes et en fumée. Sous le choc des boulets, le *Sutherland* trembla et vibra ; l'un des haubans d'artimon, au-dessus de la tête de Hornblower, cassa avec un bruit sec au moment même où un trou s'ouvrait tout près de lui dans le bastingage du gaillard, signalé par une grêle d'éclats de bois. Mais déjà l'avant du *Sutherland* touchait presque l'arrière du Français. Hornblower vit des remous de panique sur son gaillard.

— Gouvernez comme ça ! cria-t-il au timonier.

Alors, dans une série d'explosions violentes qui se suivaient sans interruption à mesure que le *Sutherland* passait à poupe du Français et que chaque section de canons portait à son tour, le vaisseau anglais lâcha sa bordée au cœur même de son ennemi. Il se soulevait légèrement à chaque décharge, et chacun de ses boulets balayait le navire français de bout en bout, portant partout la destruction. Gérard bondit sur le gaillard, après avoir parcouru le pont principal dans toute sa longueur en surveillant le tir des sections successives. Il se pencha vivement sur la caronade la plus proche, modifia le pointage en hauteur d'un tour de vis rapide et tira le cordon tire-feu en faisant signe de la main aux chefs des autres pièces d'en faire autant. Les caronades rugirent et balayèrent le gaillard du Français d'un tourbillon de mitraille qui vint parfaire l'action meurtrière des boulets. Hornblower vit les officiers culbuter comme des soldats de plomb, les cordages se rompre, et les grandes fenêtres de poupe disparaître comme un rideau arraché de sa tringle.

— Il en a pour son argent, dit Bush. Il n'y reviendra pas de sitôt.

C'étaient des bordées comme ça qui gagnaient les batailles. Cette unique décharge avait probablement réduit de moitié la puissance combative du Français, tuant et blessant une centaine d'hommes au moins, et démontant une demi-douzaine de canons. Dans un combat de navire à navire, le Français aurait amené son pavillon avant une heure. Mais maintenant il s'était dégagé, pendant que le *Sutherland* achevait son tour. Le second Français, celui qui battait pavillon de contre-amiral, était près de la hanche du vent. Il portait toute sa toile et les rattrapait rapidement ; dans un instant il allait pouvoir prendre le *Sutherland* en enfilade, comme le *Sutherland* avait fait à sa conserve.

— Tribord ! dit Hornblower à l'homme de barre. Bordée bâbord, à vos pièces !

Sa voix paraissait étrangement forte dans le silence qui suivait la canonnade.

Le Français avançait sans broncher, ne dédaignant pas un duel de bordées, mais n'essayant pas de manœuvrer — surtout contre un ennemi qui s'était avéré si prompt — à un moment où des manœuvres auraient retardé son arrivée sous la protection de Rosas. Les navires se dirigeaient l'un vers l'autre et allaient bientôt se rejoindre, le Français gagnant rapidement le devant du *Sutherland*, dont la route se faisait presque parallèle à la sienne.

Du pont du *Sutherland*, on pouvait entendre les ordres impatients que les officiers français criaient à leurs hommes dont ils essayaient de calmer l'ardeur avant que vînt l'instant décisif.

Ils n'y réussirent pas tout à fait cependant, car une pièce puis une autre partirent, servies par des canonniers plus excitables ; où allèrent les coups, Dieu seul le sut. Sur un ordre de Hornblower, le *Sutherland* vira jusqu'à être absolument parallèle à son adversaire, et lorsqu'il se fut affermi sur sa nouvelle route, il fit de la main signe à Gérard d'ouvrir le feu. Il n'y eut pas plus d'une demi-seconde entre les deux bordées ; le *Sutherland* dont le côté engagé s'était soulevé au recul de ses canons, se souleva un peu plus sous l'impact des boulets. Des tourbillons de fumée l'enveloppèrent, l'air fut rempli des craquements du bois volant en éclats, lorsque les boulets frappèrent son flanc ; des cris et des hurlements en bas apportèrent la preuve du dommage reçu.

— Continuez, les gars ! Feu à volonté ! hurlait Gérard.

Les heures d'exercice portaient maintenant leurs fruits. On enfonça les éponges dans la gueule fumante des canons, et à peine les avait-on retirées que poudre, refouloirs et boulets étaient prêts à être introduits. L'instant d'après, les affûts grondèrent, les servants se jetant sur les palans et remettant les pièces en batterie, lesquelles presque aussitôt rugirent. Cette fois, il y eut un intervalle sensible et mesurable avant que le Français ne répliquât par une salve irrégulière et confuse. La faible brise qui soufflait sur le bord engagé maintenait le navire enveloppé de fumée ; les canonniers peinant sur le pont principal apparaissaient à Hornblower comme au travers d'un épais brouillard ; mais les mâts et les voiles du Français se détachaient toujours clairement sur le ciel bleu. La troisième bordée du *Sutherland* suivit de près.

— Trois contre deux, comme d'habitude, commenta Bush froidement.

Un boulet atteignit les bittes du mât d'artimon et joncha le sol d'éclats de bois.

— Il gagne toujours sur nous, capitaine.

Il était difficile de penser clairement au milieu de ce vacarme effroyable, avec la mort partout autour de soi. Le capitaine Morris avait installé ses soldats tout le long du passavant de bâbord et ils faisaient feu sur tous ceux qu'ils pouvaient apercevoir sur les ponts de l'autre navire ; les deux vaisseaux étaient à moins d'une portée de fusil l'un de l'autre. Les bordées du *Sutherland* se firent bientôt irrégulières, car les servants les plus habiles manœuvraient leurs pièces plus rapidement que les autres, tandis que les Français envoyaient un feu roulant où s'entendaient parfois des explosions plus violentes lorsque plusieurs pièces partaient ensemble. Cela évoquait le martèlement de sabots d'un attelage de diligence sur une route dure, les coups résonnant parfois à l'unisson pendant un court instant, avant de reprendre leur rythme.

— Il me semble que son feu diminue d'intensité, nota Bush. Cela ne me surprend pas, capitaine.

Le *Sutherland* n'était pas encore mortellement atteint, à en juger par le nombre des morts sur le pont principal. Il pouvait combattre un bon moment encore.

— Regardez son grand mât, capitaine ! s'écria Bush.

Le grand mât de hune de l'ennemi s'inclinait vers l'avant, lentement, avec dignité, et le mât de perroquet penchait davantage encore. À travers la fumée, ils virent ensuite le grand mât s'incliner vers l'arrière. Puis toute dignité abandonna cette masse vertigineuse de voiles et de mâtures ; elle resta suspendue en l'air en forme d'S pendant une seconde d'attente fiévreuse, puis s'écroula d'un bloc, entraînant le petit mât de fougue. Hornblower éprouva une joie sinistre à ce spectacle : on ne pouvait pas trouver de grands mâts à Rosas. L'équipage du *Sutherland* poussa des cris perçants et se hâta d'expédier quelques volées encore, tandis que le vaisseau anglais dépassait son adversaire désemparé. Une minute plus tard, le vacarme de la canonnade cessa, la brise légère emporta la fumée et permit au soleil de briller de nouveau sur le désordre du pont.

À l'arrière se trouvait leur malheureux adversaire ; une grande masse de débris pendait à ses flancs, et le second canon du pont inférieur à partir de l'avant saillait hors de son sabord selon un angle d'élévation invraisemblable, révélant qu'une pièce au moins avait été mise hors d'usage. À un quart de mille en avant du *Sutherland*, le premier navire qu'ils avaient canonné, sans se soucier le moins du monde du combat engagé sur ses arrières, faisait force de voiles vers le refuge de la baie de Rosas ; c'était bien d'un Français ! Plus loin encore, couvrant tout l'horizon, veillaient les cruelles montagnes d'Espagne, et les toits blancs de Rosas apparaissaient nettement au-dessus du rivage doré. Le *Sutherland* était tout près de la vaste entrée de la baie. À mi-chemin du port, deux lourds scarabées s'avançaient sur la surface bleue : deux canonniers de Rosas s'approchaient à l'aviron.

Suivant de près leur conserve désemparée venaient les deux autres navires de l'escadre française : le trois-ponts, portant la marque de vice-amiral, et un navire à deux ponts dans son sillage. Le moment était venu de prendre une décision.

— Ohé du mât ! héla Hornblower. Apercevez-vous notre vaisseau amiral ?

— Non, capitaine. Rien d'autre que la *Cassandra*.

Du pont, Hornblower voyait lui-même les cacatois de la *Cassandra*, dont la blancheur nacrée se détachait sur l'horizon ; le *Pluton* et le *Caligula* étaient sans doute encore à vingt milles de là, peut-être encalminés. La brise toute légère qui poussait le *Sutherland* dans la baie était probablement une brise de mer ; la journée était assez chaude pour cela. Il n'était guère possible que Leighton arrivât à temps pour prendre part à la bataille. Hornblower pouvait maintenant virer de bord et s'éloigner en louvoyant, en repoussant les deux autres ennemis s'ils tentaient de le gêner ; ou bien il pouvait leur barrer la route. Chaque seconde passée le rapprochait un peu plus de Rosas et il devait se décider rapidement. S'il livrait bataille, il y avait une toute petite chance que Leighton pût arriver à temps pour cueillir les navires désemparés, mais cette chance était si minime qu'on pouvait la tenir pour négligeable.

Le *Sutherland* serait détruit, mais ses adversaires auraient subi tant de dommages qu'ils seraient retenus à Rosas pendant des jours, ou même des semaines. Et cela était souhaitable, car plusieurs jours se passeraient en préparatifs avant que l'on pût les attaquer dans leur mouillage, et pendant ce temps, il était toujours à craindre qu'ils ne s'échappent — trois d'entre eux au moins — comme ils s'étaient échappés de Toulon.

Hornblower mit en parallèle la perte d'un navire de soixante-quatorze pour l'Angleterre, et la perte certaine de quatre vaisseaux de ligne pour la France. Et tout à coup, il comprit que toutes ces réflexions étaient inutiles ; s'il se retirait, il se demanderait jusqu'à la fin de ses jours s'il ne l'avait pas fait par peur, et il prévit clairement que pendant des années il en aurait la conscience mal à l'aise. Il se battrait donc, à tort ou à raison. En prenant cette décision, il comprit avec soulagement que c'était d'ailleurs là ce qu'il devait faire. Il perdit encore une seconde à contempler ce ciel bleu qu'il aimait tant, puis il refoula le tumulte de ses émotions.

— Faites route bâbord amures, Bush, s'il vous plaît, annonça-t-il.

Les hommes applaudirent de nouveau, les pauvres sots, quand ils virent qu'ils allaient affronter le reste des Français, bien que cela signifiât la mort certaine de la moitié d'entre eux au moins. Hornblower éprouva de la pitié — ou était-ce du mépris ? — pour eux, pour leur folie combative et leur soif de gloire. Bush ne valait pas mieux que le pire d'entre eux, à voir la façon dont son visage s'éclaira en recevant cet ordre. Il voulait le sang des Français simplement parce qu'ils étaient français, et faisait peu de cas du risque qu'il courait d'être cul-de-jatte pour le restant de ses jours, pourvu qu'on lui laissât d'abord mettre en bouillie quelques paires de jambes ennemies.

Le deux-ponts désemparé qui arborait la marque du contre-amiral dérivait dans leur direction ; cette brise de mer pousserait toute épave dans la baie de Rosas, sous les canons de la forteresse ; les hommes qui travaillaient avec nonchalance à le débarrasser de ses débris abandonnèrent leurs occupations en voyant les canons du *Sutherland* pointés vers eux. Le vaisseau anglais leur lâcha trois bordées avant qu'ils ne s'éloignent en dérive, sans qu'un canon réponde, pour ainsi dire ; encore cinquante Français de morts, ou à peu près ; Bush serait content, pensa méchamment Hornblower tandis que le grondement des affûts s'éteignait et que les hommes, maintenant silencieux, reprenaient leur place aux canons. Le trois-ponts s'avançait vers eux, superbe sous sa pyramide de toile... hideux si l'on songeait à ses canons grimaçants. Même à ce moment, Hornblower remarqua, avec un intérêt professionnel, la rentrée accentuée de ses murailles, bien plus marquée que celle qu'eussent dessinée des constructeurs anglais.

— Laissez porter le navire lentement, Bush, dit-il.

Il allait enfoncer ses dents dans le trois-ponts comme un bouledogue.

Le *Sutherland* tourna lentement, lentement. Hornblower sentit que la dernière manœuvre qu'il exécutait avec ce navire allait être aussi bien calculée qu'il pouvait le souhaiter. Il parvint à se mettre en direction parallèle à celle du trois-ponts au moment précis où ce dernier arrivait à sa hauteur ; les canons des deux navires portèrent simultanément, à cent mètres de distance et, simultanément, la fumée de leurs bordées jaillit dans un fracas de tonnerre.

Pendant les engagements précédents, le temps avait paru passer lentement ; cette fois, c'était le contraire ; le vacarme infernal des bordées paraissait ininterrompu et les silhouettes qui s'affairaient sur le pont au milieu de la fumée donnaient l'impression de se déplacer deux fois plus vite qu'à l'ordinaire.

— Venez légèrement vers lui, dit Hornblower au timonier ; puis, son dernier ordre donné, il put s'abandonner à la folle inconséquence de toute l'affaire.

Les boulets semblaient mettre le pont en pièces tout autour de lui et faisaient de grandes déchirures dans le bordage. Avec ce mélange de netteté et d'irréalité qui n'appartient qu'aux cauchemars, il vit Bush tomber et le sang s'échapper à flots du moignon de sa jambe où le pied avait disparu. Deux aides du médecin se penchèrent sur lui pour le transporter en bas.

— Laissez-moi sur le pont, dit Bush. Lâchez-moi, bande de canailles !

— Emmenez-le, dit Hornblower.

La dureté de sa voix n'avait d'autre cause que la folie du moment, car il était heureux de pouvoir faire conduire Bush dans un endroit sûr où il aurait encore une chance de vivre.

Le mât de hune d'artimon et une pluie d'espars, de poulies et de palans s'abattit autour de lui ; la mort venait du ciel aussi bien que de l'ennemi sur son bord ; mais il vivait toujours. Puis un boulet atteignit les tendeurs de la vergue du petit hunier ; à travers la fumée il entrevit Harrison emmenant un groupe de marins dans la mâture pour les réparer. Du coin de l'œil il vit quelque chose de nouveau et d'étrange apparaître indistinctement au milieu de la fumée ; c'était le quatrième vaisseau français s'avançant le long du bord non engagé du *Sutherland*. Hornblower se mit à agiter son chapeau et à hurler une bêtise quelconque à ses hommes qui lui répondirent par des acclamations tout en mettant en œuvre les canons de tribord. La fumée devint plus épaisse encore, le vacarme plus effrayant, et le navire entier, toutes ses pièces en action, fut secoué de trépidations.

Le petit Longley était près de son capitaine, tout pâle, miraculeusement en vie après la chute du mât de hune d'artimon.

— Je n'ai pas peur. Je n'ai pas peur, disait l'enfant.

Sa tunique était toute déchirée par-devant, et il essayait d'en ramener les morceaux sur sa poitrine : ses yeux pleins de larmes contredisaient ses paroles.

— Mais non, mon petit, bien sûr que tu n'as pas peur, dit Hornblower.

L'instant d'après Longley était mort, les mains et la poitrine réduits en bouillie. En arrachant son regard du corps de Longley, Hornblower vit que l'un des canons du pont principal n'était pas en batterie ; il allait attirer l'attention sur cette pièce abandonnée, lorsqu'il aperçut autour d'elle les cadavres mutilés de ses servants, et il comprit qu'il n'y avait plus d'hommes disponibles pour la remettre en action. Bientôt d'autres pièces seraient hors de combat. La caronade près de lui n'était plus servie que par trois hommes, et la suivante aussi, et encore la suivante. Sur le pont principal, des soldats de l'infanterie de marine transportaient la poudre et les boulets ; les mousses devaient être presque tous morts, et Gérard avait dû réclamer des soldats pour accomplir ce travail. Si seulement le vacarme pouvait cesser et lui permettre de penser !

Il lui sembla qu'à ce moment le fracas de la bataille redoublait. Le mât de misaine et le grand mât s'abattirent ensemble au milieu de craquements qui dominèrent le bruit de la canonnade, et la masse de débris s'écroula à tribord. Hornblower se précipita vers l'avant et y trouva Hooker déjà au travail ; avec l'aide d'un groupe d'hommes — les servants des canons masqués —, il coupait à la hache les cordages pour débarrasser le navire de ces débris. L'extrémité inférieure du grand mât — d'un diamètre d'un mètre à peu près — avait dans sa chute écrasé l'affût d'une pièce et tué les servants. Les boulets du deux-ponts ennemi à tribord causaient de terribles ravages parmi les hommes occupés au déblaiement, et déjà la fumée montait des voiles qui pendaient au flanc du navire et auxquelles les flammes des canons avaient mis le feu. Hornblower prit une hache des mains d'un des hommes tués et se mit à tailler et à trancher avec les autres. Lorsque le dernier cordage fut sectionné et que la masse de débris enflammés fut tombée à la mer, il s'assura par un rapide examen que la charpente du navire n'avait pas pris feu ; puis il essuya la sueur de son front et examina froidement l'état du vaisseau.

Le pont tout entier était jonché de cadavres et de membres mutilés. La roue du gouvernail avait disparu, ainsi que les mâts ; le bastingage était complètement défoncé : l'emplacement même des surbaux n'était plus indiqué que par une simple frange de bois déchiqueté. Mais les canons qui étaient encore en état de fonctionnement tiraient toujours, servis par un nombre d'hommes restreint. Sur chaque bord, l'ennemi apparaissait indistinctement à travers la fumée ; mais le trois-ponts avait perdu deux mâts de hune, et le deux-ponts son mât d'artimon, et l'on voyait vaguement leurs voiles en lambeaux et leur gréement qui pendait en festons. La bataille était toujours aussi acharnée ; Hornblower se demanda tristement par quel miracle il pouvait survivre et regagner son poste sur le gaillard au milieu de cette grêle de boulets.

Une saute de vent modifiait la position relative des navires ; le trois-ponts tournait sur lui-même et se rapprochait ; déjà Hornblower courait vers l'avant le long du côté de bâbord — autant que le lui permettaient ses pieds, lourds comme du plomb — lorsque l'avant tribord du trois-ponts heurta dans un épouvantable grincement l'étrave du *Sutherland* à bâbord. Les Français se rassemblaient, prêts à l'abordage. Hornblower, tout en courant, tira son épée du fourreau.

— Attention à l'abordage ! Que tout le monde repousse les assaillants. Hooker ! Crystal ! débordez-le !

La masse imposante du trois-ponts les dominait. Tout au long de son bastingage, un feu de mousqueterie crépitait et Hornblower entendait les coups secs des balles pénétrant dans le bordage, à deux pas de lui. Des hommes armés d'épées ou de piques dégringolaient aux flancs du navire ennemi, les sabords du pont de la deuxième batterie vomissaient d'autres assaillants sur le passavant du *Sutherland*. Hornblower se trouva pris dans une vague de marins anglais, nus jusqu'à la ceinture, gris de poudre, armés de piques, de sabres, de refouloirs et d'anspects. Chacun jouait des coudes, se débattait et se coulait dans la foule. Il se trouva tout à coup en présence d'un petit lieutenant français tout sémillant, auquel son chapeau tout de travers donnait un petit air désinvolte. Hornblower était alors tellement serré par la foule qu'il ne pouvait bouger les bras et le Français faisait tous ses efforts pour tirer un pistolet de sa ceinture.

— Rends-toi, cria-t-il après avoir dégagé son arme ; mais Hornblower, d'un coup de genou, envoya violemment en arrière la tête du bonhomme qui poussa un cri de douleur et lâcha son pistolet.

À ce moment le trois-ponts s'éloigna, poussé par un petit coup de vent et par l'effort que Crystal, Hooker et leurs hommes, munis d'épars, exerçaient sur son flanc. Quelques-uns des Français rejoignirent leur navire d'un bond ; d'autres sautèrent dans la mer. Une douzaine enfin abandonnèrent leurs armes, l'un d'eux trop tard pour éviter la pique qui l'atteignit au ventre. Le vent soufflait toujours, éloignant les Français du *Sutherland* démâté, entraînant la fumée. Le soleil apparut comme s'il sortait de derrière un nuage, et brilla sur les combattants et sur les ponts hideux. Le vacarme de la canonnade cessa comme par magie, dès que les canons ne portèrent plus.

Hornblower restait là, sabre en main, tandis que des marins auprès de lui s'assuraient des prisonniers. La cessation du bruit ne lui avait pas apporté le soulagement qu'il espérait ; au contraire, il était confondu, comme frappé de stupeur, et dans son extrême fatigue il lui fallut faire un effort désespéré pour penser clairement. Le vent avait entraîné le *Sutherland* loin dans la baie et l'on ne voyait toujours rien du *Pluton* et du *Caligula* ; seule apparaissait sur l'horizon la mâture de la *Cassandra*, spectateur impuissant du combat. Les deux navires français endommagés, presque aussi désemparés que le *Sutherland*, avec leur gréement en pièces dansaient à quelque distance ; Hornblower remarqua un mince filet noir qui sortait des dalots et coulait au flanc du trois-ponts : du sang.

Le deux-ponts pivotait toujours, son flanc endommagé n'était plus visible. Il présenta sa poupe, puis son autre flanc à la proue du *Sutherland*. Hornblower le regardait, l'air hébété. Un grondement assourdissant et sa bordée déchira le vaisseau anglais. Une grêle d'éclats de bois jaillit du tronçon délabré du mât de misaine, et le canon installé près de Hornblower, frappé de biais par un boulet, résonna comme une cloche.

— Arrêtez ! murmura Hornblower. Pour l'amour de Dieu, arrêtez !

Sur le pont du *Sutherland*, les hommes se traînaient jusqu'aux canons, une fois de plus. Gérard avait disparu, mais Hooker — un bon officier vraiment — parcourait le pont principal et répartissait les survivants afin que quelques pièces au moins pussent tirer. Mais les hommes étaient morts de fatigue, pour l'instant aucun canon ne pouvait porter, et le *Sutherland* démâté était incapable de s'aider lui-même. Une autre bordée déchira et éventra le navire. Hornblower prit conscience d'un bruit sourd et continu : le chœur assourdi des blessés entassés dans tous les coins du navire. Les canonnières s'approchaient prudemment à l'aviron, pour prendre position à l'arrière du vaisseau ; bientôt elles enverraient leurs boulets de quarante-deux dans ses œuvres vives. Soleil, mer bleue, ciel d'azur, montagnes vertes d'Espagne, plage dorée, maisons blanches de Rosas, Hornblower embrassa tout cela d'un coup d'œil, le désespoir dans l'âme et la torture au cœur.

Encore une bordée ; il vit deux hommes transformés en bouillie sanglante aux côtés de Hooker.

« Se rendre, se dit-il à lui-même. Il faut se rendre. »

Mais le *Sutherland* n'avait pas de pavillon qu'il pût mettre bas, et Hornblower, tout hébété, agita ce problème dans son esprit tandis qu'il se dirigeait vers l'arrière. La pièce de quarante-deux de l'une des canonnières tonna violemment, et il sentit sous ses pieds le choc du boulet qui fracassait le flanc du navire.

Hooker était maintenant sur le gaillard d'arrière, avec Crystal et Howel le charpentier.

— Il y a quatre pieds d'eau dans le puisard, capitaine, dit ce dernier, et il ne reste plus de pompes en état.

— Bien, fit Hornblower d'une voix sourde. Je vais me rendre.

Il lut l'approbation sur le visage gris de ses officiers, mais ils ne firent pas de remarques. Si seulement le *Sutherland* pouvait couler sous eux, le problème serait résolu ; mais c'était demander trop. Il ne ferait que se remplir doucement, chaque pont disparaissant sous l'eau à son tour, sans que cesse cette canonnade impitoyable. Il faudrait peut-être vingt-quatre heures pour que le navire disparaisse à jamais ; mais d'ici là, le peu de vent suffirait à le faire s'échouer sous les canons de Rosas. Tout ce qu'il pouvait faire était de se rendre. Il pensa aux autres capitaines britanniques qui s'étaient trouvés dans des situations semblables : Thompson, du *Leander*, et le capitaine du *Swiftsure*, cet infortuné aux ordres de Saumnez, dans la baie d'Algésiras. Eux aussi avaient amené leur pavillon après avoir longtemps combattu contre des forces très supérieures.

Quelqu'un sur le deux-ponts lui cria quelque chose ; il ne comprit pas ce qu'on disait, mais ce devait être une invitation à se rendre.

— Oui, cria-t-il, oui !...

En guise de réponse arriva une autre bordée qui fit voler en morceaux les charpentes, tandis qu'un hurlement s'élevait d'en bas.

— Oh ! mon Dieu ! fit Hooker.

Hornblower se dit qu'il avait dû mal interpréter la question, et en même temps la solution du problème lui vint à l'esprit. Il courut aussi vite que le pouvaient ses jambes raides vers le chaos indescriptible qui était tout ce qui restait de sa cabine. Il chercha fébrilement parmi les débris, tandis que les canonniers le regardaient, d'un regard vide d'expression comme celui d'une bête. Il trouva enfin ce qu'il cherchait et remonta sur le gaillard, les bras chargés.

— Tenez ! dit-il, en donnant la chose à Crystal et à Hooker. Faites pendre ça par-dessus bord.

C'était le drapeau tricolore qu'il avait fait faire pour tromper la batterie de Llanza. En le voyant, les canonnières firent force de rames et accostèrent le *Sutherland*. Ils allaient lui enlever son épée d'honneur. Et l'autre épée d'honneur était toujours aux mains de Duddingstone, le fournisseur de navires, et il ne pourrait plus la dégager, maintenant que sa carrière était brisée. Et la coque délabrée du *Sutherland* serait amenée en triomphe sous les canons de Rosas ;

combien de temps se passerait avant que la flotte de la Méditerranée vienne le venger, le reprendre à ses ravisseurs, ou le brûler en un immense bûcher, en même temps que ses vainqueurs mutilés ? Et Maria allait lui donner un enfant qu'il ne verrait pas une seule fois au long de ces années de captivité, et lady Barbara lirait les détails de sa capture dans les journaux : que penserait-elle de sa reddition ? Mais le soleil lui brûlait la tête, et il se sentait très las.

TABLE

Préface, par Michel Le Bris 7

I Recrutement 13

II L'invitation 29

III L'auberge de l'Ange 37

IV Nuit d'insomnie 47

V « Ordres à l'escadre côtière... » 55

VI « Deux lougres par bâbord avant ! » 73

VII Dimanche matin 93

VIII Au revoir et merci ! 101

IX À pile ou face 111

X Un coup d'audace 121

XI À l'abordage 137

XII Les vainqueurs nus 147

XIII Un drôle de colonel 163

XIV La route sous le feu 171

XV Rapport à Leighton 193

XVI La belle revanche 201

XVII Le siège de Rosas... 219

XVIII Coopération espagnole 231

XIX Surprise 249

XX Un contre quatre 261

Achevé d'imprimer en août 1994
sur les presses de l'Imprimerie Bussière
à Saint-Amand (Cher)

POCKET - 12, avenue d'Italie - 75627 Paris Cedex 13
Tél. : 44-16-05-00

— N° d'imp. 1800. —
Dépôt légal : août 1994.

Imprimé en France